教育部 财政部职业院校教师素质提高计划成果系列丛书

教育部 财政部职业院校教师素质提高计划职教师资开发项目

《物流管理》专业职教师资培养资源开发（VTNE077）（负责人：白世贞）

物流专业教学法国内外比较研究

白世贞 吴 绒 著

科学出版社

北 京

内 容 简 介

本书汲取国内外院校物流专业特色和物流企业实践经验，构建适用于国内物流职教师资本科的教学法体系，围绕教学方式、教学方法、教学过程、教学手段、教学资源与环境、实践教学等开展物流专业国内外教学法比较研究。本书具备三个特点：一是理论与实践相结合；二是学生学习需求与教师教学相结合；三是国际化与本土化相结合。

本书适用于物流专业职教师资本科学生、中职院校物流专业教师、物流培训学校专业教师使用，还可供高职院校、应用型本科院校物流专业教师参考。

图书在版编目（CIP）数据

物流专业教学法国内外比较研究/白世贞，吴绒著. —北京：科学出版社，2017.9

（教育部　财政部职业院校教师素质提高计划职教师资开发项目）

ISBN 978-7-03-054643-2

Ⅰ.①物… Ⅱ.①白… ②吴… Ⅲ.①物流—教学法—高等学校—对比研究—中国、国外 Ⅳ.①F25-42

中国版本图书馆 CIP 数据核字（2017）第 237753 号

责任编辑：王京苏/责任校对：贾娜娜
责任印制：吴兆东/封面设计：蓝正设计

科 学 出 版 社 出版
北京东黄城根北街 16 号
邮政编码：100717
http://www.sciencep.com

北京京华虎彩印刷有限公司 印刷
科学出版社发行　各地新华书店经销
*

2017 年 9 月第 一 版　开本：787×1092 1/16
2018 年 1 月第二次印刷　印张：11 1/2
字数：263 000

定价：38.00 元
（如有印装质量问题，我社负责调换）

教育部　财政部职业院校教师素质提高计划
职教师资培养资源开发项目专家指导委员会

主　任： 刘来泉

副主任： 王宪成　郭春鸣

成　员：（按姓氏笔画排列）

刁哲军	王乐夫	王继平	邓泽民	石伟平	卢双盈	刘正安
刘君义	米　靖	汤生玲	李仲阳	李栋学	李梦卿	吴全全
沈　希	张元利	张建荣	周泽扬	孟庆国	姜大源	夏金星
徐　朔	徐　流	郭杰忠	曹　晔	崔世钢	韩亚兰	

出 版 说 明

《国家中长期教育改革和发展规划纲要（2010—2020 年）》颁布实施以来，我国职业教育进入加快构建现代职业教育体系、全面提高技能型人才培养质量的新阶段。加快发展现代职业教育，实现职业教育改革发展新跨越，对职业学校"双师型"教师队伍建设提出了更高的要求。为此，教育部明确提出，要以推动教师专业化为引领，以加强"双师型"教师队伍建设为重点，以创新制度和机制为动力，以完善培养培训体系为保障，以实施素质提高计划为抓手，统筹规划，突出重点，改革创新，狠抓落实，切实提升职业院校教师队伍整体素质和建设水平，加快建成一支师德高尚、素质优良、技艺精湛、结构合理、专兼结合的高素质专业化的"双师型"教师队伍，为建设具有中国特色、世界水平的现代职业教育体系提供强有力的师资保障。

目前，我国共有 60 余所高校正在开展职教师资培养，但教师培养标准的缺失和培养课程资源的匮乏，制约了"双师型"教师培养质量的提高。为完善教师培养标准和课程体系，教育部、财政部在"职业院校教师素质提高计划"框架内专门设置了职教师资培养资源开发项目，中央财政划拨 1.5 亿元，用于系统开发本科专业职教师资培养标准、培养方案、核心课程和特色教材等系列资源。其中，包括 88 个专业项目、12 个资格考试制度开发等公共项目。该项目由 42 家开设职业技术师范专业的高等学校牵头，组织近千家科研院所、职业学校、行业企业共同研发，一大批专家学者、优秀校长、一线教师、企业工程技术人员参与其中。

经过三年的努力，培养资源开发项目取得了丰硕的成果。一是开发了中等职业学校88 个专业（类）职教师资本科培养资源项目，内容包括专业教师标准、专业教师培养标准、评价方案，以及一系列专业课程大纲、主干课程教材及数字化资源；二是取得了 6项公共基础研究成果，内容包括职教师资培养模式、国际职教师资培养、教育理论课程、质量保障体系、教学资源中心建设和学习平台开发等；三是完成了 18 个专业大类职教师资资格标准及认证考试标准开发。上述成果，共计 800 多部正式出版物。总体来说，培养资源开发项目实现了高效益：形成了一大批资源，填补了相关标准和资源的空白；凝聚了一支研发队伍，强化了教师培养的"校—企—校"协同；引领了一批高校的教学改革，带动了"双师型"教师的专业化培养。职教师资培养资源开发项目是支撑专业化培养的一项系统化、基础性工程，是加强职教师资培养、培训一体化建设的关键环节，也是对职教师资培养、培训基地教师专业化培养实践、教师教育研究能力的系统检阅。

自 2013 年项目立项开题以来，各项目承担单位、项目负责人及全体开发人员做了大量深入细致的工作，结合职教教师培养实践，研发出很多填补空白、体现科学性和前瞻性的成果，有力推进了"双师型"教师专门化培养向更深层次发展。同时，专家指导委员会的各位专家以及项目管理办公室的各位同志，克服了许多困难，按照教育部、财政部对项目开发工作的总体要求，为实施项目管理、研发、检查等投入了大量时间和心血，也为各个项目提供了专业的咨询和指导，有力地保障了项目实施和成果质量。在此，我们一并表示衷心的感谢。

教育部　财政部职业院校教师素质提高计划成果系列丛书

编写委员会

2016 年 3 月

前　　言

　　《物流专业教学法国内外比较研究》以汲取国内外院校物流专业特色和物流企业实践经验，构建适用于国内物流职教师资本科的融合"专业性、职业性、师范性、前沿性"特征的教学法体系为研究主线，围绕教学方式、教学方法、教学过程、教学手段、教学资源与环境、实践教学开展物流专业国内外教学法比较研究。

　　本书围绕物流职教学生学习需求、物流职教师资教学法设计，比较研究国内外物流专业教学法，探索物流职教师资本科教学法实施对策，培养物流职教师资对学生学习需求把握的能力，合理运用教学方式、教学方法的能力，合理设计教学过程的能力，合理选择教学手段、教学资源和环境的能力，合理开展实践教学的能力。

　　本书具有三个特点：一是理论与实践相结合。实地调研与访谈麻省理工学院、汉堡职业学校、加拿大乔治亚学院、澳大利亚维多利亚大学等国外院校物流类专业，国内院校（师资本、普本、高职、中职）物流类专业和国内企业，将理论与院校、企业实际教学经验相结合，总结适用于职教培养的教学法。二是学生学习需求与教师教学相结合。通过调研与访谈分析物流职教学生学习动机、学习能力和学习方式、学习方法、实践学习、学习过程、学习资源的需求，并有针对性地从教师教学方式、教学方法、实践教学、教学过程、教学资源等方面开展系统研究。三是国际化与本土化相结合。紧密追踪国外院校物流类专业和物流企业的教学方式、教学方法、教学过程、教学手段、教学资源、实践教学等环节，汲取国外教学法经验，应用于国内师资本科和应用型本科。

　　本书是集体努力的成果，由白世贞教授统筹安排，由白世贞、吴绒撰写。此外，姜曼、郑佳、吴雪艳协助进行了文献翻译和整理工作，尹越、谢爽、吕爽进行了后期整理、校稿工作，在此对他们表示衷心的感谢。本书在撰写的过程中，参考了大量相关文献，在此对其作者一并表示感谢。此外，感谢美国俄亥俄州立大学万翔博士、美国得克萨斯大学达拉斯分校陈建清教授对本书在国际化调研和比较分析环节所提供的帮助，感谢所有为出版本书提出无私建议和指导的人们！

　　本书是教育部、财政部招标项目"职教本科物流管理专业师资培训包开发项目（VTNE077）"的成果之一。

目　　录

第一章

导　论

第一节　概述

一、引言

应用型本科人才培养在高等教育发达的国家和地区已经兴起多年，在发达国家，应用型本科教育与高等教育大众化的发展密切相关。发达国家对于应用型本科教育的重视主要体现在两个方面：一是学术、技术、职业三者的结合；二是学生社会适应能力和职业技能的提高。应用型本科教育的实用性、职业性、大众性对其人才培养的模式要求更为严格，因此对合适的教学法的需求逐渐凸显，职业教育教学法越来越受重视。美国耶鲁大学前校长理查德·莱文（Richard Charles Levin）曾说过："制约学生创新能力发展的主要因素应该是教学方法的问题，不同的教学方法取得的效果大不一样。"因此，构建合理有效的符合应用型人才培养规律的教学法，已成为提高发达国家应用型高等教育教学质量不可忽视、至关重要的环节。

2014年2月26日召开的国务院常务会议，将发展现代职业教育上升到推动我国"转方式、调结构"的战略地位，并强调要以改革的思路办好职业教育，创新职业教育模式。十八大报告和《国务院关于大力发展职业教育的决定》的颁布表明了国家对于中等职业教育的教学质量与办学水平的重视。2015年11月，教育部、国家发展和改革委员会（简称国家发改委）、财政部关于引导部分地方普通本科高校向应用型转变也提出了建设性意见和改革措施，提出了应创建应用型技术技能型人才培养模式，深化人才培养方案和课程体系改革。《教育部关于实施卓越教师培养计划的意见》（教师〔2014〕5号）文件中强调了对于职业院校教师的培养，对职业教师的素质有了更严格的要求，要求推动教学内容、教学法的变革。推动职业教育教学从学科本位向能力本位转变，改革教学内容、教学方法，教师要加强学生职业技能培养，突出"做中学、做中教"的职业教育教学特色。因此，职业院校迫切需要有扎实学识、有实践能力的应用型教师。

2010年初国务院通过的《国家中长期人才发展规划纲要（2010—2020年）》多次提及

要加大现代物流等现代服务业人才的培养，物流产业是一个跨行业、跨部门的复合产业，同时也是劳动密集型和技术密集型相结合的产业，所以现代物流业不仅需要高级物流管理人才，更需要大量物流执行型与操作型人才。

现代物流业作为第三利润源正在全世界的范围内蓬勃发展，2015 年全国社会物流总额达到 219.2 万亿元，发展势头强劲。截至 2014 年底，全国设置物流专业的高职院校 954 所，中职学校 900 多所，2014 年中高职物流专业毕业生约 12 万人。但《物流业发展中长期规划（2014—2020 年）》数据显示，初步预测"十三五"期间我国每年新增物流从业人员约130 万人，其中一线技能岗位人员约占 80%，物流技能技术人才培养规模与行业需求仍有很大缺口。随着"互联网+"的兴起和高速发展，不论是企业的物流部门，还是专业的第三方物流公司，对业务型、操作型、技术型等物流人才的需求缺口都非常大，在为职业院校物流专业毕业生提供更多就业机会的同时，对学生的能力也提出了更高的要求。

二、研究问题

2014 年 5 月，国务院印发《关于加快发展现代职业教育的决定》（国发〔2014〕19 号）文件，明确提出了发展现代职业教育的指导思想、基本原则、目标任务和具体措施，2014年 6 月，教育部、国家发改委、财政部、人力资源和社会保障部、农业部、国务院扶贫开发领导小组办公室（简称扶贫办）印发《现代职业教育体系建设规划（2014—2020 年）》（教发〔2014〕6 号），明确要求将职业教育纳入产业发展和城乡建设规划。

职业院校的培养目标是"培养适应中国现代要求，各方面素质综合发展，具备更加完善的职业能力，在多种第一线工作岗位上的优秀劳动者和初中级专业人才"。以职业院校的人才教育目标为参照，职业教育院校物流专业的教育情况不容乐观。职业院校应以就业为导向，将人才培养（包括理论知识与专业技能的训练）放在首位，然而目前很多职业院校的物流专业教学管理主要放在对学生的行为管理与思想道德教育上，在课堂上只关心学生的出勤情况，却不重视学生的实际学习情况，背离了国家对职业院校的办学宗旨和教学目标的要求，无法达到物流人才既具备相关的理论专业知识又有很强的实践操作能力的培养要求，进而无法满足物流行业对职业院校物流专业复合型人才的需求。本书的适用对象为职教师资本科，而这些师资最终的培养对象是职业院校的物流专业学生。与普通高等教育相比，基于培养对象的特殊性以及培养目标的独特性，授课内容和授课方式方法有很大区别。

基于以上考虑，本书旨在通过物流专业教学法国内外理论和实践比较研究，开发出一套汲取了国外应用型本科院校、职业院校物流类专业前沿的教学理念和方式，站在职教应用型本科培养的高度，结合高校实践教学优势和企业实践操作，供职教师资和应用型本科院校教师使用的较为先进的教学法，最终在这套教学法的引导下所培养的物流专业的学生能快速地融入行业、满足社会需求。

本书的核心问题是：如何汲取国内外高校、职业院校物流专业以及国内外物流企业或企业物流部门的教学法经验，构建适合国内职业院校或应用型本科物流专业的教学法体系。本书从以下几方面展开研究：①分析物流专业教学法当前存在的问题，提出传统物流专业教学法改进的必要性；②明确物流职教学生的学习动机、学习能力以及对教学法的需求；③开展物流专业教学方式、教学方法、教学过程、教学手段、教学资源与环境国内外比较；④物流专业实践教学国内外比较。

第二节　研究价值

一、理论价值

1. 深化物流专业教学研究

通过对国内院校物流类专业的教学方式、教学方法、实践教学等教学法以及国内外相关企业教学培训的调研和深入剖析，深化物流专业教学，探索适合我国职业院校物流专业师资教学的教学法。

2. 为物流专业课程改革提供理论依据

结合我国对现代职业教育体系的改革要求、应用型人才培养的核心理念和基本目标，分析、探讨物流专业教学法与职业教育改革实践的契合点，总结、归纳物流专业教学法的教学原则，综合教学过程中各种因素之间的相互作用，从动态上把握物流专业教学本质，为职业教育的课程改革提供理论参考。

二、实践价值

1. 为物流职教师资或应用型本科师资探索新的教学方法

通过对国内外48所不同层次的院校物流专业师生进行访谈、问卷调查等实证研究方法和实际教学的案例相结合，对物流专业使用的教学法进行探索和研究，借鉴发达国家或地区物流企业的教学培训方式，最终形成具有可操作性的具体物流专业实践方案与教学法。

2. 构建完善的物流职教师资教学体系

通过对12所不同层次的院校物流专业的教师进行教学内容、教学方法、教学手段等内容的调研，对调研数据进行统计整理，分析现阶段物流职业教育师资教育体系存在的问题，对这些实际问题进行分析解决，最终完善我国物流职业教育师资教育体系。

3. 提高物流职业教育师资水平

通过对13所院校物流专业教师队伍与物流专业学生进行分别调研，进行数据分析发现物流职业教育师资必需的职业素质。通过分析国外发达国家和地区的职业教育物流专业教学现状与师资水平，结合我国具体国情与我国师资教育水平现状，根据不同的方面提出相应的意见与解决措施，保证高水平物流人才的培养，提高物流职业教育师资水平。

4. 追踪国际前沿教学法

通过对发达国家或地区的高校物流专业、职业物流教育、物流企业等的实地调研，分析发达国家职业院校物流教育的教育体系与培训体系，并进行对比分析，借鉴国外发达国家物流职业教学模式、教学方式等先进之处，追踪国际物流发展、职业教育发展的前沿教学法，为发展我国的物流职业教育，完善现代职业教育体系奠定实践基础。

5. 培养满足行业、企业需求的专业化人才

本书通过对物流企业进行调研，掌握企业对物流人才素质与技能的要求，根据企业的实际要求结合职业院校的具体情况提出相应的教学形式的改进，通过物流专业教学法，连接企业需求与职业院校人才培养，帮助院校培养行业、企业真正需要的物流专业化人才。

第三节　研究内容

为汲取国内外院校物流专业和企业的实践教学经验，围绕教学方式、教学方法、教学过程、教学手段、教学资源与环境、实践教学开展物流专业国内外教学法比较研究。

一、研究体系

基于物流学、教育学、计算机科学与技术、心理学等学科理论与专业知识，汲取国内外院校物流专业和物流企业教学经验，构建适用于国内物流职教师资本科的融合"专业性、职业性、师范性、前沿性"特征的教学法体系。围绕物流职教学生学习需求、物流职教师资教学法设计，运用文献分析法、问卷调查法、访谈法、比较分析法、行动研究法、归纳法等多种研究方法，比较研究国内外物流专业教学法，探索物流职教师资本科教学法实施对策，培养物流职教师资对学生学习需求把握的能力，合理运用教学方式、教学方法的能力，合理设计教学过程的能力，合理选择教学手段、教学资源和环境的能力，合理开展实践教学的能力（图 1.1）。

二、研究思路

1. 查阅文献分析基础理论与现状

通过文献查阅，分析职业教育教学法理论基础，明确相关概念与理论，对职业教育教学法国内外文献进行述评；分析物流专业教学法的产生及其要素，构建职业教育教学法体系；分析传统物流专业教学法的现状及问题，提出传统物流专业教学法改进的必要性。

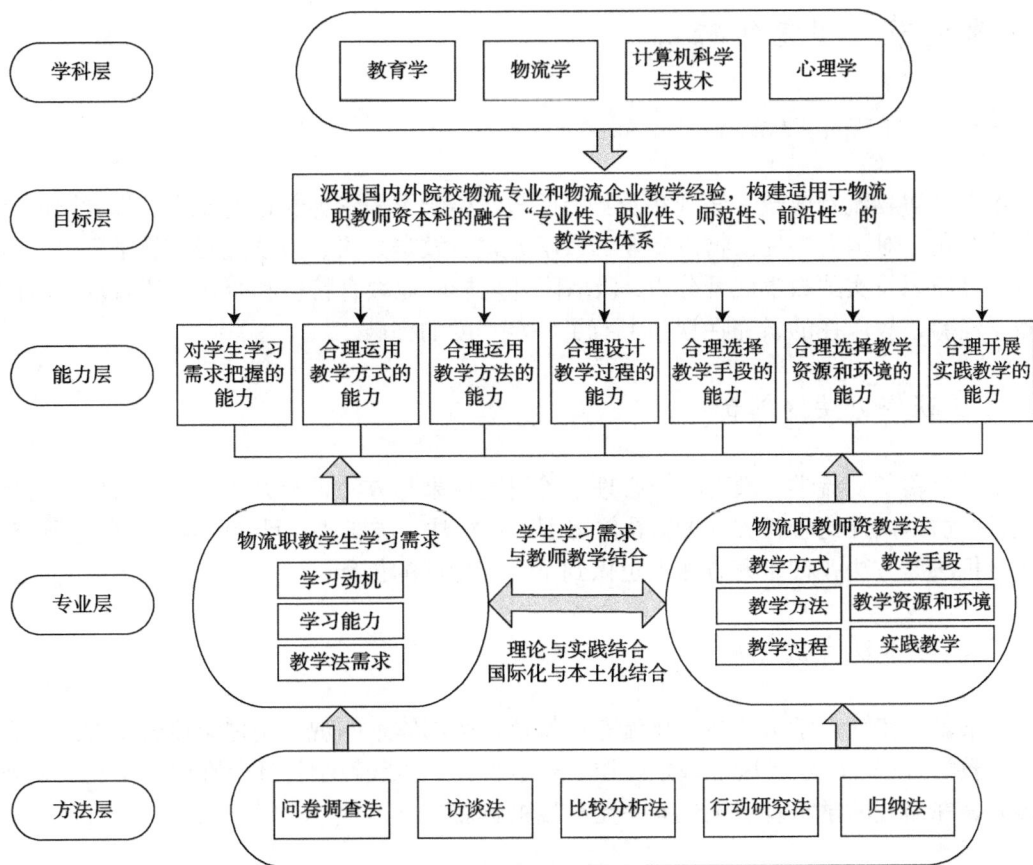

图 1.1　体系结构图

2. 问卷调研分析学生学习需求

通过对我国各区域职业院校物流专业学生的学习需求进行问卷调研，明确职业院校物流专业学生的学习动机、学习能力、学习方式方法需求及需求满足情况。

3. 问卷调研、访谈比较国内外教学法

通过问卷、访谈等形式，比较国内外院校（师资本、普本、高职、中职）物流类专业和国内外企业教学方式、教学方法、实践教学、教学过程、教学媒体、教学手段、教学资源等的具体实施。

4. 提出建议，推广物流专业教学法

通过国内外理论和实践的比较研究，设计出一套汲取国外院校物流专业前沿的教学理念和方式、结合职教实践教学优势和企业实践操作、站在职教应用型本科培养的高度、适合物流专业职教师资本科以及应用型本科使用和推广的教学法体系。

第四节 研究创新点

一、研究视角的创新

本书在对物流专业教学法现状及物流职教学生学习需求分析的基础上，以"国内外比较"的视角，对国内外院校物流专业的教学方式、教学方法、教学过程、教学手段、教学资源与环境以及实践教学展开分析，汲取国外院校职业教育特色和企业物流管理实践的成功教学经验，较以往的研究在视角上有了一定程度的突破。

二、研究方法的创新

本书借鉴了物流学、教育学、心理学等研究成果与方法，全方位、多视角地探讨物流专业教学法国内外比较相关问题。具体运用了观察法、访谈法、问卷调查法、行动研究法、比较分析法等方法，在研究方法上也做到了一定程度的创新。

三、学术观点的创新

本书基于传统教学法，结合物流专业特色，运用体系的观点构建集成教学方式、教学过程、教学方法、教学手段、教学资源、教学媒体、实践教学等环节在内的物流专业教学法体系，在研究的学术观点上也有一定程度的创新。

第二章

职业教育教学法理论基础

第一节　职业教育教学法相关概念

一、职业教育

长期以来，国际社会在职业教育、技术教育、职业培训等基本概念的界定上一直没有形成统一认识。"职业教育""职业技术教育""技术职业教育"等概念在不同国家、不同领域里都用于描述与职业活动密切相关的教育形式，属于交叉领域的范畴。"职业技术教育"的称谓最初是在苏联提出的，它是指为国民经济各部门培养技术工人的教育，重在体现马克思的教育与生产劳动相结合的思想。

自20世纪90年代后期，中国政府也开始逐渐使用"职业教育"这一提法，将"职业技术教育"改称为"职业教育"。在教育史上，关于职业教育的解释有很多：杜威认为，职业教育就是为从事职业工作做准备的教育；斯内登认为，凡为生活做准备的教育都可称为职业教育；梅斯在《职业教育的原理和实践》中指出，职业教育是为学生将来从事某种特定职业做准备的教育；《国际教育辞典》指出，从广义上说，职业教育泛指一切增进人们的职业知识和技能、培养人们的职业态度，使人们能顺利从事某种职业的教育活动，从狭义上说，它就是指学校职业教育，即通过学校对学生进行的一种有目的、有计划、有组织的教育活动，使学生获得一定的职业知识、技能和态度，以便为学生将来从事某种职业做准备。

我国的职业教育包括职业学校教育和职业培训。职业学校教育从纵向看包括初、中、高三个层次。其中，初等职业教育有职业初中、初中后的"3+1"等；中等职业教育有中专、技校、职业高中及成人中专；高等职业教育有职业大学、职业技术学院、高等技术专科学校、成人高校以及普通高等学校中设置的二级学院——职业技术学院。从横向看，它包括农业职业教育、工业职业教育、商业职业教育、金融财贸职业教育、政法职业教育、服务职业教育，以及卫生、艺术、体育等方面的职业教育。职业培训包括就业培训、专业培训、提高培训等。我国颁布了《中华人民共和国职业教育法》，此法适用于各级各类职业学校教育和各种形式的职业培训等。

二、职业教育教学方法的含义

关于职业教育教学方法的含义，现有研究多数借用普通教育中的教学方法定义。

纪芝信（2002）在《职业技术教育学》中直接引用《教育大辞典》中的教学方法定义：教学方法是"师生为完成一定教学任务在共同活动中所采用的教学方式、途径和手段"。比较一致的观点是把教学方法看做教师与学生的共同活动，是教师"教"与学生"学"的统一。例如，刘春生和徐长发（2002）在《职业教育学》中认为，教学方法是"指以完成教学任务为目的的师生共同活动的程序、方式与措施，是为达成教学目标在教学过程中采用的一种师生协调活动的方法体系，是教师'教'的方式、手段与学生'学'的方式、手段的总和，包括教法和学法两个方面，是两者的有机统一"。借用普通教育教学方法的定义，反映了教学方法的共性，但未能反映职业教育教学方法的个性及其丰富内涵。秦虹（2001）曾经尝试从职业教育特点出发，给中等职业教育教学方法下定义：中等职业教育教学方法是"教师为了全面提高学生的职业素质，在教学中所采取的以现代教学思想和技术为基础的步骤和手段的综合"。但目前仍然很少有人对职业教育教学方法的概念进行深入研究。

第二节　职业教育教学法相关理论

在德国，职业教育专业教学法的理论是建立在行为主义学习理论、认知主义学习理论、建构主义学习理论和行动导向学习理论的基础上的，同时，这些理论在专业教学中的运用，也对专业教学法的发展具有重要的影响。基于以上理论，在专业教学过程中，教师和学生的关系也在不断的变化中，由最初的以教师为中心的教学方式逐渐转变为以学生为主的教学方式，学生逐渐成为教学的主体，这种师生关系的转变也直接体现在教师的教学模式上，即由教师直接指导的教学模式逐渐地向无教师直接指导的教学模式转变。

随着 21 世纪"知识化时代"和"学习化时代"的到来，教育工作的重心从传授给学习者显性知识转向塑造学习者的自由人格，职业教育学理论也因此从传统的"机械教育学理论"向现代化的"进化教育学理论"转变。职业教育专业教学法研究的重点也从传统的探索"生产性教学策略"发展为探索"可能性教学策略"，更加注重研究学习情境和学习主体。

一、行为主义学习理论

1. 理论基础

20 世纪 60 年代初至 70 年代末，行为主义学习理论以斯金纳提出的条件反射理论为代表，认为学习是一个操作性条件反射过程。其基本观点是：以 S-R（stimulus-response，即刺激-反应）公式作为所有心理现象的最高解释原则，强调学习过程中的外部强化因素，认为通过设计一步步的学习程序与练习，提供及时的反馈就能促使学生某种技能的迅速形成。这一学习理论忽略了人的主观能动性的内因作用以及创造性的培养。

2. 行为主义学习理论对专业教学法的影响

斯金纳认为教学的作用就是促使学生去获得文化所要求的必要的言语行为和非言语行为。塑造行为和保持行为强化的方法，在专业教学中也是适用的。在专业教学中，教师的主要任务有两项：第一，建构体现学习的言语技能和非言语行为的全部技能；第二，依靠诸如"兴趣"、"热情"或"学习动机"等因素，以保持这些行为的高概率，可见行为主义学习理论也渗透在专业教学中。此外，学校在专业课的教学中应即时给予学生刺激。这些刺激主要是言语的刺激，包括描述一些专业性概念和专业技能的要领。专业教学的首要任务是使学生形成种种正确的行为反应并使这些行为反应受各种刺激的控制，即"在刺激控制下引起正确的反应"，这也正是行为主义学习理论要求的教学任务。可见，行为主义学习理论对专业教学法有重要的指导意义，为学生专业性概念和行为方式的形成提供了理论依据。

二、认知主义学习理论

1. 理论基础

20世纪70年代末至80年代末，认知主义学习理论与行为主义学习理论相反，其强调经验，认为学习理论是一个整体并具有特定的内在结构，学习就是通过认知重组把握这种结构，是一个"刺激—重组—反应"过程。其基本观点是：强调学习是通过对情境的领悟或认知而形成认知结构，主张研究学习的内部过程和内部条件，强调人的认知是外部刺激和认知主体心理过程相互作用的结果。根据这一理论，把学习解释为个体根据自己的态度、需要、兴趣和爱好并利用过去的知识和经验对当前的学习内容做出主动的、有选择的信息加工过程，强调培养学生解决问题的能力和学习能力。

2. 认知主义学习理论对专业教学法的影响

认知主义学习理论家认为学习在于内部认知的变化，学习是一个比 S-R 联结要复杂得多的过程。他们注重解释学习行为的中间过程，即目的、意义等，认为这些过程才是控制学习的可变因素。认知主义学习理论为专业教学法提供了理论依据，丰富了教育心理学的内容，其中对专业教学法的影响表现在如下几个方面。

第一，在专业教学中越来越重视人在学习活动中的主体价值，充分肯定了学习者的自觉能动性。

第二，强调认知、意义理解、独立思考等意识活动在专业学习中的重要地位和作用。

第三，重视了学习者在专业学习活动中的准备状态。即一个人学习的效果，不仅取决于外部刺激和个体的主观努力，还取决于一个人已有的知识水平、认知结构、非认知因素。准备是任何有意义的学习赖以产生的前提。

第四，重视强化的功能。由于认知主义学习理论把人的学习看成一种积极主动的过程，所以在专业学习中，教师应重视学习者内在的动机与专业学习活动本身带来的内在强化作用。

第五，主张学习者的专业学习的创造性。布鲁纳提倡的发现学习论就强调学生学习的灵活性、主动性和发现性，在专业学习中同样要求学生自己观察、探索和实验，发扬创造精神，独立思考，改组材料，自己发现知识、掌握原理原则，提倡一种探究性的学习方法。他还强调通过发现学习来使学生开发智慧潜力，调节和强化学习动机，牢固掌握知识并形成创新的本领。

三、行动导向学习理论

1. 理论基础

20 世纪 80 年代以来出现的职业教育教学论思潮，在德国尤为盛行。行动导向学习与认知学习有紧密联系，都是探讨认知结构与个体活动间的关系。但行动导向学习理论强调以人为本，认为人是主动、不断变化和自我负责的，能在实现既定目标的过程中进行批判性的自我反馈，学习不再是外部控制，而是自我控制的过程。在现代职业教育中，行动导向学习的目标是获得职业能力。此理论在德国已经被普遍接受和推广，在中国部分学校也进行了试行。其特点是：教学内容与职业实践尤其是工作过程紧密相关；学生自己组织学习；强调合作与交流；多形式教学方法交替使用；教师是学习过程的组织者、咨询者和指导者。推广使用这种方法已经成为现代职业教育、培训的主流发展趋势。它以培养人的综合职业能力为目标、以职业实践活动为导向，强调理论与实践的统一，尊重学生的价值，张扬个性，引导学生主动学习、联系实际问题学习，以真正提高劳动者素质。所谓"行动导向"，是指由师生共同确定的行动产品（目标）来引导教学组织过程，学生通过主动和全面的学习，达到脑力劳动和体力劳动的统一。行动导向教学方法一般采用跨学科的综合课程模式，不强调知识的学科系统性，重视"案例"和"解决实际问题"以及"学生的自我管理式学习"。行动导向教学的核心是关键能力的开发，促进学生的脑、心、手全方位调动，真正从素质教育方面入手，把学生的学习转化为一种"游戏"形式，让学生愉快地在"玩"中学，在学中"玩"，愉快地、轻松地完成学习任务。

2. 行动导向学习理论对专业教学法的影响

在行动导向的学习中，也就是学习者在亲自行动的过程中，通过行动分析和设计、实施、检查、评价各环节，对自身经验进行反思和批判性检查，验证、丰富和更新自己的行动模式和认知结构，达到提升行动能力、解决职业活动中的问题的目的。在专业学习中，教师逐渐地意识到行动学习的重要性，行动是学习的出发点、发生地和归属目标，学习是连接原有行动能力状态和目标行动能力状态之间的过程。除了重复进行的简单工作活动之外，职业性的行动不仅能为从业者提供学习的机会，而且在职业活动过程之中还存在着促进专业化能力发展的学习机会。从此方面来看，在职业教育领域，行动导向的学习和促进专业化能力发展的工作是合二为一的，是一个不断进步和终身学习的具体过程。

四、建构主义学习理论

1. 理论基础

20 世纪 90 年代初至今，在行动导向学习理论基础上形成的建构主义学习理论，多数学者特别是德国职业教育界认为两者本质上是相同的。建构主义学习理论认为，学习是获取知识的过程，知识不是通过教师传授得到，而是学习者在一定的情境即社会文化背景下，借助其他人（包括教师和学习伙伴）的帮助，利用必要的学习资料，通过意义建构的方式而获得。由于学习是在一定的情境即社会文化背景下，借助其他人的帮助即通过人际间的协作活动而实现的意义建构过程，因此建构主义学习理论认为"情境"、"协作"、"会话"和"意义建构"是学习环境中的四大要素或四大属性。"情境"：学习环境中的情境必须有利于学生对所学内容的意义建构，这就对教学设计提出了新的要求，也就是说，在建构主义学习环境下，教学设计不仅要考虑教学目标分析，还要考虑有利于学生意义建构的情境的创设，并把情境创设看做教学设计的最重要内容之一。"协作"：协作发生在学习过程的始终。协作对学习资料的搜集与分析、假设的提出与验证、学习成果的评价直至意义的最终建构均有重要作用。"会话"：会话是协作过程中不可缺少的环节。学习小组成员之间必须通过会话商讨如何完成规定的学习任务。此外，协作学习过程也是会话过程，在此过程中，每个学习者的思维成果（智慧）为整个学习群体所共享，因此会话是达到意义建构的重要手段之一。"意义建构"：这是整个学习过程的最终目标。所要建构的意义是指：事物的性质、规律以及事物之间的内在联系。在学习过程中帮助学生建构意义就是帮助学生对当前学习内容所反映的事物的性质、规律以及该事物与其他事物之间的内在联系达到较深刻的理解。这种理解在大脑中的长期存储形式就是关于当前所学内容的认知结构，也就是关于当前所学内容的认知结构。由以上所述的"学习"的含义可知，学习的质量是学习者建构意义能力的函数，而不是学习者重现教师思维过程能力的函数。换句话说，获得知识的多少取决于学习者根据自身经验去建构有关知识的意义的能力，而不取决于学习者记忆和背诵教师讲授内容的能力。

2. 建构主义学习理论对专业教学法的影响

在专业教学中，建构主义学习理论提倡在教师指导下的、以学习者为中心的学习，也就是说，既强调学习者的认知主体作用，又不忽视教师的指导作用，教师是意义建构的帮助者、促进者，而不是知识的传授者与灌输者。在专业教学中，首先，教师应把学生看做信息加工的主体，是意义的主动建构者，而不是外部刺激的被动接受者和被灌输的对象，教师应成为学生建构意义的帮助者，应采用各种教学方法激发学生的学习兴趣，帮助学生形成学习动机；其次，教师可通过创设符合教学内容要求的情境和提示新旧专业知识之间联系的线索，帮助学生建构当前所学知识的意义。在专业性概念的学习过程中，为了使意义建构更有效，教师应在可能的条件下组织协作学习（开展讨论与交流），并对协作学习过程进行引导使之朝有利于意义建构的方向发展。引导的方法包括：提出适当的问题以引起学生的思考和讨论；在讨论中设法把问题一步步引向深入以加深学生对所学内容的理解；要启发诱导学生自己去发现规律、纠正和补充错误的或片面的认识。

第三节　物流专业教学法国内外文献研究

一、国外文献研究

（一）教学方式

Yu 和 Mao（2011）指出 ERP（enterprise resource planning，即企业资源计划）是一个以物流管理为重点的重要课程，ERP 软件系统通过模拟环境与商业业务操作的比较，使学生更好地理解并获得更多的感性认识，提高学生的实践能力。通过现代教育技术和计算机模拟的课堂实践，创新的模型教学方式可以为学生的学习带来显著的效果。学生通过课堂实践锻炼与在企业的学习和实践，在真实的商业环境中了解 ERP 业务流程，了解企业的运作及信息管理方法，进一步对实践教学进行深入研究。Yan 和 Wang（2009）演示了物流系统仿真和教学模式之间的联系，通过一些物流系统理论知识和应用实践能力的培训，探索新的教学方法和教学理念，强调物流仿真技术的应用，探索合适的物流系统仿真教学模式。他们还阐述案例分析方法的实用性、实验培训方法和集成的教学研究方法等。这些方法的广泛使用能够提高学生综合理解物流系统和专业物流仿真的技术的能力。Gu 和 Zhu（2014）强调本科教学应注重应用，更加关注学生的实践能力，培养应用型人才。他们还指出应从教学体系建设入手，包括课程的改革、应用人才培训、"物流"定位等，其核心区域是实践教学，应根据实际情况选择教学内容，进行适当的实践教学体系建设、教学方法革新、考试制度改革等。

（二）教学过程

Li 和 Zhao（2014）认为物流教学在基本法律和原则的指导下，依附"以人为本"的新教学人生哲学，应该将物流专业固有技术与学生们的现实限制和雄心勃勃的训练目标相结合。老师应该将传授知识和发展学生个人智力相结合，弹性地使用一系列教学方法和寻找一个新的更适合物流学科教学的模型。在物流教学可持续发展的基础上，将教学提高到高质量专业人才能够适应中国物流工业的快速发展的程度上；教学过程中使用案例教学能够提高学生对基本原则、概念的理解和培养学生的综合能力；项目教学对物流管理也是非常好的一个教学模式，项目教学是一种在认知发展理论下，将项目分解为合适的子案例，让学生讨论、协调和学习他们各自的项目的教学模式；将传统教学和多媒体教学相结合。Liu 等（2014）认为将传统教学与情景教学相结合对物流教学过程有极大的帮助。情景教学的应用情况主要包括两种：一是用外语进行情景教学探讨；二是用本土语言进行情景教学探讨。提高情景教学练习的方式主要有处理好传统教学和情景教学的合作协调、增强情景教学的设计质量以及构建情景教学的评价系统。Tang 等（2008）认为在物流教学过程中要培养学生的革新理念、革新思维和想象力，与教学相结合。只有通过长期的老师与学生的相互配合，大量革新精神和革新能力才会涌现，在物流教学过程中介绍实验才能引起学生的兴趣和热情。在教学过程中要注重最新物流技术和装备的介绍，帮助学生掌控物流技术发展的前沿，通过增加物流实验室资金，注重培养学生的实践能力和科技革新能力；发展综合能力和设计实验去培养学生的革新才智。Zhan 等（2011）主张在物流教学过程中抛弃过去以教师为主导的教学过程，采用以学生为中心的方法，如通过案例学习、问题学习、项目学习等方法来提高教学质量，通过以学生为主导的教学过程，指导学生深入思考、综合分析，提高学生的自主性和创新能力。

（三）教学方法

Li 和 Zhao（2014）基于现代物流管理课程特点和高素质物流人才的培养目标，通过整合物流教学改革的新概念，提出了一种对课程和教学方法进行改进的创新教学方法，旨在改善当前大学物流类专业人员的训练模型，培训专业人员适应当前的物流发展，以满足社会的需要。Wong 等（2014）研究表明本科生课程和雇主需求之间存在着不平衡，这项研究还提供了一个新颖的理解，强调物流供应链管理技能的重要性。通过改善教学方法、建立新的教学体系，弥补学生在知识和技能上的缺乏，提升管理技能和专业技能来满足雇主的需求，使毕业生能够更好地适应社会。Liang 和 Huang（2012）分析了关于存储管理和教学的问题，提出存储管理教学改革的设想。他们从不同角度提出了一些新想法，其中包括建立仿真虚拟职业环境，设计方案，制订工作计划，进行检查并对结果进行评价，总结项目教学方法，对过程进行分析，为开发和应用提供了基础。课程的研究结果可能会影响学生的理论水平和工作时的实践能力。Tang 和 Wang（2010）根据物流专业课程的特点进行教学，分析了多媒体技术和原则对网络的影响，提出物流专业网络教学改革的目标和建议，然后基于实践提出构造物流专业的网络多媒体教学方法。Hurt 等（2014）基于过程提出改进供应链工程、物流运输的方法，在信息技术的时代，模拟计算机的教学工具和计划，更加重视动手实践的过程，侧重于数字和实践方法结合进行研究，模拟物流与供应链工程生产计划，让学生提供解决的方案，新的教学方法为学生更好地学习创造了有利条件。

（四）教学手段（教学工具）

Tvrdon 和 Lenort（2008）主张仿真方法，仿真方法是一种通过仿真软件对实际案例进行教学的新型方法，主要仿真软件是英国的 Witness 及 Captivate。仿真软件不仅可以将实际案例提供给学生进行模拟，也可以创建一个与仓储、运输、配送、布置等相联系的模型。Xiao 和 Li（2009）提出基于虚拟供应链的物流教学实验工具，基于虚拟企业（企业实践）模型与 Java，提出学生实验的虚拟供应链平台 NTS（network test system，即网络测试系统）。他认为物流学专业学生目前的教学方法不能弥补物流理论与现实世界之间的差距，除了优化教师队伍结构，调整教学计划，高校应结合现实社会的理论加强物流实验大楼实验平台的建设。虚拟供应链可以进行许多实验，这些实验包括企业之间的合作与竞争。实验平台有利于研究物流专业的教学效率。Romanovs 等（2010）重点介绍了信息技术在物流信息技术发展过程中的实践技能和能力。Sweeney 等（2010）采用商业供应链管理软件描述的发展和教学的研究生课程，为学生提供深入的体验式学习。当前的国际供应链和物流网络的有效管理依赖于使用先进的软件工具。

Yu 和 Mao（2011）研究了企业资源计划的物流管理模式，认为 ERP 方法是物流教学过程中非常重要的教学工具，ERP 软件是由各个子系统组成的系统，子系统主要包括生产、物流、财务和人力资源等。ERP 教学能够加强学生团队合作感；使学生熟悉 ERP 软件，训练对电脑的操作能力；将物流管理与其他课程知识相结合；提高学生的研究、系统分析技能和动手操作能力。通过对现代教育技术手段和计算机模拟的课堂实践，学生可较易理解 ERP 的内涵。

（五）教学资源

Svitlana（2014）主张在皮特里网（Petri nets）的基础上建立模型，在皮特里网的帮助下使用网络模型，皮特里网是针对物流系统离散过程的有效工具，使用皮特里网可以获取大量资源。Sweeney 等（2010）主张使用商业软件获取教学资源，这样教学资源主要来源于实际商家，学生能够从实际情形中获取知识并且获得解决实际问题的能力，工业企业能够获得具有实际操作能力的学生作为自己的员工，软件供应商能够将自己的软件推广至更大的人群。

（六）实践教学

Romanovs 等（2010）指出，信息技术在高校学习中扮演着重要的角色，目前高校学习中普遍缺乏至关重要的实践技巧，通过物流信息技术课程能够培养学生的实践技巧和能力。实验表明，生动有活力的实践教学会激发学生的学习兴趣，提出将实践教学引入物流教学十分必要，因此要结合高校学生现状对实践教学方法进行完善和创新。Cheong 和 Cheong（2012）提出将谷歌地图及其他 GIS（geographic information system，即地理信息系统）地理编码和地理位置等概念用于物流软件中，通过选择最佳路线来减少分销成本。将软件学习作为一种新的学习方式，培养学生理论知识与应用实践相结合的能力，进一步对实践教学进行深入探索和研究。Svitlana（2014）指出，尽管现在实践教学已经很成功，但是还有很多问题没有解决。我们应当利用现代信息系统的方法创建计算机教学系统，建立物流模型，培养学生的实践能力，确保实践教学的顺利进行。Meng（2014）在物流教学过程中应用项目教学法，探索其在实际中的应用教学的作用，阐述其存在的问题，选择的项目和实施的详细要求。在执行项目期间，应该向学生解释项目的背景和目的，学生可以自己分配任务和实现项目。这种新颖的实践教学方法可以激发学生的学习兴趣。Zheng 和 He（2011）提出了基于物流综合实验设计和软件开发的实践教学创新，教师能够根据不同的教学调整实验的难度，所有的数据和操作实验均是真实的企业历史数据。通过实践教学可以帮助学生获得综合管理能力，帮助学生理解物流功能在整个供应链管理及供应链伙伴中的作用，为学生进入职场做好铺垫。Liu 和 Niu（2014）指出，随着经济全球化的发展，全球现代物流产业迅速上升，物流行业的快速发展导致了对物流人员的大规模需求。许多高职院校由此设立了物流运输专业。值得指出的是，物流运输的主要课程与实践密切相关，培养优秀的专业人员对物流运输、实践教学建设系统应该是十分有价值的。他们论述了职业教育教学在实践中的重要性，分析建设实践教学存在的问题，提出了高职院校专业构建物流运输专业实践教学体系的对策。

二、国内文献研究

（一）教学方式

通过变革高职院校物流类专业教学的方式、改革物流管理课程体系，课堂教学方式灵活多变，学生实践能力提高，从而提升高职院校物流类专业的教学水平，使学生能更好地适应社会生产实践的需求。刘芳和朱伟（2014）分析了高职院校培养物流管理人才的重要性，探讨了当前我国高职院校物流类专业教学存在的很多不足，如教学方式比较陈旧、专业课程体系不合理、物流管理人才培养与社会需求严重脱节、专业技能实践不足，提出需要对教学体系进行改革。范珍（2012）结合课程改革实践，阐述了基于"物流业务流程"的课程改革思路和方法。教学内容以配送业务流程为基础，以真实工作任务为核心，教学方式以行动导向教学法为主，引导学生自主探究完成任务，以培养学生的综合职业能力。

物流专业的唯一出路是改进教与学的理念，更新教学模式，培养应用型、创新型人才。周蓉（2014）提出了高职教育中改革的重点——一体化教学的特点及实施方法，并以物流类专业的核心课程"采购管理实务"为例，介绍了该课程标准的制定、一体化教学开展的方式及支撑要素。王琳和韩永生（2013）从物流系统仿真课程的教学现状出发，探讨了针对仿真理论的立体化教学及结合实验、竞赛和毕业设计的软件教学等多元化教学方式对学生掌握该课程起到的重要作用，并从教学内容设计、教学方式设计等角度对该课程改革进行了总结。通过在实验、竞赛和毕业设计等多元方式中融入仿真软件教学，突出了物流系统仿真课程应用性强的特色。王伟（2014）指出当前国内高校物流专业英语教学模式还存在许多问题，如教学方式比较落后、教材不完善、评价体系不够科学，这些问题直接或间接影响了教学模式的教学效果，也影响了物流专业学生英语语言素质的提高，并基于应用能力角度对高校物流专业教学模式进行了多方面的分析和讨论，以此推动物流专业教学模式优化。王传涛等（2014）通过分析国内外校企合作教学模式的特点，构建了物流工程专业校企合作的教学模式，该模式包含四个教学模块，即基础教学模块、校企合作教学模块、时间教学模块和毕业设计模块，并依次对这四个模块的课程内容和教学方式、目标等进行了分析和阐述。

（二）教学过程

苏玲利和朱文涛（2013）结合健雄职业技术学院的"定岗双元"培养模式，从理论层面进行物流类专业实践教学质量评价要素的构建研究，形成以"教学目标评价、教学过程评价、教学结果评价"为基本框架的系统化实践教学评价指标要素，为评价高职实践教学质量提供标准与方向。庄倩玮（2013）在分析物流类专业开设"项目管理"课程现状的基础上，提出应结合物流专业特点整合教学内容，同时引入混合学习法进行教学过程的设计，并通过构建立体化教学体系，延伸学生对课程的学习和掌握。张丽庆（2015）以提升高校物流类专业创业教育水平为视角，分析了 ERP 沙盘模拟实践教学改革目标、教学内容、教学过程的改革，明确了评价标准和教学改革的保障机制，提高了物流类专业的创业教育水平。鲁力群和赵静（2013）针对课程设计教学过程的各个环节进行了研究，包括课程设计前的知识储备、软件选择、设计课程确定、教学实施步骤及课程设计结果评价等，通过课程设计的完成，增强工程意识和实践能力。

（三）教学方法

教学方法可以分为多种，案例分析法是以构建主义学习理论为指导的教学方法，蒋晓云（2014）提出高职高专"物流法规"教学应以案例分析法为核心、以传统的讲授法为基础。同时，"物流法规"课程应灵活设计包括问题教学法、多媒体教学法、网络教学法、社会实践法等多样的辅助性教学方式，多途径配合实现培养实用型物流人才的教学目标。陈宁（2013）从案例分析法的内涵出发，对采用案例分析法的必要性，以及其在教学过程中的实施应用进行了探索，为我国物流类专业教学改革的实践提供理论借鉴和参考。

针对情景模拟教学法，黄蕾（2013）阐述了其含义及作用，通过问卷访谈等方式获取了高职物流专业物流英语情景教学的现状及问题，在此基础上提出了优化情景教学方法，提出了提升学生物流英语应用能力的具体措施。殷延海（2014）也提出将情景模拟教学法应用到物流管理的实验教学中，主要通过情景模拟教学平台的构建、情景模拟教学实施方法的设计、情景模拟教学应用举例等途径，介绍情景模拟教学法的实施策略，希望该方法能对广大的物流管理实验教学者有所裨益。职会亮等（2011）研究分析了基于情景教学的大学生创新实践教学平台的基本功能要求，以 Flexsim 仿真系统为基本工具，构建了物流工程专业情景教学创新实践教学平台；结合现代物流工程专业教学的特点，具体就生产与物流系统的实验教学环节进行了过程设计，并对其实践教学效果进行了评价。

针对行为导向法，谭影（2012）以实际教学经验为基础，突破以往学者们对行为导向法研究的局限，并非分类研究每一种具体的教学法，如头脑风暴法、项目教学法、案例教学法等，而是结合物流专业课程的特点，重点探究行为导向法在物流专业课程中成功实施的关键因素及要点，以期为物流教学效果的提升提供一个切实可行的教学方法。毛小萌（2012）针对配送作业的组织课程教学中存在的主要问题，论述了在课程教学过程中使用的行为导向型的教学方法，并在教学过程中进行了实践，取得了较好的教学效果。

此外，还有许多其他教学方法。例如，袁荃（2013）提出英语互动式教学的基本内涵，剖析了物流英语互动式教学的教学理念，明确了互动式教学中教师与学生的正确定位，探讨了物流英语互动式教学的教学目标，给出了物流英语互动式教学中提升学生听说读写基本功的教学方法；贺金霞（2012）认为应通过任务型教学法，通过完成任务驱动学生自主学习，充分调动学生学习的自主性、创新性，并强调以教师为主导、以学生为主体的素质教育的理念，注重发展学生的学习能力；钟伟等（2015）针对"物流运输管理"课程特点，指出课程汇报式教学方法实施的必要性，并从五个方面详细介绍了方法的实施过程，总结了该方法在三个年级中的实施效果。

（四）教学手段（教学工具）

课程教学重视信息技术等现代教学手段的应用，不仅在教学过程中使用了目前应用广泛的多媒体教学手段，还充分利用校园网平台，使用网络辅助教学，有效地激发了学生的学习兴趣，显著提高了教学效果。刘洪娟等（2013）提出将网络辅助教学作为理论教学和实践教学在网络环境中的延伸和拓展，以网络化的形式向学生提供丰富的教学资源。在教学过程中，针对课程特点，他们从教学内容、教学方法、教学手段及考核方式等几个方面，对该课程的教学改革进行了探索与实践，有效地提高了教学质量。王淑云（2009）分析了我国开展现代物流双语教学的可行性与必要性，其认为开展双语教学必须强化教学方法和教学手段的改革和创新，指出要积极利用现代教育信息技术，实施多媒体教学与网络教学，要注重理论教学与案例教学及实践教学的统一。

多媒体教学工具可将图、文、声、像融为一体，信息量大，可以启发学生的想象力，但同时也容易分散学生的注意力，让演示代替了互动。唐秀英（2015）指出教学手段从原来的以黑板板书为主转变成以多媒体教学方式为主、辅以黑板板书教学。翟希东（2012）提出教学手段和教学方法是课程目标实现的主要渠道，应以职业能力培养为导向，有针对性地采取案例、游戏模拟、项目驱动、校外实践等教学方法，应用多媒体等现代化教学手段，利用声、光、电等现代科学技术，使学生能够对所学课程有更加深入的认识和理解。

（五）教学资源

随着数字化技术进入教育及教学领域，我国各高职院校的数字化教学资源日益丰富，从而也引发了教学模式的改革。孙慧（2013）分析了高职院校数字化教学资源建设的现状，并以高职物流类专业的核心课程"仓储业务操作"为例，探讨了在数字化教学资源的支持下，如何构建与其相适应的新型教学模式。王成林和吴阿龙（2013）提出目前高等院校的教学模式已经开启了购买服务的时代，为基于互联网思维的教学资源库建设提供了良好的外部环境，在转变资源配置模式的基础上，积极地进行教学资源库建设模式的转变，可以实现资源的集约化利用，满足新时代的专业教学需要。

创建教学资源库可以将不同课程、不同教师的授课案例进行整合，不断提高教学质量。朱惠君（2011）提出构筑开放的教学资源环境、最大限度地满足学生自主学习的需要，是国家示范性高等职业院校建设的主要内容之一，并且结合港航特色物流专业建设的实际情况，从建设意义、设计理念、建设内容、建设方法四方面对物流专业教学资源库建设做一些初步的探讨。邓传红和王亚男（2012）论述了国际物流课程教学资源库建设的背景和意义，介绍了这一建设过程的总体思路和框架结构及具体内容。刘伟成（2015）通过案例资源库的开发和建立，实现课程资源和评价体系的标准化、规范化，实现案例资源分类和课程质量评价的科学化，以教学案例资源的共建共享为契机，建设开放性的案例开发与应用平台，提高案例库的共享程度和利用效率。

（六）实践教学

实践教学是教学中的重点和难点。人才培养的特色在于培养应用型专门人才，让学生在走入职场前就能与社会人才需求无缝对接。随着网络逐步发达，越来越多的实践教学将网络系统与传统教学模式相结合。熊小婷和张佺举（2015）结合 3D 仓储与配送模拟实训系统在教学中的实际运用，分析 3D 模拟实训系统在教学中存在的系列问题，并给出了解决这些问题的总体思路，指出为了更好地提高物流管理实训教学的效果，应从整合优化现有实验教学资源、调整物流课程设置以及培训教师队伍等多方面着手，改进实训教学方法。琚春华等（2014）在教学模式应用了无线移动设备结合 RFID（radio frequency identification，即射频识别）、条码阅读器等，从新型实践教学层面推动教学变革，促进学生发展。琚春华和彭建良（2012）将移动学习作为一种崭新的学习形式，能够有效地促进学生知识拓展和应用能力的提高。他们针对电子商务与物流技术的特征与发展要求，研究与设计了基于移动学习的电子商务与物流专业教学模式的系统架构、以学生能力培养为核心的教学功能模块，以及面向行业发展的创新开放式实践教学体系。

针对高校及高职院校物流类专业实践教学体系构建的基本思路及具体实施方法，张俊娥（2013）通过对应用型高校管理类专业培养目标的定位和物流类专业课程设置改革，构建了应用型高校物流类专业的实践教学环节，探讨了适合于应用型本科教育的管理类专业的实践教学方法及考核体系。刘钧炎和焦亮（2013）提出为顺应社会的需求，进一步完善和提高物流教学方法和教学模式，针对高职物流专业实践教学的方法进行了探索。王军锋（2012）提出科学合理的实践教学体系是实现应用型专业人才培养目标的关键。高职院校的师资力量和实验室建设较为薄弱，但在办学体制及产学研结合上具有很大创新优势。他还提出了提高实践教学质量的主要措施。关高峰和李诗珍（2014）总结了目前高校主要的实践教学模式中传统实验室模式、校外实践基地模式和创新创业能力培养模式的特点，提出了长江大学物流类专业实践教学体系的构建方案，可为其他院校物流类本科专业实践教学提供参考。

从物流实践教学研究现状入手，塞明和刘万啸（2015）搭建系统的研究型物流实践教学体系，并从健全管理制度、加强师资队伍建设和实训基地建设等方面建立实践教学的保障机制，确保实践教学的有序开展。李家斌（2014）提出国内对物流实践教学的研究主要体现在实践教学的现状与改革必要性、实践教学的体系构建、实践教学实施的方法及策略等方面，缺少系统量化的理论与实践相结合的研究，总体还处在研究的起步阶段。在此基础上，李家斌提出了量化研究和评价体系研究两个有价值的研究方向，以期能够引起国内对物流实践教学的深层次研究。

实践教学可采用"走到企业中去"的方式，根据企业运营来开设实践教学课程和内容。

孟军齐和姜洪（2014）提出校企协同经营的企业合作模式，在企业运营过程中，将部分合作的代表性企业业务"搬进"校园以保证综合实训的效果，最后提出开拓合作模式将实训室建到企业，和企业共同建设校外实训室。整个校企协同创新的结果是真正实现校企"零对接"，入校即入职，实现学习过程即创业过程。

第三章

物流专业教学法理论基础

第一节 物流专业教学法概述

一、物流专业教学法的产生

物流是指为了满足客户的需求，以最低的成本，通过运输、保管、配送等方式，实现原材料、半成品、成品或相关信息进行由商品的产地到商品的消费地的计划、实施和管理的全过程。物流是一个控制原材料、制成品、产成品和信息的系统，从供应开始经各种中间环节的转让及拥有而到达最终消费者手中的实物运动，以此实现组织的明确目标。

物流最早是在第二次世界大战中，围绕战争物资供应，以美军建立的"后勤"（logistics）理论为原型的。从全球物流产业发展情况来看，在欧洲、美国、日本等发达国家和地区，物流业开展得较早且较好，已经形成相对完善的交通运输和信息网络，物流成本占 GDP 的比重随着经济发展而降低。

相对而言，发展中国家的物流水平较低，物流的基础设施、制度环境、物流人才以及信息技术方面落后，社会物流成本相对较高，目前，我国物流成本占同期 GDP 的比重为 18%左右。我国经济的快速增长，加速了全社会商品、信息和服务的流通，为以国际物流为核心的跨境综合物流行业的发展提供了广阔的市场空间。

伴随物流的快速发展，物流业也出现诸多问题，其中较突出的问题就是缺乏与行业发展相匹配的专业性物流人才。为了促进物流业良好发展，各类学校纷纷设置物流管理等物流相关专业。培养物流专业人才，为符合实际，将教学方式、教学方法、教学过程、教学手段、教学资源、实践教学等各类成型且卓有成效的教学法体系中所涉及的内容应用到物流专业教学中，因此产生了物流专业教学法。

二、物流专业教学法体系

传统教学法包含教学方式、教学过程、教学方法、教学手段、教学资源等环节，具体内容如下。

1. 教学方式

《教育大辞典》对"教学方式"的界定是："教学方法的活动细节，教学过程中教师给学生呈现的具体的活动状态，表明教学活动实际的呈现形式，如讲授法中的讲述、讲解、讲演，练习法中的示范、摹仿等。"对这一概念可以理解为这些具体的活动状态就是教学方式。有学者将教学方式定义为师生相互作用的活动，它是以教学原则为指导，实现教学内容而运用的一些教学手段。

2. 教学过程

教学过程即教学活动的展开过程，是教师根据一定的社会要求和学生身心发展的特点，借助一定的教学条件，指导学生主要通过认识教学内容从而认识客观世界，并在此基础之上发展自身的过程。教学过程是教学活动的启动、发展、变化和结束在时间上连续展开的程序结构。人们对教学过程的认识，经历了漫长的历史发展过程。随着时间的推移和研究的深入，人们逐渐认识到教学过程的复杂性和多元性，教学过程不仅是认识过程，也是心理活动过程、社会化过程。因此，教学过程是认识过程、心理过程、社会化过程的复合整体。

3. 教学方法

教学方法是指为实现既定的教学任务，师生共同活动的方式、手段、办法的方法体系，是"教"的方法与"学"的方法的总和。教学方法是一种认识方法，从教师创造性地指导学生通过探索发现"新知"的意义上说，教学方法也是一种科学方法。或者说，它是教师施教和学生学习知识、技能使身心发展而共同活动的方法，包括理论教学和实践教学两个主要部分。

4. 教学手段

教学手段是指师生教学相互传递信息的工具、媒体或设备，有视觉媒体、听觉媒体以及视听媒体。随着科学技术的发展，教学手段经历了口头语言、文字和书籍、印刷教材、电子视听设备和多媒体网络技术五个使用阶段。现代化教学手段是与传统教学手段相对而言的。传统教学手段主要是指一部教科书、一支粉笔、一块黑板、几幅历史挂图等。现代化教学手段是指各种电化教育器材和教材，即把计算机、幻灯机、投影仪、录音机、录像机、电视机、电影机等搬入课堂，作为直观教具应用于各学科教学领域，因利用其声、光、电等现代化科学技术辅助教学，故又称"电化教学"。

5. 教学资源

教学资源是指各种各样的媒体环境与一切可用于教育教学的物质条件、自然条件以及社会条件的总和。具体来说，教学资源包括教学资料、支持系统、教学环境等组成部分。教学资料为蕴含了大量的教育信息，以创造出一定教育价值的各类信息资源。支持系统主要是指支持学习者有效学习的内外部条件，包括学习能量的支持、设备的支持、信息的支持、人员的支持等。支持系统作为资源的内容对象与学习者沟通的途径，实现了媒介的功能。教学环境不只是教学过程发生的地点，更重要的是指学习者与教学资料、支持系统之间在进行交流的过程中所形成的氛围，其最主要的特征在于交互方式以及由此带来的交流效果。

根据物流专业特色，结合传统教学法特征，本书构建了物流专业教学法体系，各教学环节的相互关系如图 3.1 所示。

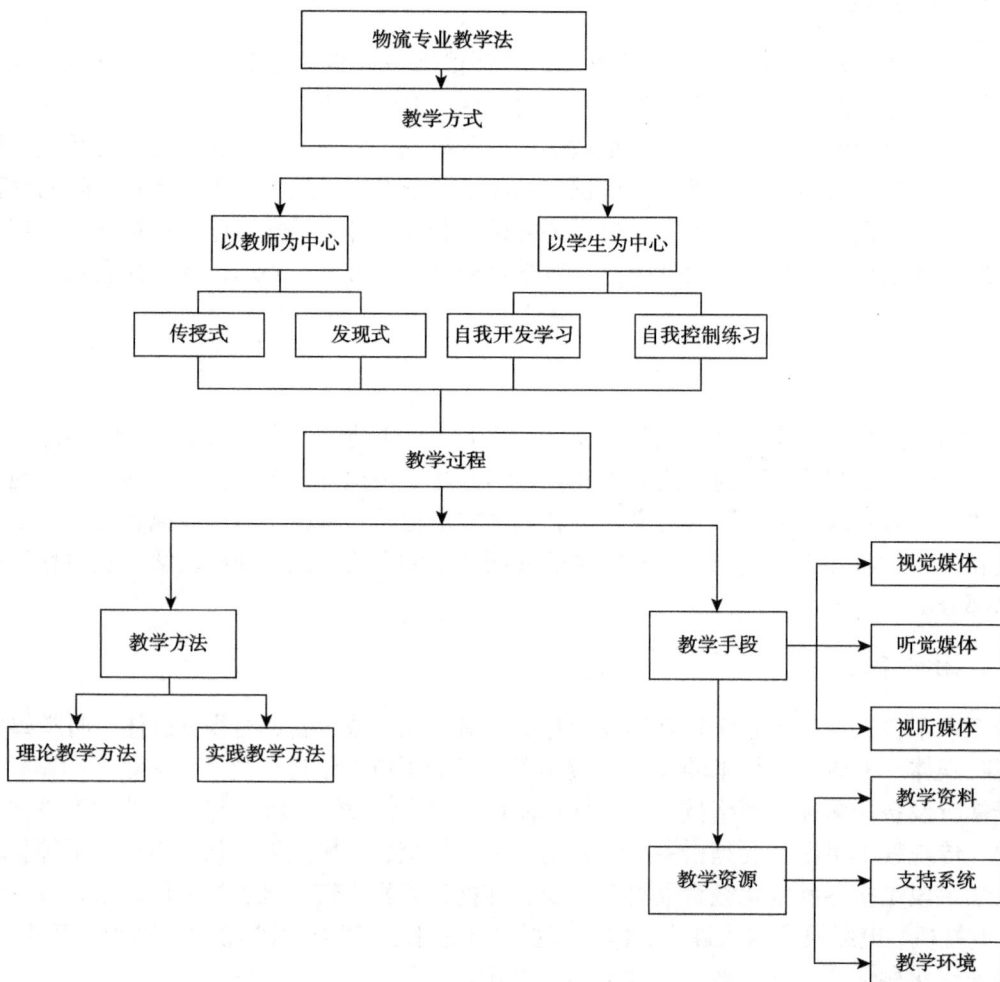

图 3.1　物流专业教学法体系

第二节　传统物流专业教学法的问题

一、我国职业院校常用教学法存在的问题

虽然在我国职业教学中，教师也在积极地尝试各种教学法，以激发学生学习的积极性，但我国对专业教学现仍未形成完整的理论体系，职业学校的教师并不知道什么是专业教学法以及如何在实践教学中运用专业教学法理论。职业学校教师大多认为其培养的学生是未来的技术工人，他们的工作内容是以整个劳动过程为导向的，而不是受学科内容的限制。对于他们来说，大部分的学科原理所起的作用并不是很大，他们运用到工作中更多的是在学习和实践中获得的面向工作过程的知识和技能。而且当前社会和职业也对技术工人提出了新的要求和挑战，这就要求未来的职校教师要以培养学生的行动能力为核心。而就在我国对专业教学的观念不断转变的过程中，专业教学仍面临以下问题。

（1）专业课程内容综合性不强。课程内容按照单一学科的纵向逻辑进行排列，强调专门理论知识的系统性，忽略跨学科知识或相关知识的融合。

（2）专业学科课程内容过分强调学术性，职业性不强。追求与综合性大学同样的深度与难度，与社会职业过程脱节。这就导致了未来的职教教师对相应的工作和劳动不了解。各专业课程的教学时间太多，分科越来越细，课程内容也越来越深，这就导致职业学校的学生在专业学习中更多地注重学术性知识的学习，而忽略了职业技能的学习。

所以，对专业教学法还有待我们继续研究，这要求我们不断地吸取国外研究经验，从而丰富我国的专业教学法理论体系，形成适合我国职业教育体系的专业教学法。

二、我国高等院校物流教育存在的问题

（1）物流专业设置过细、过专，知识体系不健全。许多高校物流教育只是现代物流教育理论中的某一个环节，课程设置和专业培养方向也往往会根据经济发展特点及相应服务区域的物流需求特点来选择，如沿海地区的高校物流专业的培养方向大多为国际物流、港口物流；内陆的高校则大多以企业物流为培养方向。由于专业物流研究的滞后及物流专业设置的限制，学生的基础理论不够扎实，知识结构不全面。各学校的师资、软硬件配套设备参差不齐，导致在培养方向、教材选取、技能实训等方面因陋就简、各自为政，使物流教育专业人才培养模式不适应现代物流管理的要求。物流毕业生参加工作后不能很快进入角色。

（2）物流专业教师不足，师资队伍水平有待提高。物流专业教师的构成有其特殊性，大多数高校的教师从交通运输、管理、经济、机械工程等方面转型而来，并不是科班出身的，这部分教师多数仅经过一些短训班，熟悉一些物流课程，或一些物流方面书籍，缺乏扎实系统的专业知识。很多教师只有理论没有实践，对物流的操作实践缺乏认识。大部分教师在授课过程中偏重理论解释与分析，缺少对企业物流管理案例的分析。由于没有物流行业的实际工作经验，因此不能很好地结合企业实际应用讲解物流理论与实践操作，甚至

一些院校仓促增设物流专业，师资力量准备不足，造成部分专业课程的缺位，只好因人设课，破坏了专业课程的合理结构和知识的完整性。

（3）物流教育设施缺乏，已有的软件难以满足实践教学要求。物流是技能性、操作性很强的专业，很多教学内容都离不开物流实践基础，虽然有些高校建立了物流实验室，购买了一些物流管理相关的模拟软件，但大多模拟软件过于简单，一个实验做下来只需要几节课的时间，且软件中设定的环境与实际操作环境存在出入，因此大多实验课程流于形式。有的高校甚至没有实验室，学生不能深入了解有关物流设备和相关物流实用软件，严重影响了教学质量。

（4）教学体系中实践性课程形同虚设。几乎所有开设物流类专业的学校，其学生培养方案中都有社会实践和专业实习性课程。但就实际执行情况来看，有些学校的社会实践和专业实习均改为学生自主实习即学生自己找单位实习，由于实习考核不严格，于是很多学生随便找个单位盖个章就算完成实习任务，不管实习单位和实习岗位是否与专业相符，导致实践性课程形同虚设，没有任何实际效果。

三、我国高职物流教育发展存在的问题

从我国高职院校物流专业教育发展的历史来看，许多学校都是从物资管理、交通运输管理、商业储运等专业发展、演变而来的。由于物流学科在我国是门新兴的学科，物流职业教育在理论上和实践上存在许多问题。作为从事物流高职教育的院校和教育工作者，应当对物流热中存在的问题给予足够重视。从目前我国高职物流教育发展的情况来看，主要存在以下几个问题。

（1）物流学科和课程体系落后。虽然我国物流教育有了长足发展，但物流理论的研究和学科体系的建设严重不足。现有的物流理论不成熟，且几乎都从国外引进，没有形成与我国物流发展实际相结合的现代物流理论体系。

（2）物流人才培养目标缺乏清晰的定位。高职院校物流人才的培养目标应当根据区域特点和市场需求，进行明确的定位。但许多院校培养目标宽泛，对学生需要掌握什么技能，将来能够从事何种物流岗位没有进行认真研究、分析和论证。

（3）物流专业教育没有突出高职教育的特色。在实际办学中，很多高职院校没有认真研究高职物流教育的规律，在人才培养上没有体现应用型、技能型人才的特点。

（4）教育经费投入不足。物流专业实务性非常强，既要求技术含量高的实验室等硬件设施，又对实践教学环节要求众多，物流教育需要面向企业，建立更多的实习教学基地。这必然需要大量教育经费，但目前高职院校或是设立不久或是将投资用于规模扩张，难以在物流教育投入更多的财力物力。

（5）专业师资严重缺乏，教师水平差别大。我国物流教育起步较晚，高职院校从事物流教育的教师多是管理、经济、计算机等专业转行而来，物流知识不系统、不全面、不扎实，同时也缺乏物流实践经验。

四、我国中职物流教育存在的问题

（1）办学的培养目标定位不准确。20 世纪八九十年代，中职学校经历了非常辉煌的时期，为社会各行各业培养了大量的初级干部人才，那时对职教学生的培养定位就是培养行业内较高规格的管理者。而 21 世纪到来，我国的经济环境发生了根本性的变化，社会各行各业对人才的需求由管理干部型需求转向技能用工型需求。但目前很多中职学校不适应这种变化，依旧走老路，教学的课程以物流管理课程为主，而物流企业需要的则是具有熟练操作技能的一线员工，学生的知识根本无法应用在企业的用工岗位上。

（2）物流教学过程重理论知识，轻实践技能。目前中职学校的物流教育多数片面注重物流理论的传授学，忽视了对学生实际业务操作能力的培养。教学内容和实际企业的需求相差很大，学校基于历史习惯或教学资源匮乏等原因，无法为学生提供实习实践的条件，把绝大部分课时用于理论教学。学生无法从实践中得到感性认识进而领悟物流理论，更无法得到技能的锻炼，只能强记空洞的理论，致使学生动手能力、独立思考能力和创新能力极差，这必将影响学生日后的就业。

（3）物流课程设置片面追求全面性，缺乏针对性。物流学是综合交叉性学科，它涵盖的范围广、领域多。物流行业的分工较为细化，它的业务千差万别，物流岗位更是多种多样。不同的岗位和业务对员工的知识和技能要求是完全不同的。学校的课程无论如何无法涵盖物流所有领域方向，只能根据企业对员工的要求有的放矢开设相关课程。但现如今学校设置课程非常盲目随意，片面追求知识系统的全面性而无市场针对性，导致学生学习的物流知识多而不精，严重地削弱了学生专业的竞争力。

（4）教学模式单一，教学技术落后。职业教育是素质能力教育，培养高素质的物流人才要以优良的教学模式和先进的教学技术作为基础。而目前中职学校的物流专业，依旧延续着我国传统学历教育的教学模式。"一支粉笔一块黑板，老师台上讲，学生下边记用心背"，这几乎成为了物流教学的全部。学生成绩的评定也主要以期末试卷分数作为标准，学生学习的目的主要是拿到毕业证书，所以死读书的现象在学校非常普遍。大部分学校投入不足，导致多媒体教学的设施较少，没有物流流程模拟实验室。教学技术的落后导致了课堂的气氛沉闷，学生领悟专业知识库难度大，学习效率低，教学效果不尽如人意。这种填鸭式教学不仅打击了学生学习的积极性，而且无法使学生的职业技能和综合素质得到良好的训练和培养。

（5）学制不够灵活，理论与实践不能互动。我国中职学校目前学制均为三年制，招收的绝大部分是应往届初中毕业生。学习过程大都采用"2+1"或"2.5+0.5"模式，即学生在学校先进行两年或两年半的专业理论学习而剩余的一年或半年到企业进行的顶岗实习，最后毕业就业。这种模式当然有利于学校和企业合理安排授课和实习，同时也有利于双方对学生进行有效的管理。但是这种模式会让理论学习和岗位实习分离，二者无法互动。现实的状况是，一方面在校生在学习理论的过程中就有很强烈的实习愿望，因为他们想用实习去检验所学理论，并通过实习增强感性认识进而帮助自己加深对理论的理解。另一方面，上岗实习的学生在实习中会遇到种种问题和困难，这些问题和困难使他们认识到自己在过去理论学习中的不足，他们同样有强烈的愿望归校进行二次学习。可目前在传统的三年制的学制下，是解决不了上述问题的。

（6）中职物流专业师资严重不足。名师出高徒，高素质的教师队伍是教学质量的保证。对于职业教育来讲更是如此，没有优秀的物流专业教师，培养高素质的物流劳动者就是一句空话。一名优秀的物流教师应该是"上得课堂，下得工房"的"双师型"教师。可现在中职学校的物流专业师资状况并不理想，物流教师紧缺是所有学校的共同问题。物流教师严重缺乏，而学校又急于开设物流专业，无奈之下只得让经济学、营销学、工程学等非物流专业的老师"半路出家"，他们只经过简单的课程培训便开始对物流专业学生进行授课。教师的物流知识并不系统，更谈不上专业技能水平；授课照本宣科，毫无生气，无法对学生的专业学习进行有效的指导，学生们不满意教学效果，长此以往对中职学校物流专业的发展会产生非常不利的影响。

第三节　传统物流专业教学法改进的必要性

物流人才是物流业发展的关键，中国的物流教学还处在起步阶段。作为一门新兴的实用型学科，物流专业所涉及的课程和内容与其他学科有很大的区别。物流专业的教学是一种以系统教学为主的形式。

首先，我国高校物流人才培养供给额度与人才市场的需求额度之间有很大的距离。其次，物流是一门综合性学科，涉及的范围极为广泛，学科内容纵横交错，因此造成物流人才培养目标不明确，人才的使用方面也受到了较大的局限。再次，纸上谈兵现象普遍。物流专业所涉及的大部分内容实践性和技术性较强，如配送管理实务、运输管理实务和物流设施与设备等。而在校的大学生非常缺乏这类知识的应用环境，所学与所用脱节就非常容易造成物流专业的学生多是理论精英但却不是企业真正所需的运用型人才。最后，许多院校物流师资力量匮乏且薄弱，影响了物流专业的整体教学水平。目前，国内有比较多高校开设了物流管理等相关专业的学历教育，但很大程度上是对"母专业"的依托，物流师资力量大多是从管理学、营销学、交通运输学等专业转移过来的，数量不足，尤其教师的实践能力较缺乏。

一、传统物流职业教育教学法改革的迫切性

改革职业教育教学法是深化职业教育改革所必须的，是提高我国职业教育教学质量的必由之路。使教学法的改革跟上现代职业教育发展的步伐并引领职业教育改革继续不断深化，已迫在眉睫。

首先，它是进行理论研究的需要，教学法是职业教育教学理论链条中的关键一环。其次，它是职业教育实践发展的需要，目前高教和普教中沿用的传统教育的教学方法和模式，对职业教育缺乏针对性。再次，是比较中的差距，从与其他教育和与世界职业教育先进国家相比较来看，高教、普教的教学法的改革和研究比较领先。最后，是社会的要求，社会经济的发展对职业教育提出更高的要求，培养的技能人才应是具有综合职业能力的实用型

人才。

二、传统物流职业教育教学法改革的必要性

根据为社会培养具有高素质的新型技能人才的职业教育发展目标，实施与现代社会相适应的教学法，应是使学生"会学"，而不是"学会"。教学不单是知识的传递，更重要的是知识的处理和转换并培养学生的创新能力。教学过程主要按职业岗位能力要求组织教学；教师由"单一型"向"行为引导型"转变；学生由"被动接受的模仿型"向"主动实践、手脑并用的创新型"转变；教学组织形式由"固定教室、集体授课"向"专业教室、实习车间"转变；教学手段由"口授、黑板"向"多媒体、网络化、现代教育技术"转变。改变"重教法、轻学法""重演绎、轻归纳""重讲授、轻操作""重描述、轻直观""重知识、轻实践""重单一技能、轻综合能力"等倾向，体现职业教育的教学方法由理论性、封闭性、单一性向实践性、开放性、系统性模式的转变。

三、传统物流职业教育教学法的改革要点

首先，在教学理念上，职业院校的目标是根据产业需要，向社会输送优质的技术人才，学生的就业质量和职业素养是评估职教院校水平的重要指标。因此，在教学管理中，职教院校应该树立起"就业为经、质量为纬"的理念，综合考虑职教院校物流专业的定位，制定长期发展目标。但目前职业院校课程目标设置不够明晰、专业教育力度不足，对企业的岗位设置了解不够充分，因此对学生专业定位、课程定位等信息把握不够。具体来说，职教院校应该改革传统教学方法，创新教学形式，将校内实训和校企合作相结合，提高学生的综合素质。同时，加大资金投入、购置技术设备、引进高水平科研人才、将教学与实践相结合、以科研助力教学，让学生紧跟时代步伐。总之，要抛弃急功近利的理念，坚持以科学发展观为指导、以服务为宗旨，牢固树立为企业发展服务的观念，为物流企业培养出用得上、留得住、能力强的高素质技能型人才。

其次，在课程体系上，要以就业为主导，注重企业资源整合，制定出科学合理的课程体系。目前的物流专业课程教学内容还是偏重专业理论知识，理论知识不必面面俱到，虽然老师希望将所有的专业理论知识都传授给学生，但理论知识并不是职教学生最感兴趣的学习目标，也不是用人企业所急需的，专业技能与能力的培养才是关键，有必要将工作实践所需知识技能进一步精炼，结合实践需求对理论知识做必要的删减，这样才能更加突出目标岗位的需求，也才有更多教学时间用来针对项目设计相应训练。职教物流专业课程以实现学生就业及职业发展为出发点，体现职业岗位所需的知识、技能、态度要求，反映职业岗位对从业者的综合能力需求，以适应"宽口径""重能力"的就业环境。面对竞争激烈的就业环境，职教物流专业的学生毕业后并不完全在本专业就业，他们不得不采取"先就业再择业"的就业策略，因此，职教物流专业的课程设置应使学生具备在相关专业岗位工作的适应能力。物流专业教学内容不仅追求学科体系的逻辑严密性，更强调教学内容的"实际、实用、实践"，以应用为目的，以"必需、够用"为度。同时，把职业资格标准

和课程体系结合起来，使校内课程和职业资格证书在时间和内容上统一起来。

要兼顾现在就业和将来的职业发展。对于职教学生来说，毕业就业的岗位基本是操作性岗位，但是随着工作经验和能力的提高和积淀，职业空间会有一个发展和提升，这依赖于毕业后的不断学习和综合能力的不断提高。但是，在职教学习阶段，学生应该具备职业提升的职业素质和职业技能及理论知识，在职业上有发展的潜力和后劲。

最后，在教学方法上，要改变传统填鸭式教学模式，创新教学方法，将物流作业和企业实训加入物流教学中，提高教学效果。除了课堂教学外，职教院校还应该创新校企合作模式，走产学研相结合的道路。职教院校可以与物流企业合作，建立实训实习基地，定期派学生去企业参观学习。实习实训基地的建设要考虑规模和质量的平衡，兼具动态性。

职教院校课程是工作和学生之间的桥梁，职教院校的物流专业课程必须以实现学生就业及职业发展为出发点，体现职业岗位所需的知识、技能和态度要求。面对竞争激烈的就业环境，职教物流课程应该增加实践性内容，将课程教授与职业资格证书的获取相结合。同时，课程体系设计必须符合学生成长规律，兼顾现在就业和将来职业发展的需要。换句话说，职教教育课程要注重学生自学能力的培养，以便他们在以后的职业生涯中不断学习提升，增强自身的发展潜力和后劲。除此之外，职教院校物流课程设置还应该体现产学研相结合以及校企合作特色，必须充分调研企业的作业流程，建立不同的课程模块。具体来说，应该注意课程之间的衔接、交叉，减少重复，使企业实务形成无缝衔接。

第四章

物流中职学生学习需求分析

第一节　物流中职学生的学习动机分析

一、学习动机的概念

动机通俗来讲就是促使个体开始行动、维持行动，并且决定着个体行动的方向及持续性的内在原因。

学习动机是动机在学习活动中的心理表现，也称学习动力。所谓学习动机，是指促使、维持学生的学习活动，并使学习活动趋向教师所制定的目标的内在原因，它是推动学生进行学习活动的最直接的内部动力，它激励和指引着学生学习活动的展开。学习是中职学生的首要任务，而学习动机的差异又会直接影响学生的学习效果，因此绝大多数的教师都意识到激发学生的学习动机是教学的关键任务之一。为了提高学习效率，学生必须从认知、情感和行为等方面积极地投入课堂活动。

二、影响物流职业院校学生学习动机的因素

学习动机是学生在其学习、生活过程中受众多因素影响而逐渐形成的。动机是在需求的基础上产生的。需求，作为人的积极性的重要源泉，如果某种需求没有得到满足，在欲望的驱使下，人们会去寻找可以满足需要的对象，进而有了活动的动机，它使人们产生某种欲望的驱动力。这种驱动力就是动机，是人们行为的导向，是推动人们从事某项活动，实现某个目标的动力。

因此，在需求的驱动下，影响物流专业学生学习动机的因素主要包括客观因素和主观因素两方面，影响因素如图4.1所示。

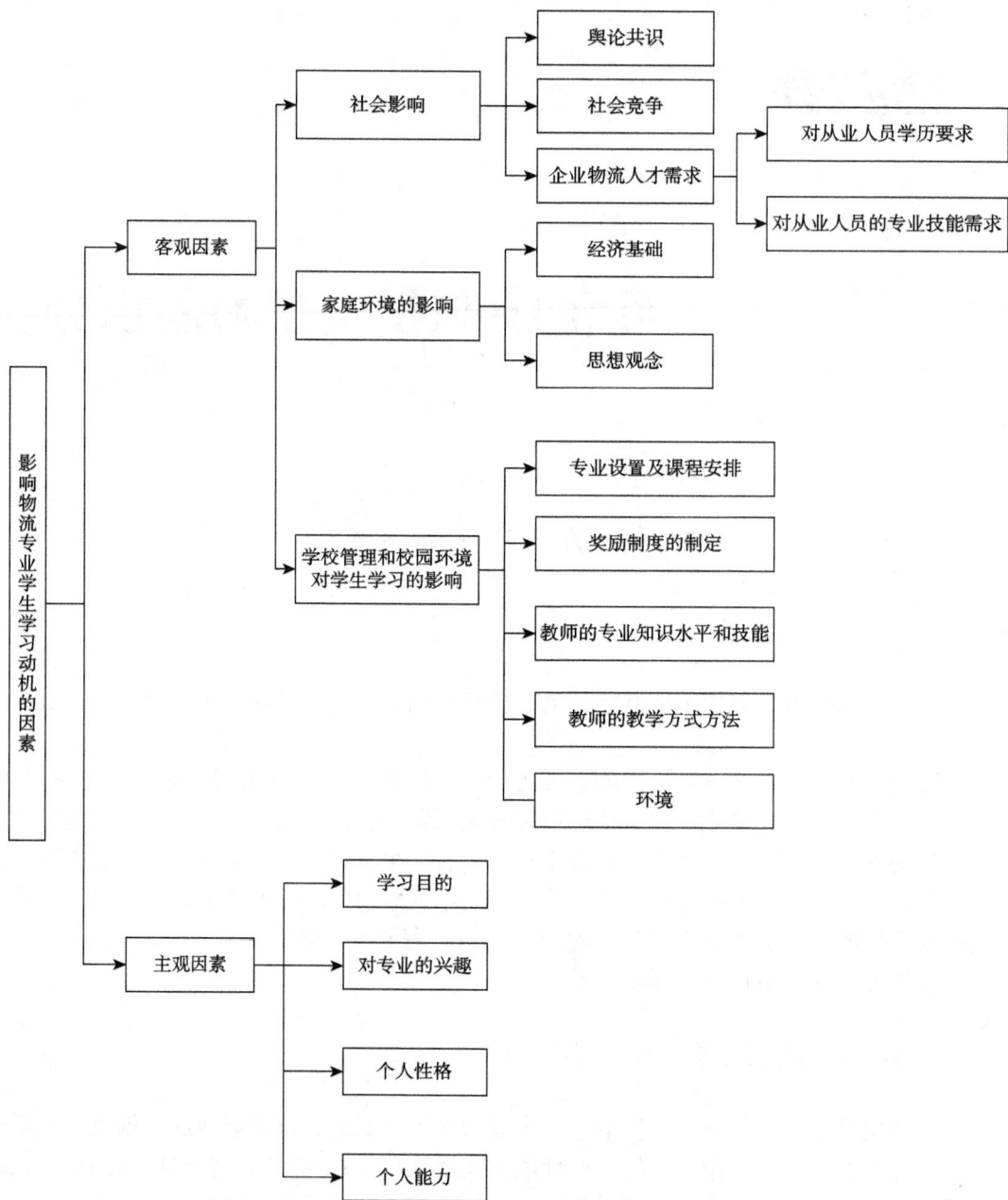

图 4.1 影响物流专业学生学习动机的因素

（一）客观因素

1. 社会影响

长期以来，我国的高等教育存在"重学历轻技能、重理论轻实践"的倾向，导致全社会都普遍追求高学历，用人单位招聘人员要求学历越高越好。所以，社会文化环境对中职物流职业教育的态度直接影响着学生对其自身的认知、评价，影响着学生对专业学习的积极性和主动性。

（1）舆论共识。同样是物流专业，传统的等级制度及身份观念使社会民众对物流专业本科生多加期待和赞赏，对物流专业中职学生却低眼相看。正确的舆论导向可以帮助物流专业的学生改变自卑心态，激发学生对物流专业学习的兴趣，产生并保持深层型的学习动机。随着社会物质生活的膨胀，大学生学习动机更加功利化，物流专业的本科生毕业后更倾向于到北京、上海、广州、深圳这样的大城市寻求机会，不愿在三四线城市就业，再加上我国现阶段就业渠道流通不畅，一些基层、艰苦的物流一线工作岗位存在人才缺口却没有大学生愿意就业。而目前的低就业率情况，会让更多的学生只顾眼前的利益反而失去正确的学习动机。

（2）社会竞争。随着现代物流业的快速发展，物流行业的竞争日益激烈，大部分本科院校物流专业的学生都从一线做起，因此造成中职物流专业学生的就业压力越来越大，如果这种压力没有被中职物流学生正确地看待，那么久而久之就业压力必将影响中职物流学生的学习态度及学习行为。对中职学校物流专业学生关于学习动机影响因素的问卷调查的结果显示，中职物流专业学生的学习压力程度普遍较大，使中职物流专业学生产生学习压力的最主要的因素是社会竞争（如就业压力），大约占43%，从这个数据可以清楚地看到社会竞争所带来的就业压力确实在很大程度上影响了中职物流专业学生的学习动机。

（3）企业物流人才需求。对浙江省物流业相关的148家企业的调查发现，企业在聘用物流岗位的员工时，更加注重沟通能力和协调合作的精神，只有对高层管理人员有学历上的要求，对一般的物流人员的学历要求不高，70%的企业认为具有大专以下学历就可以了，30%的企业认为大专学历比较适合。可见在物流相关职位的工作经验和学历上，企业更看重的是工作经验和个人的实际操作能力。此外，在对专业证书的要求上，大多数企业都没有过于强调，只认为比较重要。企业在选择员工时，仍然主要考虑以下两方面。

第一，对从业人员的学历要求。对浙江省内150家企业642个物流岗位的调查发现，目前物流从业人员的学历普遍偏低，拥有本科及以上学历的只占21%左右，基本上都是企业的管理人员。而中专、技校、职高等学校的学生则占了从业人员的60%以上，且基本上是原物资管理专业转过来的，也有从交通运输、电子商务等相关专业转向而来，拥有管理或物流专业学历的人数少，且在很多仓库管理相关业务中民工人数众多。因此，对于中职院校物流专业的学生来说，这是一个很大的机遇，作为专业的物流人才培养，物流中职学生接受了系统的物流相关知识的学习，且在学历上符合企业对人才的要求，这一点能够极大地增强中职物流学生的学习动机，企业对从业人员的学历要求如图4.2所示。

第二，对从业人员的专业技能需求。目前，基层操作的储存、运输、配送等岗位一般人员即可胜任，而货运代理、报关、报检、进出口代理等领域的物流人才十分短缺，相关的系统化管理人才，懂得进出口贸易、代理报关、通关业务的专业操作人才，电子商务物流人才，掌握商品配送和资金周转、成本核算等相关知识和操作方法的国际性物流高级人才，更是凤毛麟角。

本科学历，
43，7%

专科学历，
220，34%

高中及以下，
379，59%

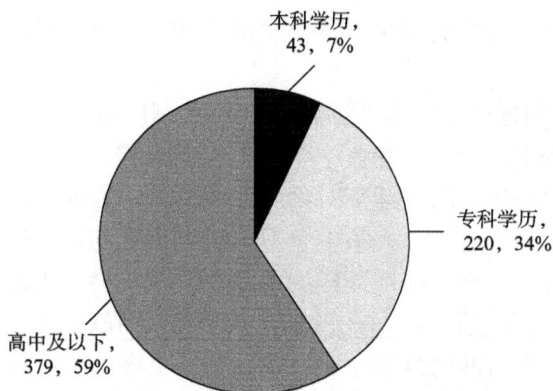

图 4.2　企业对从业人员的学历要求

对于物流企业来说，现在需求量最大的是专业的物流营销人员及配送作业人员，用人企业非常看重物流专业人才的经验和能力及专业实操能力；对于目前大部分物流企业对人才专业技能的需求，中职院校物流专业的学生都可以满足。中职物流专业学生除了要学习本专业的理论和技术知识外，还要学习管理学、经济学、营销学、会计学、经贸知识、电子商务知识等，属于综合性的复合人才。企业对从业人员工作经验的要求如图 4.3 所示。

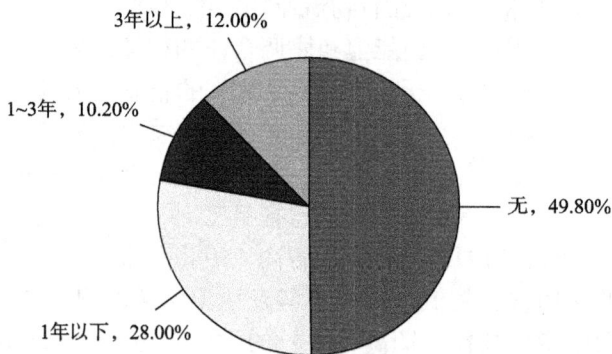

3年以上，12.00%

1~3年，10.20%

无，49.80%

1年以下，28.00%

图 4.3　企业对从业人员工作经验的要求

通过调研可以发现，49.80%的企业对一线物流职位不要求工作经验，企业更加关注的是物流从业人员的专业技能，因此对于中职物流专业的学生来说这样更加有利于他们对专业知识的诉求，增加学习动机。

2. 家庭环境的影响

不同的家庭环境会导致物流专业的学生产生不同的价值观。中职院校物流专业招收的对象是一些初中毕业生和具有与初中同等学历的人员，通过调查访谈可以了解到，其中的大部分物流专业的学生是根据父母的意愿或听从亲戚和老师的建议才报考中职院校物流专业的，而实际上真正自愿选择进入中职院校物流专业就读的学生只占一少部分。很大一部分学生只是抱着拿一个物流专业的毕业证即可的态度，这种无所谓的态度和抵触情绪会直接影响物流职业院校学生的学习态度及学习行为。

（1）经济基础。以家庭经济条件相比较，通常来说，家庭经济基础相对较差的中职物流专业学生，其学习态度及学习行为较家庭经济基础相对较好的中职物流专业学生要好。例如，大多数来自农村的物流专业的学生要比来自城市的中职学生学习更为勤奋、刻苦和努力，成绩更为突出。

（2）思想观念。目前，很多中职学生都认同一种说法，那就是，学习再怎么好，都不如有一个好爸爸，他们认为只要拥有一个有钱或者有权的父亲，自己就不用刻苦努力地学习，因为如果借助父亲的金钱上或者权力上的帮助，自己做什么都能够顺顺利利的。这种错误的思想观念导致家庭条件优越的学生不思进取，也会导致家庭条件相对较差的学生对自己产生否定的态度，认为自己即使努力学习也是没有用的，最终会使中职院校物流专业的学生形成消极、散漫和松懈的学习态度。同时，这种错误的思想观念也在一定程度上，对一部分学习态度本来就不积极的物流专业学生产生非常不良的影响，造成这一部分中职学生的学习态度越来越消极、散漫和松懈，甚至对学习产生逆反心理。

3. 学校管理和校园环境对学生学习的影响

学校对物流专业教学方面的管理，如专业设置及课程安排、奖励制度的制定、教师的专业知识水平和技能、教师的教学方法、学习环境等，都会影响物流专业学生的学习态度以及学习积极性和主动性的发挥。

（1）专业设置及课程安排。中职院校的物流专业设置与课程安排的合理与否，直接影响着中职院校物流专业学生的学习态度及学习行为。中职院校物流专业的人才培养目标是高层次的技术应用型人才与高素质劳动者，如果课程安排是偏重理论教学的，那么职业教育与就业市场的联系不够紧密，课程内容与实际生产存在较大的差距，物流专业的学生会认为自己所学的课程用处不大，这就对中职院校物流专业的学生的学习态度及学习行为造成不良的影响。

（2）奖励制度的制定。奖励制度的合理制定对改善中职院校物流专业学生的学习态度以及促进他们的学习行为是有很大帮助的。根据问卷调查的结果，在没有任何奖励的情况下，只有39%的物流专业的学生依然能够认真地学习，可见，如果中职院校没有制定任何评定制度和奖励措施，多数物流专业的学生就不会继续努力地学习。因此，合理地制定一系列积极、有效的评定制度和奖励措施，对中职学生的学习态度、学习动机是大有帮助的。

（3）教师的专业知识水平和技能。物流专业的学生既要掌握自己所学专业的理论知识，还应该具备相关的实际操作技能。因此，对教育活动的具体实施者——教师的要求就应该同时兼顾两个方面，一方面是教师的专业知识水平，另一方面就是教师的技能，即既能向物流专业的学生讲授专业理论知识，又能指导学生进行物流的实践活动，这两个方面也是对"双师型"教师的要求，但是就目前的实际情况来看，中职院校里物流"双师型"教师的人数并不多，不能满足中职物流专业学生对知识和技能的需求，这就直接影响了中职学生对专业知识的学习热情，影响了其学习态度及学习行为。

（4）教师的教学方式方法。教师的教学方式方法对物流专业学生的学习态度及学习行为的影响是不可忽视的，生动、灵活的教学方式方法可以在很大程度上引起物流专业学生的学习兴趣和学习热情，从而使物流专业学生的学习态度及学习行为朝积极的方向发展。反之，如果教师的教学方式方法枯燥、呆板，那么对于学生来说就缺乏了吸引力，不利于其积极学习态度的培养。对中职院校物流专业的学生访谈发现，绝大多数的中职学生对借助多媒体设备进行的教学更感兴趣，他们喜欢老师将实践与所学的理论结合在一起进行知识的讲解，而不喜欢教师照本宣科的教学方式。

（5）环境。环境对一个人的影响是潜移默化的，班杜拉认为，环境因素影响主体的认知策略和行为。因此，中职院校的学习氛围以及物流专业学生所在班级的学习风气对学生的影响是非常大的，学习氛围与学习风气共同作用于物流专业的学生。如果一个中职院校整体的学习氛围良好，班级里的学习风气积极向上，那么对于物流专业的学生而言，这无疑会有益于学习和自身的发展，反之，则必然会在一定的程度上阻碍和制约物流专业学生的学习和自身的发展。

（二）主观因素

1. 学习目的

与普通高校的本科生和高职学生相比，中职学生学习动力不足，没有明确的学习目标，缺少对理想的规划。很多学生是出于无奈或是迫于家长的要求而就读中职，对于所就读的物流专业，他们本身并不想学习。他们并没有太明确的学习目标，在进入中职院校物流专业之后，很大一部分中职学生认为自己已经完成了学习任务，思想松弛、缺乏学习动力就成为必然，而这必然会直接影响中职学生的学习态度及学习行为。

2. 对专业的兴趣

部分物流专业的学生对专业学习缺乏足够的兴趣。他们既没有把学习当做自己成长和成才的需要，也没有在学习中感受到乐趣，他们把学习当成一份苦差，一种负担。物流专业学生学习压力的主要影响因素如图 4.4 所示。

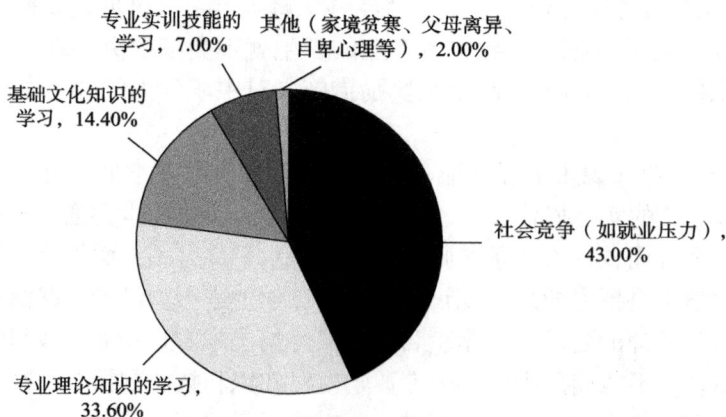

图 4.4　物流专业学生学习压力的主要影响因素

面对环境中的各种压力，物流专业的学生可能会降低对所学专业的兴趣。有些物流专业的学生因为学习压力太大，产生了厌学情绪，且由于外界诱惑多、吸引力大，对于定力不强的学生来说，课程学习远远不能满足他们的心理需要，这些学生热衷于网络、游戏、追星等，根本无心学习，最终导致物流专业学生的学习态度及学习行为越来越消极。

3. 个人性格

个人性格也可以在一定的程度上影响职业院校物流专业学生的学习态度及学习行为。具有外向型或开放型人格特征的物流专业学生创造力较强，对外部环境的反应更为敏感，对新事物也更容易接受，同时，对学习或其他活动的参与以及与教师沟通交流的意愿表现得更为强烈，对自己的学习和未来的就业表现得更加乐观；具有严谨自律型或情绪稳定型人格特征的物流专业学生不论是对学习还是对其他事情都表现得较为谨慎，对学习目标和学习动机的维持更为长久和稳定；具有和善型人格特征的物流学生较为谦虚，对别人，特别是对教师和周围同学的信任程度和依从性更强。总而言之，调查的结果发现，积极、良好的人格特质能够在一定程度上促进物流专业学生的学习态度及学习行为向更好的方向发展，所以人格因素是影响中职院校物流专业学生学习态度及学习行为的一个重要且不可忽视的主观因素。

4. 个人能力

学习能力很强或较强的物流专业的学生只占较少的一部分，其余多数学生的学习能力都属于一般、较差或很差。因此，对于学习能力一般、较差和很差的中职院校物流专业的学生来说，学习中遇到的问题和困难就相对较多，如果这些学习问题和困难没得到及时解决，那么，在一定程度上会影响学生的学习态度及学习行为。

三、物流职业院校学生的学习动机

物流专业学生的学习动机是启动和维持学生学习活动的内在根本力量，它真实地反映了学生的学习愿望和需求，驱动学生进行学习活动，提高学习效果。

为了获得最直接的学习动机即学习需求驱动因素，我们对哈尔滨商业大学物流专业的300名（有效280人）学生进行了一次小范围调研，以问卷的形式引导学生思考并描述他们的需求。在建立信任关系的基础上，我们进行集体访谈，梳理他们的想法，让他们自己进行归纳整理，最后按重要性与认可度进行排序。我们发现，学生们想学到的"东西"是多种多样的，从具体的学科知识到抽象的素质觉悟，涵盖了各个领域；在不同阶段，学生们想学到的东西表现出层阶性；同时，在不同学生眼里，最有价值的知识不尽相同，甚至是有争议的。但是，的确存在一些类别的知识，是学生们普遍认为需要优先习得的，用他们自己的语言加以描述，可以按序分为六类。

1. 做事能力

物流专业的学生们一致认为，他们到职业院校不只是来学物流考试的知识，还要学能力，具体来讲是物流行业的"操作的能力""运用的能力""实践的能力""完成工作的能力"。学生们明白，这些能力是"实实在在的，是与做事有关的"，因为对于中职院校物流专业的学生来说，他们毕业以后就要步入社会，走上工作岗位，没有这样的能力，企业就不会接受他们，他们就没有办法养活自己，更有学生准确地将它概括为"养活自己的本事"。物流专业学生做事能力分析如图 4.5 和图 4.6 所示。

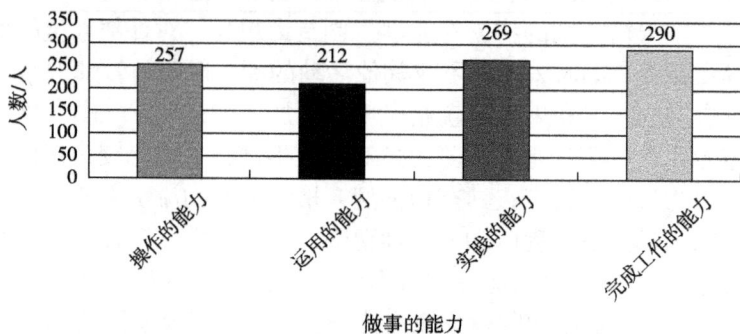

图 4.5　做事能力细分图

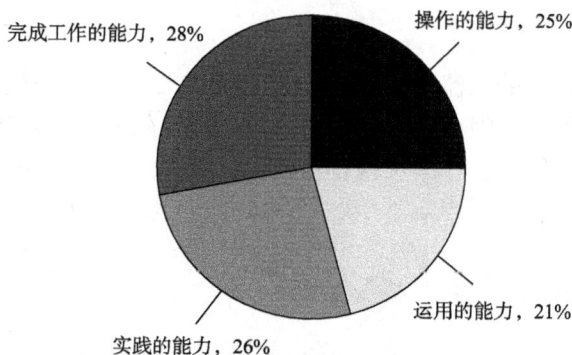

图 4.6　各种做事能力占比图

2. 个人素养

个人素养包括品行、修养、敬业精神、诚信态度等，学生们似乎难以找到恰当的词来表达这类动机的准确意思。我国自古至今受儒家思想的熏陶，物流行业中越来越多的企业也开始借鉴儒家文化。对于物流职业院校的学生来说，在学校光学能力是不够的，个人的素质也非常重要。企业重视员工的素质，有物流专业的学生总结，"只有素质提高了，才能被更多的人接纳，也才能做更大的事"。物流专业学生个人素养分析如图 4.7 和图 4.8 所示。

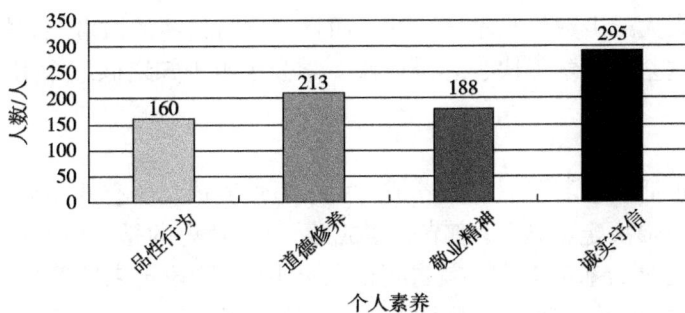

图 4.7 个人素养细分图

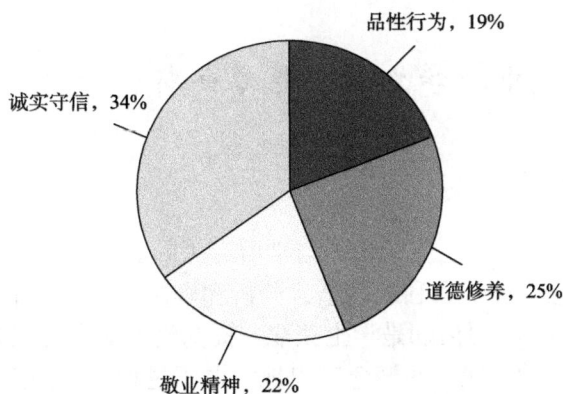

图 4.8 个人素养选择占比图

3. 自我认识

这是非常出乎意料的一个结果，物流专业的学生们认为，在学校的学习中，要学会"正确地认识自己""反省自己""改变自己"。他们一致认为，初中阶段没有取得好的学业成绩，很大程度上正是因为缺乏对自我的认识与反省。因此，正确认识自我、改造自我是一种"需要马上学习的能力"，离开了这种能力，不能正确认识自己，在学校就会过得"浑浑噩噩"，缺乏上进精神。

4. 生活经验

其主要是指与社会和物流企业有关的经验，物流专业的学生已明显感觉到，他们处在一个特殊的时期，他们与读高中的同学不同，他们在中专院校学习，三年后要走向社会，成为对社会有用的人才，他们本身年龄很小，没有任何的社会经验，因此迫切需要一个社会化的过程让他们提前适应，学校的生活不能与社会隔离，不然他们很有可能"一出社会就被骗"。同时他们认为，真实经验的积累有助于提高他们做事的能力，帮助他们成长，"不会显得那么嫩，完全派不上用场"。

5. 文化知识

文化知识包括正在学习的各种物流相关理论课程，物流专业的学生认为，这些理论性的知识是"可以大大减少数量与难度"的，而且"要与具体的做事能力的培养结合起来"，因为他们明白，这些东西学得快、忘得也快，学会了也不知道该怎么用、用到哪里。

6. 习惯养成

其主要是指生活和学习习惯等的养成。关于习惯养成，所有的物流专业学生都认为其很重要，因为"习惯决定成败""细节决定成败"。有意思的是，他们自己也明白，"这件事本来是应该在更早的基础教育中就进行的"，到中专阶段再来培养行为习惯"可能太迟了一点"。现在的学校教育耗费了很大精力来补这一课，虽为时未晚，但还是在一定程度上影响了他们把精力投入更重要的物流专业知识的学习中。

第二节　物流中职学生学习能力分析

一、学习能力的概念

学习能力，顾名思义是学生应具备的与学习有关的能力，就是"学生运用科学的学习方法去独立地获取信息、加工和利用信息，分析和解决实际问题的一种个性特征"。从这个概念中我们可以看出，学习活动是学生获取并提高学习能力的媒介，同时也是展现学习能力的平台。这个关于学习能力的概念突出地强调了过程的"独立性"和"个性"、方法的"策略性"、结果的"实际性"与"应用性"。

学习能力与学习活动的联系非常紧密，学生在学习的过程中一定会进行学习活动，任何学习活动都是在学生已获得的知识、技能、策略的控制和调节下进行的。由此，可以得出基础知识、基本技能和基本策略是构成学习能力的基本要素。对学习能力进行分析可以发现，学习能力的结构是静态的，它是由基础学科知识、技能、策略经过概括理解后在学生头脑中形成的认知结构体系。但从学习能力的形成和发展来看，学习能力的结构是动态的。其动态性一方面表现为学习能力是在学生与教材内容的统一中形成的，以学生所学教材内容为中介，通过生动、活泼、主动、立体的学习活动而形成并逐渐发展，且随着学习活动的丰富、学习内容的逐渐深入，学习能力的结构也不断地完善发展和深化内容；另一方面，学习能力在学习活动中具有较强的可操作性，已经形成的学习能力有助于学生对教材内容的学习，并且可以为后续顺利地进行学习活动提供符合个人特点、知识特点的学习方法、步骤、策略等，既提高了学生对所学知识掌握的速度和质量，又能够促进学生自己的学习能力向更高层次、更复杂结构发展。因此，学习能力结构是一个复杂的结构，这个结构具有多形态、多因素及多层次的特点。学习能力结构的前提是基础知识和基本技能，基本策略是对基础知识和基本技能进行统整、内化并进行更高层次的结构化、网络化。

学习能力包含以下三方面的特征。

（1）智力与非智力因素是制约中职学生学习能力发展的心理素质基础。通过对学习能力的心理素质基础进行分析，既然学习能力是个体的个性特征，那么它就会受到个体不同的心理素质的影响。学习能力的形成和发展不仅仅与智力因素紧密相关，在很大程度上也受到非智力因素的影响。智力受到先天的基因因素与后天的环境因素的影响，决定着人的记忆、语言、思维、想象、感知等的水平，而非智力因素则是这些智力因素之间的相互协调和运作，能够较好地帮助促进学生学习能力的形成和更深化的发展。智力因素与非智力因素共同作用成为学生认识客观事物并利用知识解决实际问题的能力，学习能力是学生在学习活动中通过对知识、技能、策略的内化和概括化而形成的比较稳定的心理特征，学习能力形成和发展的主要途径之一就是学习活动。学习活动与智力因素和非智力因素相辅相成、互为相长。

学习活动是学生智力因素与非智力因素相互协调运作的过程，智力因素和非智力因素共同作用影响学生理解掌握知识、技能的速度和质量，制约着学生学习能力形成和发展的水平。学习活动中的智力因素受到基因和环境的双重影响直接参与对客观事物认识的具体活动过程；而非智力因素通常是指那些在智慧活动中，不直接参与认识过程，但对认知活动起影响和调节作用的心理因素，包括需要、兴趣、动机、情感、意志、性格等方面。非智力因素的培养是不容忽视的，否则很难有效地形成并更深层次地发展学生的学习能力。

（2）基本能力和综合能力是学习能力在学习活动中的能力的表现形式。学习能力的形成和发展与学生所从事的学习活动方式和水平有着直接的联系。学生的学习活动是由内部活动和外部活动两部分构成的，即两种不同形式不同方向的活动。学习的内部活动指的是学习个体的心理活动，通过语言、符号、标签、形象等对所学习所接触的学习对象进行记忆、语言、思维、想象、感知等各种心理活动，以实现所学习知识的内化和理解概括化。这一活动过程有利于形成和发展学生的观察、记忆、思维、想象、表达等心理能力。这些心理能力彼此间既保留着密切的联系，各能力间又具有一定的独立性，是学生进行各种学习活动所必须具备的基本能力。学习的外部活动主要表现为学生主体的实践操作性活动，如阅读、理解、讨论、练习、交流、分享、制作、实验等，学生在外部活动中通过对已获得知识的实际运用，通过对实际问题进行分析，找出解决问题的策略，能够逐渐形成自学能力、具体操作能力、分析问题能力等综合能力。这种直观的外部操作可以帮助学生快速掌握所学理论知识的内化吸收的过程。

（3）思维能力和学习策略是学习能力的核心。学生的学习过程本质上是一种运用学习策略的活动。无论是专业理论知识的理解掌握、实际问题的解决，还是要学会学习的方法，都必须运用一定的学习策略。如果从学习能力的构成和实质来看，学习策略与学科知识和技能相比，具有更高层次的复杂性、更高的理解概括性，在学习能力的形成和发展中起至关重要的作用，是学习能力的核心。

学习策略是学习者在学习活动中有效学习的规则、方法、技巧及其调控，它不是简单的事件，而是用于提高学习效率，对信息进行编码、分析和提取的智力活动，是选择、整合应用学习技巧的一套操作过程。它是由具体方法和认知策略两部分组成的。学生的学习活动表现为一种思维活动，大脑思维贯穿于整个学习活动的过程。离开了思维活动，任何能力都无法形成和发展。从学习能力在学习活动中的表现形式分析，我们认为思维能力是学习能力的核心。思维活动是一种间接的、概括性的认知过程，概括性是思维最基本的特征，也是思维能力发展的基础。学生的学习能力正是其在获得学科知识、技能和策略的基础上通过不断的概括化和内化而形成的。学生通过思维获得知识的概括性程度越高，越有利于学习能力的发展。

学习策略具有方法性和自我调控性两大特性。区别"学会"和"会学"的一个重要标志，就在于学生是否具有对整个学习情境进行有效的监控，并根据实际情况做出相应的选择和调整的能力。研究表明，造成学生学习能力不同的原因并不是他们的知识水平不同，而是他们的认知水平的不一致。把知识、技能、策略纳入学习能力的构成之中，强调能力的实质是结构化、网络化、程序化的知识、技能和策略，强调学习活动是学习能力形成和发展的重要途径，这一能力观具有非常重要的现实意义。首先，它对知识、技能的教学提出了更高、更明确的结构和功能要求，也为能力的培养落到实处提供了必要的条件，使知识、技能教学与能力的培养不再是孤立的两张皮；其次，它也找到了在课堂教学中促进学生学习能力发展的基本途径，即构建具有创造性、实践性、操作性的学生主体活动，通过活动促进学生学习能力的主动发展。

二、学生学习能力的表现方式

学习能力既不是知识、技能或策略本身，也不是知识、技能、策略之外的特质，而是将知识、技能、策略进行结构化的系统。学习能力是一种较复杂的综合能力，从不同的角度来分析它的构成，会对学习能力的本质有较完整清晰的认识，教师通过培养学生的学习能力会逐渐形成自己独特明确的教学观念，进一步把握高效的教学策略。

学生的学习能力通常表现为以下三方面。

1. 自我确定学习目标的能力

学习目标是学生对学习活动期望得到的结果，同时又是学习活动的出发点。对于学习的全过程而言，目标无疑是重要的。明确学习目标才会增强学习的注意力和学习动机。有了适度而明确的学习目标，不仅可以使学习者在目标引导下展开学习活动并同时调节学习过程、增强学习活动的针对性，而且可以使学习者增强学习的主动性、自觉性，从而使其学习更加努力。尽管如此，因为学习目标是一个多层次、多维度、互相联系、面对未知世界的目标群，对学生而言仍然是一个难题，这也就是"确定目标"之所以是一种能力的原因。学习能力较强的人，善于依据自己的学习实际确定合适的目标，并将不同层次的学习目标联系起来，在学习目标引导激励下使学习活动逐步深入地展开。

2. 灵活运用学习方法的能力

恰当灵活地选择使用相应的学习策略和方法，是学习能力的重要标志。善于根据任务选择使用学习策略方法的学习者，可以更少地依赖他人帮助而自主完成学习活动，在学习过程中准确分析学习内容、目标、要求，并据此选择恰当的策略方法，自觉控制学习过程，即在学习过程中不断检查自己的学习活动，把有关学习要求与学习方法联系起来进行对照思考，检查学习方法与学习要求之间的适应程度，借以估计学习方法能够达到的学习效果，及时调整学习活动的进程，通过反馈和调控，做到策略方法适合目标要求时就维持并强化原来的学习方法，当学习策略方法不适合学习目标要求时，就修改补充，或重新选择学习方法，以实现方法与目标的一致性，增强学习效果。所有这些行为表现，无不集中表现学习者控制自我学习状态的能力。

3. 解决问题策略的迁移能力

学习活动的目的归根到底是掌握解决问题的策略和方法，解决问题的策略一方面取决于学习者对有关知识掌握的熟练程度及知识运用的灵活程度，另一方面取决于对解决问题策略的掌握水平。因此，解决问题策略的迁移能力是学习能力强弱的重要标志。学习能力强的学生一方面表现出对知识的综合概括及结构性掌握，另一方面对知识所蕴涵的解决问题的策略能够举一反三，触类旁通，具有较强的迁移能力。也只有如此，才能使已掌握的知识成为有本之木、有源之水。

三、物流中职院校学生学习能力的特殊性

学习能力本身作为一种综合能力，由多种影响因素按照一定的结构组合而成，是静态结构与动态结构的统一结合。中等职业院校本身就属于我国人才培养教育体系中的特殊群体，对于这个特殊群体中的物流专业的学生而言，他们的学习能力主要表现在以下几个方面。

1. 比较强的独立性

中职院校物流专业的学生，对家长的依赖性逐渐减少，独立性增强。学生独立生活能力不断提高，他们的世界观、人生观和价值观正逐渐形成，社会经验开始累积，独立处理问题的能力增强。

2. 容易散漫

从入学那天起，中职院校物流专业的学生就已经初步确定了未来的职业，当入学前的兴趣爱好与所学专业发生矛盾时，学生心理会产生动荡，表现为情绪低落、学习消极，对社会活动不感兴趣，或不予参加，行为上容易自由散漫，需要教师加强教育。

3. 注重技能性

技能是物流专业人才培养的重要一部分，也是学生毕业后参加工作的基本要求。他们逐渐知道掌握物流相关操作技能对从事物流行业的重要性，因此职业学校学生容易忽视理论学习，注重技能训练。

因此，物流专业的学生应该在教师的引导下，在掌握必要的理论知识的同时，充分开展教学实践活动，帮助自己在实践中积累感性知识、运用理性知识，发展为自己的实践性知识。在这个过程中，培养物流专业学生的自律和学会学习、自主学习的能力，使知识的

掌握、实践能力的培养成为自觉的行动，提高知识掌握、能力发展的质量，同时也为学生走上物流工作的工作岗位后自主学习能力的培养打好基础。

四、中等职业院校学生的缺点

1. 学生自信心不足，参与热情不高

中等职业教育的对象是初中毕业没有进入普通高中就读的初中毕业生或者初中同等学历者。他们大部分年龄很小，因为本身学习成绩相对较差，很多中职学生存在自信心不足甚至自卑的问题，他们希望在中专中学到知识，但当遇到挫折或困难时，很容易丧失信心，他们对授课老师的依赖很严重，一旦离开老师的指导，就不会自主学习，学习效率低下，一旦听到外界否定的声音，就会很容易否定自己的能力。他们很难让自己完全参与到学习中，外界的任何因素、任何声音都会干扰到他们，参与热情不高，本身的内在学习动机不足，影响其自主学习能力的养成。

2. 学生学习策略单一，学习随意，自我管理能力差，时间观念淡薄

多数中职生对学习策略知之甚少，运用机械重复的学习习惯的学生不在少数，如照着单词列表顺序背诵单词的学生大有人在。能够使用学习策略，如结合语境记忆或联想记忆来背单词的学生只占一小部分，更谈不上对更高层面的学习策略的熟练运用。同时自我管理能力和时间观念的强弱是保障自主学习顺利进行的关键因素，而多数中职学生就缺乏良好的自我管理能力和时间观念，如课后不能按时完成老师布置的任务和进行有效的自我学习等。学生自我管理能力差还突出表现在不能很好规划和监控整个学习过程，对学习结果缺乏阶段性总结和反思。

中等职业院校的学生习惯于中学阶段的学习策略和学习方法，多表现为重复诵读和机械练习等较低水平的表层策略，而缺乏高效率的预习、复习、听课、笔记、阅读和时间管理等学习策略，较少对学习内容进行思维整合，难以形成完整的知识体系。学习策略的不足使学生学习效率较低，或是短期内学习效果较好但难以维持，学过的内容不易巩固，容易导致学生丧失学习信心，遭遇学习失败体验，严重时会产生学习无助感和学习焦虑。

中等职业院校的学生缺乏有效使用学习策略的经验，遇到学习任务往往只能使用学过的方法，不知变通，有时也希望提高学习效率，但总是找不到有效的学习方法，或者明知哪些方法有效，却总是不能坚持，缺乏自制力。

3. 学生学习缺乏计划性，没有形成良好的学习习惯

中等职业教育与高等职业教育都属于国家正规办校的职业教育，但中职生与高职生之间有着显著的差异，这种差异产生的主要原因并不仅仅是智力因素的差距，非智力因素的影响也很大，中职生普遍没有养成良好的学习习惯，学习缺乏计划性。多数中职生在九年义务教育中习惯了老师的填鸭式教学，他们一直都是被动接受教育，大部分时间是围着课堂和老师布置的作业转，几乎没有积极主动地进行有计划性的学习，即使偶尔心血来潮拟

定学习计划，也多数是虎头蛇尾。

学习习惯方面，坏的学习习惯的形成往往是对错误榜样的学习所致。同一年龄段的中职学生由于彼此具有相同或相似的特征，极易相互模仿。如果学生选择的模仿对象没有形成良好的学习习惯，经常旷课、不按时完成作业或考试作弊，这种坏的学习习惯也会被模仿。调研结果显示，中职院校那些经常迟到早退、抄袭他人作业或考试作弊的学生，在很多方面有着相同或相似的爱好，平时也喜欢一起活动。因此，选择正确的同辈作为榜样，对中职学生学习习惯的形成至关重要。

4. 学生操作技能形成的心理发展水平较低

调研过程中很多中职院校物流专业的学生反映自己在学习某种技能时，虽然了解其原理和动作要领，但总是学得似是而非，无法正确熟练掌握，更不能自主应对学习情境的变化，这实际上是学生操作技能学习心理水平较低的表现。而中职学生操作技能形成的学习过程中，操作多为有意识控制，只能对那些很明显的线索发生反应，调节自己的操作主要依据的是外部反馈，较少形成有组织的系统性知识和程序性知识，对错误的预见和应变能力也不足。并且很多学生容易出现操作技能学习失败，具体表现为：无法理解和掌握操作技能的要求，有的学生往往注意不到精细的操作要求而导致错误操作，有的学生对较复杂的技术问题无从下手；动作失调，熟练度差，缺乏动作序列的连续性，达不到自动化程度，失误较多。

5. 技术原理学习不足

中职院校物流专业的学生反映自己学习某种操作技能时仅限于知道该技能的操作步骤和要领，对相似的同类其他技能无法有效迁移，学生只能掌握课堂上学过和练习过的操作技能，但并不清楚为什么要这样操作，一旦学习到错误的操作也不能及时有效地发现并改正。当前中职学生对技术原理的学习水平较低，尽管通过直观教学、见习与实践等发展了一定的技术知觉，但在技术思维的训练方面仍显不足，思维热情还需进一步唤起，还需要通过专门的策略来培养技术想象。

第三节　物流中职学生学习方式方法需求分析

随着我国物流新兴产业的快速发展，企业对不同层次的物流人才需求迫切，越来越多的中职院校开办了物流相关专业，中专院校对物流专业的培养目标是德、智、体全面发展、掌握一定的物流管理理论知识、具备较强的实际操作技能、能从事现场物流作业的技术应用型人才。就业方向主要面向工业、商业企业、专业物流公司，从事仓储、配送、运输、报关等物流作业。针对物流中职学生的学习特点、内在学习动机，找出适合物流中职学生的学习方式方法，对教师教授学生获取知识有事半功倍的效果。

这一部分的研究，我们主要选取 29 所国家示范性中职院校物流专业的在校学生进行调研，调研内容包括学生对物流教学的教学方式、教学方法、实践教学、教学过程、教学手段、教学资源与环境等的需求，整个调研以访谈和问卷的形式为主，访谈主要依照提纲来提出问题，对谈论的话题进行一些控制，引导被访者将对相关问题的观点充分表达出来；同时也鼓励受访者主动参与、谈论自己感兴趣的相关问题。

采集调研数据之后，根据不同的研究需求分别利用文字总结、数学统计和图表说明的形式将原采集的调研数据进行分析整理并使用。利用 Excel 进行人工筛选，最终进行统计性的归纳、分析和总结。本次调查共发放 1 000 份问卷，剔除填写信息不全、空缺率太高、资料不真实、存在明显漏答错答的现象，卷面前后存在明显矛盾现象，明显随意填写、未回收问卷等无效问卷，最终实际有效卷回收 896 份，有效回收率 89.6%。调查对象如表 4.1 所示。

表 4.1　调研所涉及的院校调查访谈对象

序号	中职院校（29 所）	序号	中职院校（29 所）
1	北京市交通学校	16	北京现代职业学校
2	北京市商业学校	17	石家庄铁路运输学校
3	唐山市职业教育中心	18	河北经济管理学校
4	山西省贸易学校	19	辽宁省农业经济学校
5	通化市职业教育中心	20	吉林市财经学校
6	黑龙江省商务学校	21	哈尔滨市第一职业高级中学
7	上海市逸夫职业技术学校	22	上海海运学校
8	上海市交通学校	23	徐州财经学校
9	浙江科技工程学校	24	湖州交通学校
10	安徽省物资学校	25	福建工业学校
11	福州交通职业中专学校	26	潍坊商业学校
12	广州市商贸职业学校	27	烟台信息工程学校
13	青岛外事服务学校	28	河南省经济贸易学校
14	武汉市财贸学校	29	长沙市财经职业中等专业学校
15	中山市中等专业学校		

根据调查问卷收集到的数据对受访物流专业的学生的基本信息进行分类分析，主要特点体现在图 4.9~图 4.11。

从受访学生的性别来看，物流专业男生的人数为 533 人，约占受访人数的 59.5%；女生的人数为 363 人，约占受访人数的 40.5%，物流专业男生比例高于女生比例。

关于所学的物流专业，17.30% 的学生表示选择物流专业是个人兴趣；39.60% 的学生表示是家长的选择；19.10% 的学生是为了随便应付上学资格；16.50% 是为了找工作容易；7.50% 的学生是因为其他的原因。

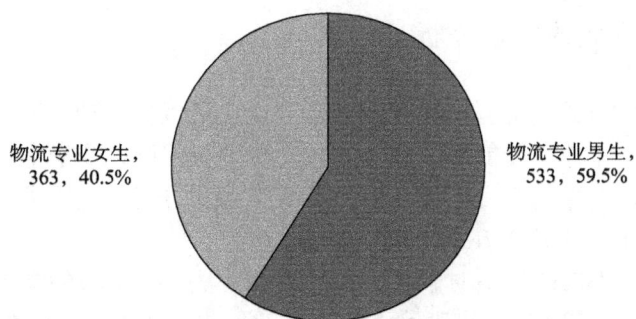

图 4.9　学生性别分布

物流专业女生，363，40.5%

物流专业男生，533，59.5%

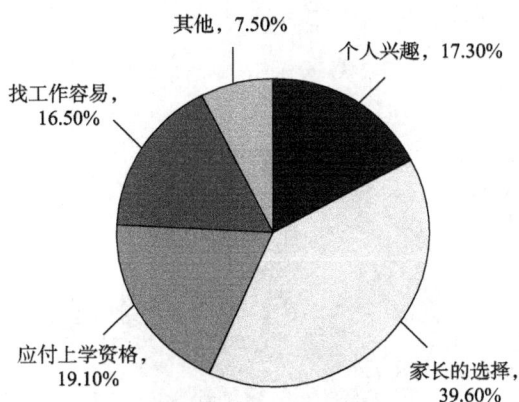

图 4.10　学习动机分析

其他，7.50%

个人兴趣，17.30%

找工作容易，16.50%

应付上学资格，19.10%

家长的选择，39.60%

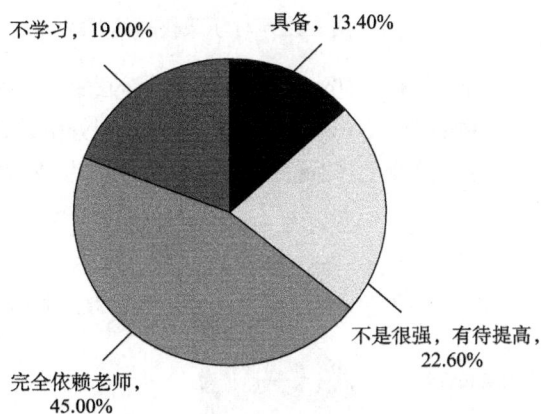

图 4.11　学习能力分析

不学习，19.00%

具备，13.40%

不是很强，有待提高，22.60%

完全依赖老师，45.00%

　　关于学习能力，只有 13.40%的学生认为自己具备自主学习的能力；22.60%的学生认为自己具备自主学习的能力，只是有待提高；45%的学生认为自己在学习方面完全依赖老师的督促与监督；19%的学生表示他们对学习没有兴趣，他们基本不学习。

一、对教学方式的需求分析

合理有效的教学方式能够营造良好的课堂氛围，可以在互动的课堂氛围中，激活学生的学习思维，提高学生的学习能力。学习方式的准确应用可以使学生在变化的课堂中学习到不同的知识，提高学生的学习兴趣，通过对教学方式进行学生需求分析，获得中职院校物流专业学生对物流专业教学方式的真实需求。

关于授课教师，不同的学生对教师有不一样的看法。68.48%的学生表示注重教师的学识涵养、教学水平；4.50%的学生表示注重教师的形象举止；23.42%的学生注重教师的上课态度、与学生之间的互动关系；3.60%的学生表示注重教师的考核评分标准。学生对任课教师的要求如图 4.12 所示。

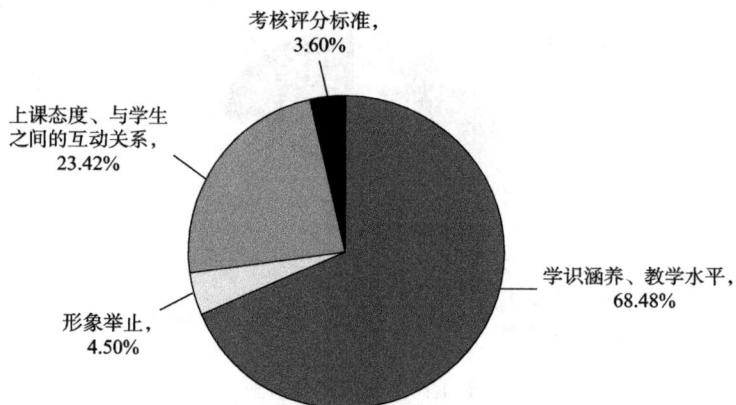

图 4.12　对任课教师的要求

关于教学方式的选择，只有 4.50%的学生喜欢传统的教学方式；21.00%的学生表示喜欢讲授内容为主，PPT 等辅助教学；31.00%的学生喜欢案例分析，得出结论；10.00%的学生喜欢分组讨论；33.50%的学生喜欢结合实践活动。学生对物流专业教学方式的喜好如图 4.13 所示。

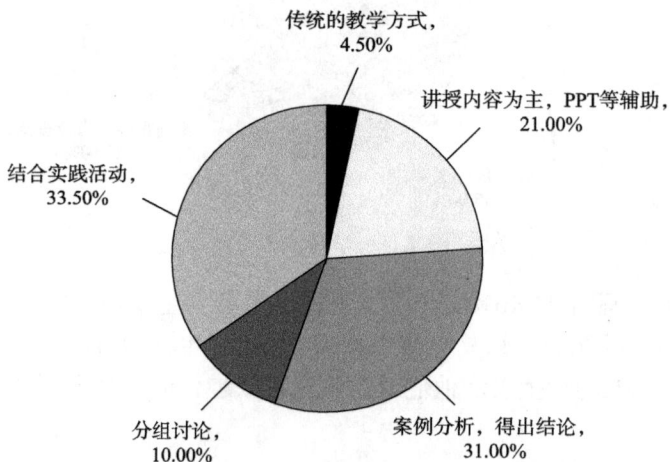

图 4.13　对教学方式的喜好

关于课堂内容安排，没有学生选择照本宣科的方式，表明学生对单纯的"念书"形式的反对；60.00%的学生希望是理论联系实际；34.55%的学生希望教师传授方法技巧，5.45%的学生希望是学生讲解的形式。学生对目前物流专业教学课堂内容安排现状的选择如图4.14所示。

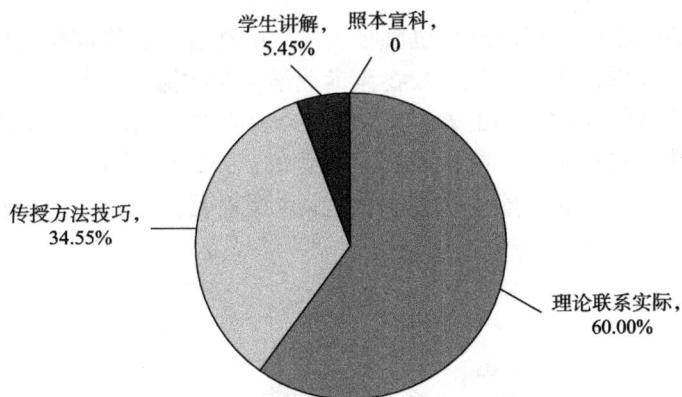

图4.14　对课堂内容安排的选择

关于课堂教学，15.67%的学生希望老师多讲多抄，学生主要听讲和记录；41.49%的学生希望是老师指点方法，学生先学后教，讲练结合的形式；10.15%的学生喜欢老师很少讲解，学生自由看书和练习；29.19%的学生喜欢老师多多提问，学生集体回答老师的问题，还有3.50%的学生选择的其他选项。学生对课堂教学方式主要表现形式的选择如图4.15所示。

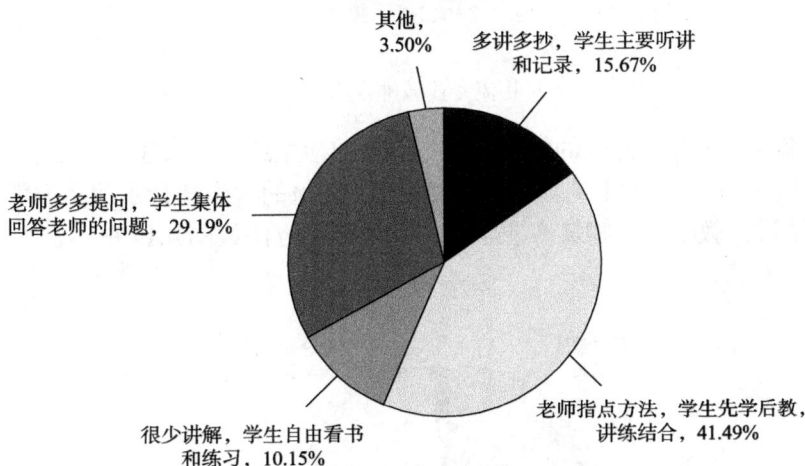

图4.15　对课堂教学方式主要表现形式的选择

根据调查结果分析，中职院校物流专业的学生对教学方式的需求主要体现在对教学方式多样性的需求上，物流专业的学生对传统教学方式的喜爱、接受度只在15.67%，84.33%的学生希望课堂的教学方式能够多种多样，如结合案例教学、分组讨论、互动式教学、实践式教学等。课堂上，41.49%的学生希望教师可以进行讲练结合，只有15.67%的学生选择了教师多讲多抄，学生主要负责听讲和记笔记的教学方式，100%的学生都选择了希望教师根据课堂内容选择相适应的教学方式。

二、对教学方法的需求分析

教学方法的正确选择可以帮助学生在不同专业课程的学习上事半功倍，引导学生快速进入课堂情景，师生之间的有效互动也会吸引学生的注意力，提高学习效果。通过对教学方法进行学生需求分析，获得中职院校物流专业学生对物流专业教学方法的真实需求。

关于物流专业教师经常使用的教学方法，53%的学生选择了讲授教学法；17%的学生选择了讨论教学法；11%的学生选择了演示教学法；9%的学生选择了实验教学法；7%的学生选择了实习教学法；3%的学生选择了其他。学生对目前物流专业教师课堂上常用教学方法的选择如图 4.16 所示。

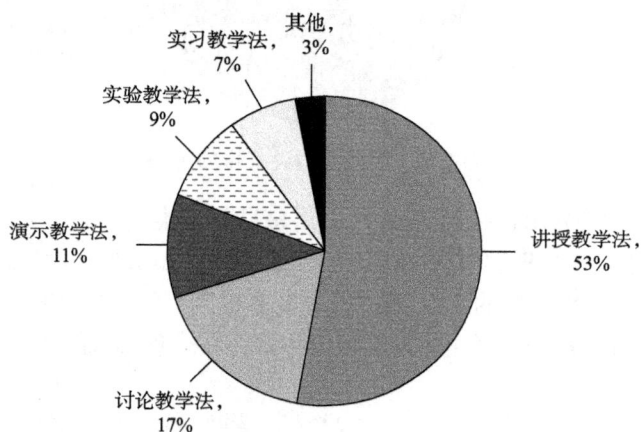

图 4.16　对物流专业教师常用教学方法的选择

关于物流专业学生最喜欢的教学方法，46%的学生选择了实验教学法；23%的学生选择了实习教学法；16%的学生选择了讨论教学法；13%的学生选择了演示教学法；只有2%的学生选择了讲授教学法。物流专业学生喜欢的教学方法如图 4.17 所示。

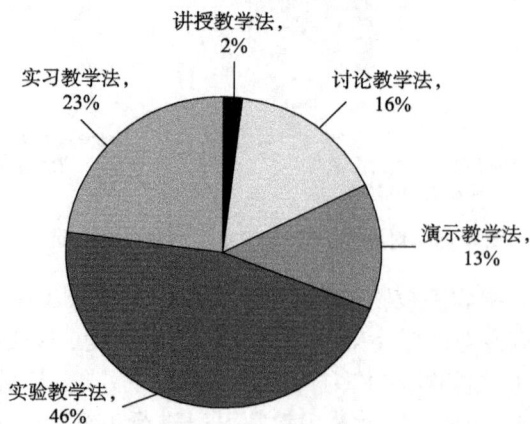

图 4.17　物流专业学生喜欢的教学方法

关于课堂授课灵活度，8%的学生认为授课过程中的方法是灵活多样的；14%的学生认为授课过程中的方法是比较灵活的；17%的学生认为授课过程中的方法是灵活的；37%的学生认为授课过程中的方法是一般的；24%的学生认为授课过程中的方法是不灵活的。学生对目前课堂授课灵活程度的选择如图 4.18 所示。

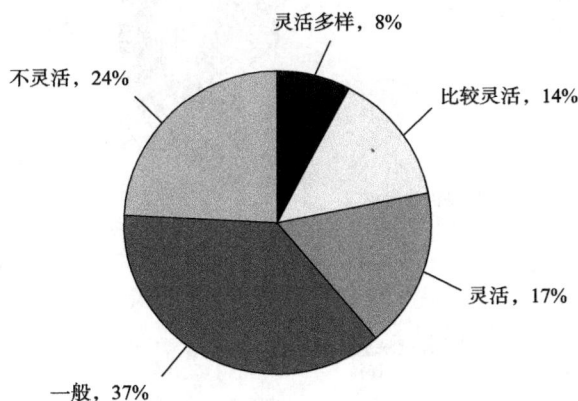

图 4.18　对课堂授课灵活程度的选择

关于专业课堂教学中是否存在"满堂灌"的现象，12%的学生表示没有；24%的学生表示个别时候有；64%的学生表示经常性出现。学生对课堂教学内容"满堂灌"的现象选择如图 4.19 所示。

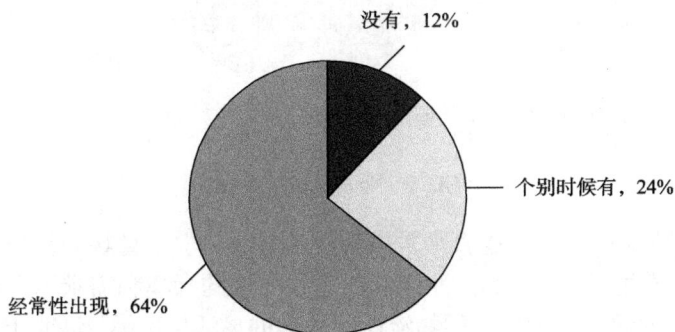

图 4.19　对教学内容"满堂灌"现象的选择

关于哪一条最能增强你对物流课程的学习兴趣，35%的学生选择了教师恰如其分的教学方法；19%的学生选择了多媒体等丰富的教学手段与形式；15%的学生选择了有较多机会参与教学互动；17%的学生选择老师生动有趣的语言艺术；8%的学生选择了在学习中能够不断体验到快乐与收获；6%的学生选择了适合的学习内容。关于增强学生学习兴趣的方式选择如图 4.20 所示。

关于学生上课的思维状况调查，53%的学生表示会跟着老师的思维走；11%的学生表示只听老师讲解，不记系统笔记；20%的学生表示带着自己的疑难问题听讲；16%的学生只听并记录重点和要点。关于学生课堂思维状况调查如图 4.21 所示。

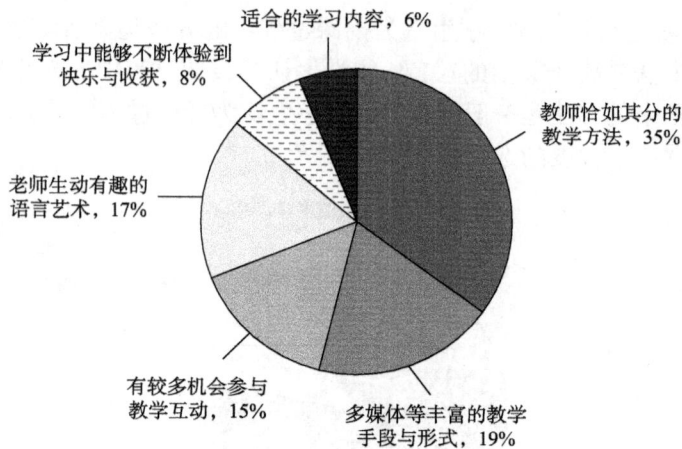

适合的学习内容，6%

学习中能够不断体验到
快乐与收获，8%

老师生动有趣的
语言艺术，17%

教师恰如其分的
教学方法，35%

有较多机会参与
教学互动，15%

多媒体等丰富的教学
手段与形式，19%

图 4.20　增强学习兴趣的方式

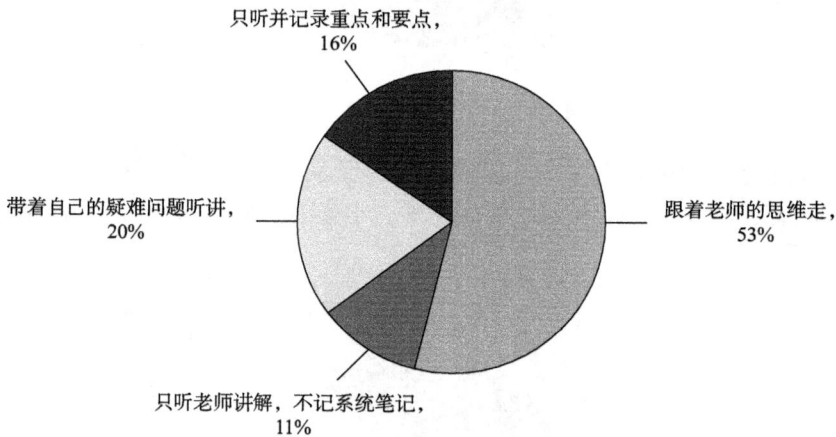

只听并记录重点和要点，
16%

带着自己的疑难问题听讲，
20%

跟着老师的思维走，
53%

只听老师讲解，不记系统笔记，
11%

图 4.21　课堂思维状况调查

调研结果分析发现，物流专业教师常用的教学方法与学生喜欢的教学方法有一定程度的不同，物流专业的学生对结合实践、小组式的教学方法的兴趣和需求远远超过对讲授式的教学方法。超过 60%的学生认为现在的物流课堂教学的灵活性不够，课堂上经常性地出现"满堂灌"的教学情况，50%以上的学生认为教师的教学方法对学习兴趣有着很重要的影响，53%的学生在课堂上习惯性地跟着教师的思维走。学生本身的情况不同，学习潜能也不同，教师在教学方法的选择上不能千篇一律，应根据不同层次的学生选择不同的教学方法。

三、对实践教学的需求分析

实践教学是物流专业教学体系不可或缺的一部分，不同形式的实践教学可以与理论课程相辅相成，形成理论与实践相结合的教学体系，这不仅能够提高学生对物流专业的学习兴趣，增强学生动手操作、解决实际问题的能力，同时可以为物流企业输送大量高素质的人才。通过对实践教学进行学生需求分析，获得中职院校物流专业学生对物流专业实践教学的真实需求。

学生对物流专业目前的实践教学认可度的调查显示，16%的学生表示很满意；18%的学生表示满意；21%的学生表示基本满意；45%的学生表示对目前的实践教学不满意。中职物流专业学生对目前实践教学认可度的调查情况如图4.22所示。

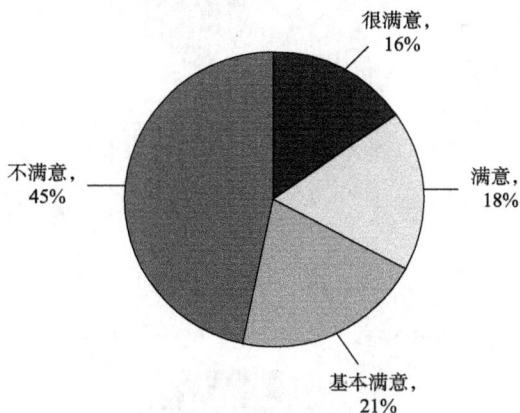

图4.22　对实践教学认可度

关于贵学院在本专业实训课程的设置与物流专业实际岗位技能要求是否匹配，21%的学生认为很匹配或较匹配；54%的学生认为一般还行；19%的学生认为不太匹配；6%的学生认为专业实训课程与实际岗位技能要求完全不匹配。对现实中实训课程设置与岗位匹配情况的调查如图4.23所示。

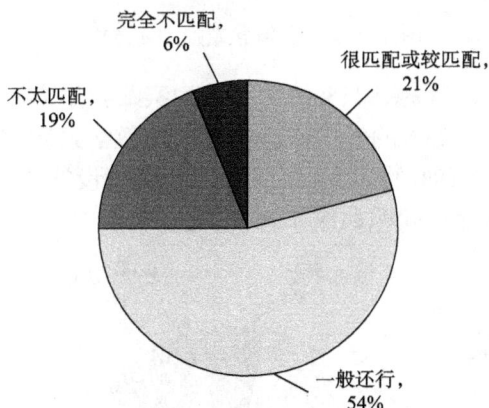

图4.23　实训课程的设置与物流专业实际岗位技能要求的匹配度

关于物流专业安排到企业参加专业实习和顶岗实习课时，16%的学生表示很充足或较充足；49%的学生表示一般还行；29%的学生表示不太充足；6%的学生表示完全不充足。关于企业实习课程安排时间的调查情况如图4.24所示。

关于实训指导老师的业务能力是否达到了实训课程的指导要求，15%的学生认为指导教师的业务能力高或较高；41%的学生认为指导教师的业务能力一般；27%的学生认为指导教师的业务能力差或较差；17%认为指导教师的业务能力完全不行。实训指导教师业务能力调查情况如图4.25所示。

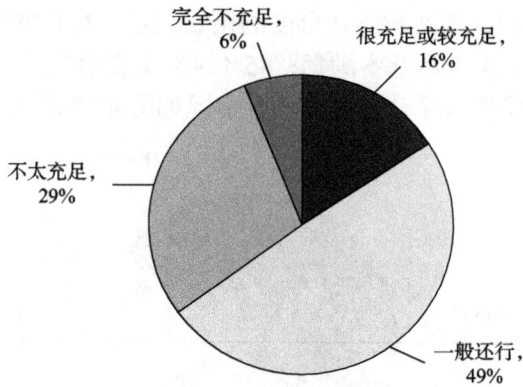

图 4.24　实习课程时间

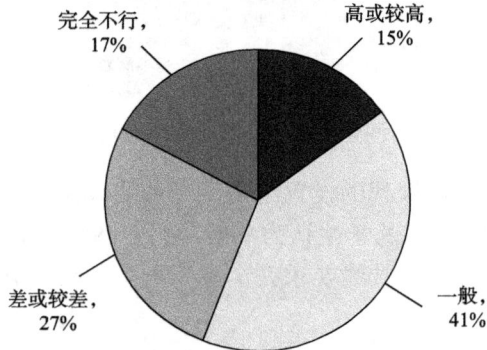

图 4.25　实训指导老师的业务能力

关于实践教学中存在的问题，11%的学生认为实践教学方法单一；29%的学生认为缺少专门和固定的实习单位；23%的学生认为教师实践教学素质偏低；15%的学生认为缺乏合理的实践教学评价体系；19%的学生认为实践教学基础设施薄弱；3%的学生认为是其他。学生认为现阶段实践教学存在问题如图 4.26 所示。

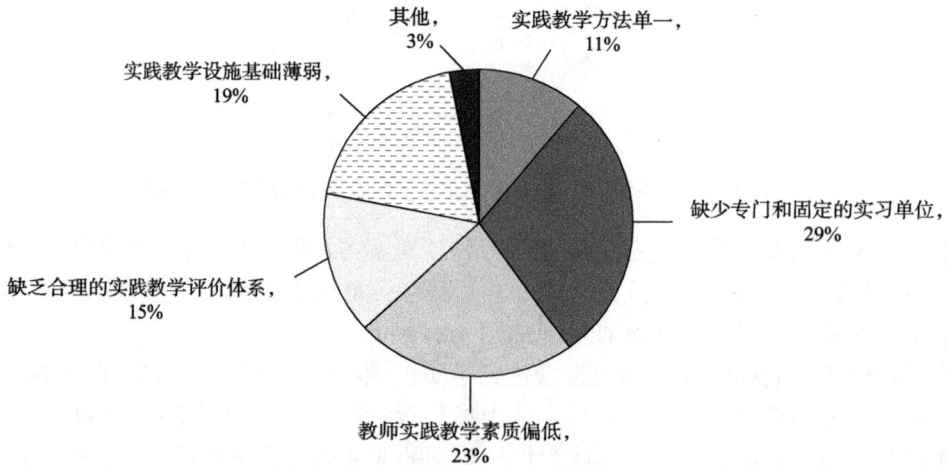

图 4.26　实践教学存在的问题

调研分析发现,物流专业的学生对实践教学的教学形式非常认可,但是在实践课程设置上,只有21%的学生认为课程设置与物流专业岗位技能相匹配。学生对校内实践教学的需求主要体现在对"双师型"教师的需求,以及对实践教学基础设施的需求上,23%的学生认为中职院校物流专业的教师实践教学素质偏低,很难满足学生对实践课程的需求,19%的学生认为目前学校的物流实践教学基础设施薄弱,由于许多中职院校投入经费有限,教学所需的基本教学设备不足,使学生的实践教学需求无法得到满足。

对校外实践教学的需求主要体现在对企业实习的需求。29%的学生表示物流专业缺少专门和固定的实习单位,超过80%的学生认为实习时间不充足。目前,中职院校物流专业更多的还是企业的参观实习,学生只能在教师的带领下进行参观,实际进行操作的机会较少,企业为谋求利益最大化,很少主动配合学校进行技术型人才培养。

四、对教学过程、教学手段、教学资源的需求分析

(一)对教学过程的需求分析

教学过程作为课堂教学的重要组成部分,侧重于教师与学生的积极、共同参与,有效的物流教学过程能够使学生积极、有意识、主动地参与课堂教学,成为教学的主体,在教学中有所收获,提高物流教学课堂的教学质量。通过对教学过程进行学生需求分析,获得中职院校物流专业学生对物流专业教学过程的真实需求。

关于"现阶段物流教学课堂中,你认为教师所扮演的角色是什么"的问题,62%的学生选择了教师为讲解者;21%的学生选择了教师为指导者;11%的学生选择了教师为参与者;6%的学生选择了教师的角色为监督者。学生对教师课堂扮演的角色选择如图4.27所示。

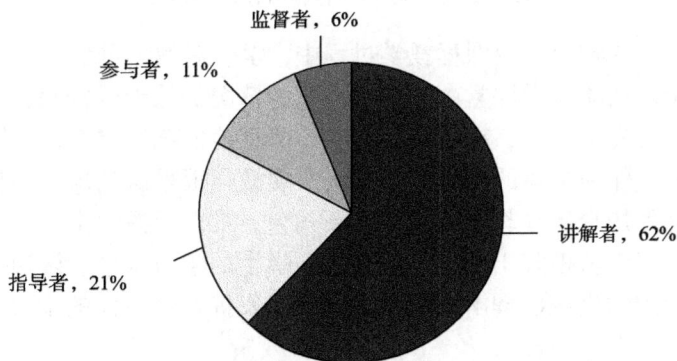

图4.27 对教师课堂扮演角色的选择

关于自主学习的能力,19%的学生表示自己具备自主学习的能力;21%的学生表示自己有自主学习的能力,不过不是很强,能力有待提高;47%的学生表示在学习上完全依赖老师;还有13%的学生表示自己根本不学习。关于物流专业学生是否具备自主学习能力的选择如图4.28所示。

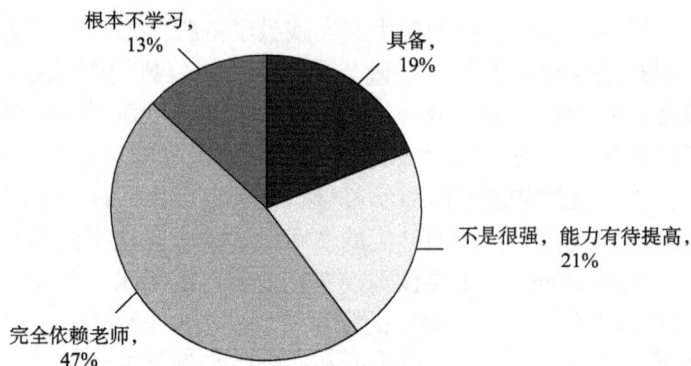

图 4.28　是否具备自主学习的能力

关于物流专业教师是否注重因材施教的问题，59%的学生表示课堂上教师不会考虑因材施教；23%的学生表示会有考虑，但不会很重视；18%的学生表示授课教师会考虑因材施教的问题。学生对教师因材施教情况的认知调查如图 4.29 所示。

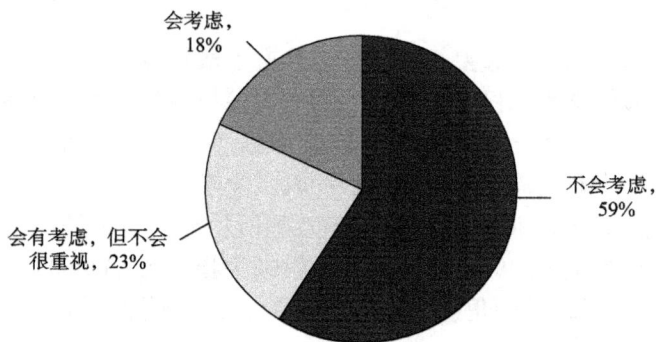

图 4.29　对教师因材施教情况的认知

调研分析发现，在物流专业课程教学过程中，学生对教学过程的需求主要体现在其作为教学主体的需求。物流教学课堂中教师一言堂的情况仍然十分普遍，在教学过程中，学生仍然是被动地接受专业知识；在学习活动中，严重地依赖任课教师，始终作为教学课堂的客体，无法发挥其作为主体的能动性。调研发现教师很难做到角色的转换，不能根据教学目标正确定义并使用自己在教学课堂中的新角色，难以发挥学生的主观能动性。大部分的教师在教学上始终无法推陈出新，不能够根据学生的学习水平、认知水平、教材的难易进行因材施教，导致学生难以理解教学内容，无法发挥教学主体的学习动力。

（二）对教学手段的需求分析

教学手段作为课堂教学中传递信息的重要载体，是教学活动必不可少的一部分，随着科技的不断发展进步，教学手段的表现形式也越来越多样化，在物流专业课堂上对教学手段的正确使用，可以加强教师与学生之间的互动性，增强课堂趣味性，实现教学的良性循环。通过对教学手段进行学生需求分析，获得中职院校物流专业学生对物流专业教学手段的真实需求。

　　在对教学课堂传统教学手段（如板书等）重要性的认知上，33%的学生表示非常重要；39%的学生表示重要；21%的学生表示传统教学手段可有可无；7%的学生表示完全没有必要。学生对传统教学手段的需求分析如图4.30所示。

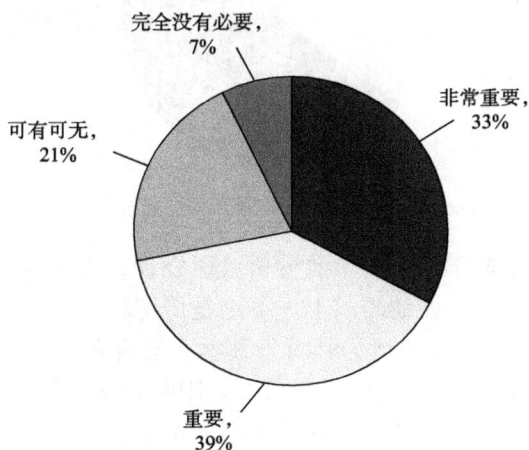

图 4.30　对传统教学手段的需求

　　物流专业教学课堂上使用多媒体教学手段，学生的注意力集中程度的调查上，29%的学生表示注意力非常集中，44%的学生表示注意力比较集中，15%的学生表示与平常没什么区别，12%的学生表示注意力反倒不能集中。关于使用多媒体教学手段课堂的注意力集中程度调查情况如图4.31所示。

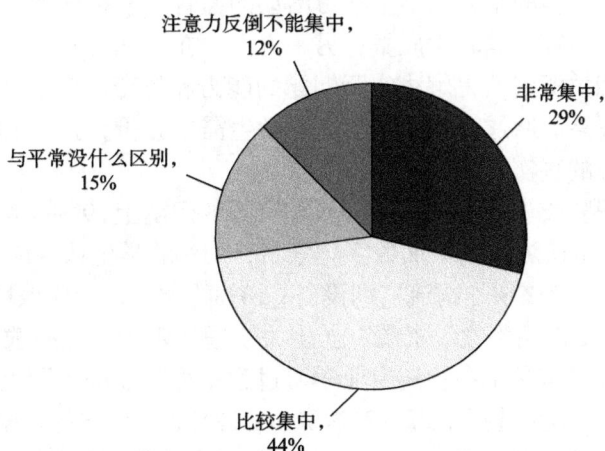

图 4.31　多媒体教学手段课堂的注意力集中程度

　　关于网络教学手段对物流专业教学的开展是否有必要的问题上，65%的学生表示非常有必要；21%的学生表示无所谓；14%的学生表示没有必要。网络教学手段必要性调查情况如图4.32所示。

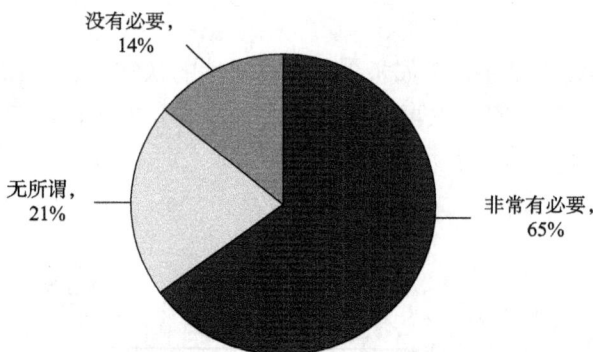

图 4.32　网络教学手段的必要性

　　对物流专业学生关于教学手段的调研分析可以发现，物流专业的学生对教学手段的需求主要体现在对多元化教学手段的需求上。不论是传统教学手段、多媒体教学手段还是网络教学手段，都有半数以上的学生认为其对于教学非常有必要，在教学手段开放问答题上，67%的学生表示在现阶段的物流课堂上，教师所采用的教学手段仍是以传统教学手段为主，偶尔会采取多媒体教学手段，在教学手段的选择上也十分匮乏，很少会根据不同教学内容来选择不同的教学手段，因此中职院校物流专业的学生对多元化的教学手段的需求显得十分迫切。

（三）对教学资源的需求分析

　　一方面，物流专业教学资源的配置和有效利用可以帮助教师从繁重的、重复的教学劳动中解脱出来，教师更多的是充当学生学习活动的监督者和指导者，能够更专注于教学内容的研究，丰富教学内容及其教学质量；另一方面，在教学资源配置充足的情况下，学生可以通过查找物流相关资料获得解决实际问题的能力和技巧，学生自主学习、自主解决问题的能力都会有所提高。通过对教学资源进行学生需求分析，获得中职院校物流专业学生对物流专业教学资源的真实需求。

　　关于现阶段中职院校中需要增加哪些教学资源的问题上，9%的学生认为应该增加纸质教学资源；11%的学生认为应该增加数字化素材；21%的学生认为应该增加物流专业仿真软件；15%的学生认为应该增加物流实训设备；13%的学生认为应该增加多媒体教学资源；31%的学生认为应该增加网络教学资源。学生关于增加教学资源的选择如图 4.33 所示。

　　关于哪种教学资源是学生在物流专业学习过程中最需要的问题上，41%的学生选择了网络教学资源；20%的学生选择了纸质教学资源；12%的学生选择了多媒体教学资源；15%的学生选择了物流实训设备；7%的学生选择了物流专业仿真软件；5%的学生选择了数字化素材。学生在学习过程中对教学资源的需求如图 4.34 所示。

　　关于平均每周用于上网查找学习资料的时间的问题上，5%的学生表示少于 1 个小时；13%的学生表示查找学习资料的时间在 1~4 小时；65%的学生表示查找学习资料的时间在5~8 小时；17%的学生表示每周查找学习资料的时间在 8 小时以上。学生每周上网查找学习资料的时间的调查情况如图 4.35 所示。

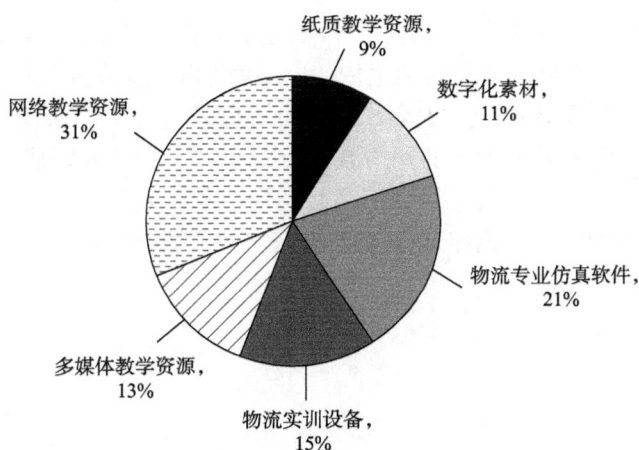

图 4.33　对增加教学资源的选择

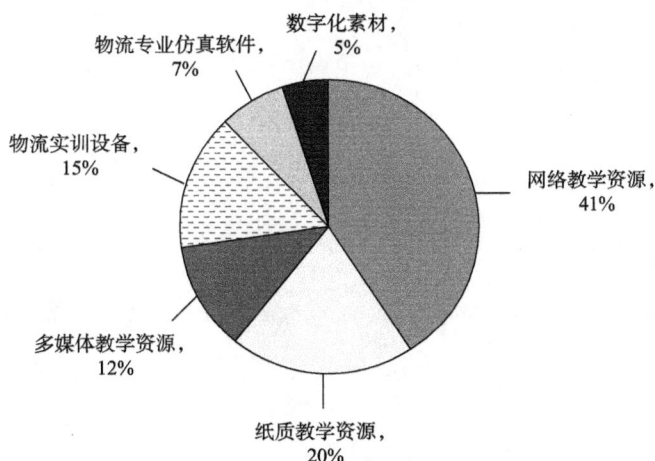

图 4.34　学习过程中教学资源需求

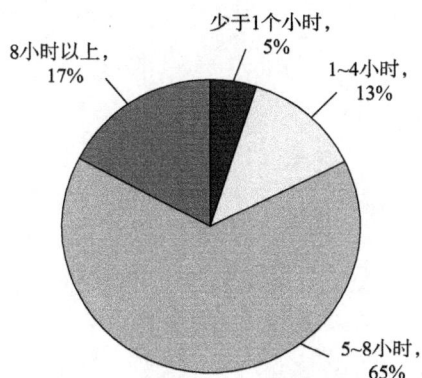

图 4.35　每周上网查找学习资料的时间

对教学资源的调研分析发现，现阶段的中职院校物流专业的学生对教学资源的需求主要体现在对网络教学资源的需求上。受访的学生中，31%的学生认为应增加网络教学资源的投入，占所有教学资源的首位。在自主学习的过程中，65%的学生平均每天需要有 1.5 个小时来查找学习资料，接近半数的学生依赖网络教学资源。在开放性问题的采访中，82% 的学生表示通过搜索引擎获得的知识要比学校资源库获得的知识新且全面，关于共享性的学习资源，59%的学生表示现阶段的网络教学资源存在平台登入障碍、浏览费用过高、内容陈旧、更新不及时等问题，因此加强网络教学资源的开发利用、解决平台系统存在的相应问题、满足物流专业学生对网络教学资源的需求迫在眉睫。

第五章

物流专业教学方式国内外比较

第一节　物流专业教学方式概述

一、物流专业教学方式的概念

从目前的研究来看，对教学方式概念的界定还没有准确而唯一的定义，学者们更多的是把它与教学方法联系在一起，因此对教学方式的定义主要有两类。

第一类是教学方法包括教学方式。《教育大辞典》对"教学方式"的界定是："教学方法的活动细节，教学过程中教师给学生呈现的具体的活动状态，表明教学活动实际的呈现形式，如讲授法中的讲述、讲解、讲演，练习法中的示范、摹仿等。"对这一概念可以理解为这些具体的活动状态就是教学方式。有学者将教学方式定义为师生相互作用的活动，它是以教学原则为指导，为实现教学内容而运用的一些教学手段。

第二类是学者们从整个教学过程来看认为教学过程的每个阶段如课堂导入、课堂教学中、教学结束需要不同的方法，根据每个阶段所需要的时间，需要教学方式具有相对性和稳定性。教学方式是教师根据教学目的运用先进的技术、教材和其他辅助工具进行教学的方式。

通过学者们对教学方式的界定，我们发现从文字的表述来看两种定义有所差异，但对教学方式的实质观点是一致的，他们都认为教学方式包括教和学的方式。本书试图从教师教的方式、学生学的方式及师生互动的方式研究教学方式。教的方式包括教学思维方式和教学行为方式。教学思维方式是指教师的教学理念和教学思想；教学行为方式是指师生在课堂教学中具体的活动和行为，是教师在课堂上教的方式和对学生学习的指导方式。学生学的方式是指学生完成学习任务时的基本行为和认知倾向，如图 5.1 所示。

本书将物流专业教学方式定义为：根据物流专业的课程特点以及学校对物流人才的培养计划，教师在课堂教学具体的教学活动和教学行为中，依据学生认知能力和个性的不同、物流专业具体学科内容重难点的不同，采用的适当且灵活多样的方式。具体地说，就是教师在课堂教学中要根据教学内容，依据学生的认知特点和年龄特点，设计一些具体有效的

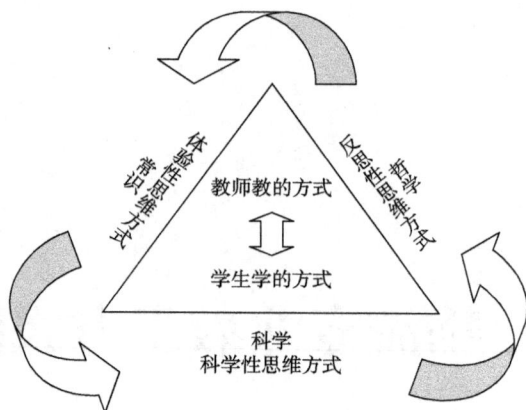

图 5.1　教学方式

活动和行为，调动学生的多种感官参与，在教学过程中充分体现学生是主体，教师为主导，从而让学生在课堂中一直保持很高的兴趣。例如，设计提问可采取正向设问、侧问、曲问、逆问等不同角度来调动激发学生的思考兴趣。

二、物流专业教学方式的原则

中职教育中对物流专业学生的培养目标是培养具有实际操作经验的中级技术人才，他们需要掌握物流运输、仓储、包装、配送、装卸、信息、货代等方面的知识和技能。因此，在对物流人才进行培养时，应该突破传统观念的束缚，帮助学生将知识和技能延伸到物流的其他领域和环节，帮助学生了解现代物流理念，全面了解现代物流的各个环节。

1. 教学方式与教学内容相结合的原则

物流专业的学生在校期间主要学习三大模块的课程：一是经管类的专业课程；二是专业基本理论和基本知识课程，包括经济学概论、市场营销、工商企业管理、供应链管理、管理学概论、统计学、会计基础等课程；三是物流专业基础课程，包括物流概论、物流经济地理、物流设施与设备、物流实务、物流管理等，且中职学生毕业时不仅要取得毕业证书，还要获得助理物流师职业资格证书等相关资格证书，有些成绩优异的学生还会参加助理物流师、电子商务师、报关员或报检员、货代从业资格的初级资格考试，所以教师在选择教学方式时必须着重考虑学生所学的专业知识，教学方式是为教学内容、教学质量服务的，不能一味地追求教学方式的新颖或独特，不可本末倒置。

2. 传统教学方式与现代教学方式相结合的原则

传统的教学方式与现代的教学方式各有所长，不能因为有更为先进的、更方便的教学方式就将传统的教学方式摒弃不用，传统的教学方式相对于现代的教学方式虽然有不足，但是某些媒体教学方式可以非常直观地帮助学生加深知识的印象，所以应根据具体教学任务的性质、教学活动的形式、教学内容的特点和现有的教学条件，把传统教学方式与现代教学方式进行科学的优化组合，达到扬长避短、相互补充的目的。

三、物流专业教学方式的类型

不存在独立的教学方式，所有的教学方式都是为教学大纲、教学目标、教学课程服务的。同一教学方式可以应用于不同的学科，不同的学科、不同的教师可以赋予教学方式不同的特征，教学方式的变化也会影响学生对知识的掌握。物流专业教学方式主要分为讲授式教学、探究式教学、讨论式教学、体验式教学、师生互动式教学等。教学方式的类型如图5.2所示。

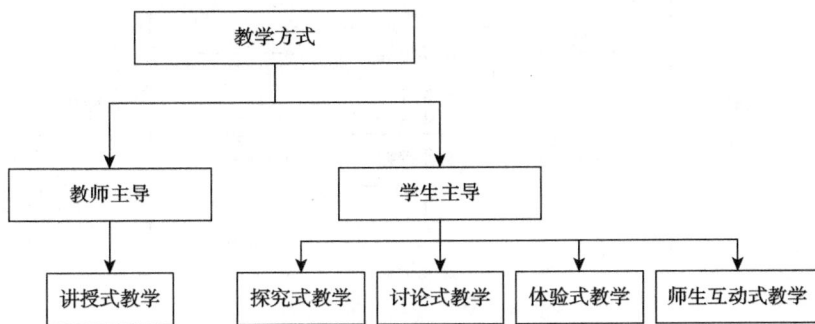

图 5.2　教学方式的类型

1. 讲授式教学

讲授式教学是教师利用教科书、粉笔、黑板、简易模型等工具，通过口头语言讲解，以知识传授为主要目标的"封闭式"的课堂教学方式。几十年来，讲授式教学成为各级各类学校占主导地位的教学方式。讲授式教学方式之所以应用广泛、历久不衰，有其内在的原因：语言是人与人交流最重要、最自然的工具。讲授法以语言为信息载体，通过师生的口耳相传，实现信息的传递，充分体现了语言在人类文化传播方面的重要性。

物流专业的讲授式教学方式：物流专业的教师按照教学计划与教学大纲的要求，根据物流相关教材的内容，教师讲，学生听；教师在课堂上写板书，学生在课堂上记笔记；教师根据教授内容向学生提出问题，学生根据所学回答问题，一来一回。在教学过程中，注重知识的完整性、系统性、规范性。教师的系统分析和讲授有利于学生形成知识体系和结构。

2. 探究式教学

探究式教学是以探究为主的教学方式，在教师的指导下，以学生为主体，让学生自觉地、主动地探索，掌握知识和解决问题的方法与步骤，研究客观事物的属性，发现事物发展的起因和事物内部的联系，并从中找出规律，形成自己的概念。探究式教学是将自己所学知识应用于解决实际问题的一种教学形式。

在物流专业探究式教学中，教师首先制定一个物流教学主题，根据主题设定问题情境，给予学生适当的启发或一定的提示，学生根据提示以小组的方式主动分析问题，探究进而获得解决问题的能力，这调动了学生学习的积极性。教师是整个活动的设计者、分析者以及最后的评论者，学生以小组为单位，通过交流与合作，共同完成学习任务，获得知识，提高技能（图5.3）。

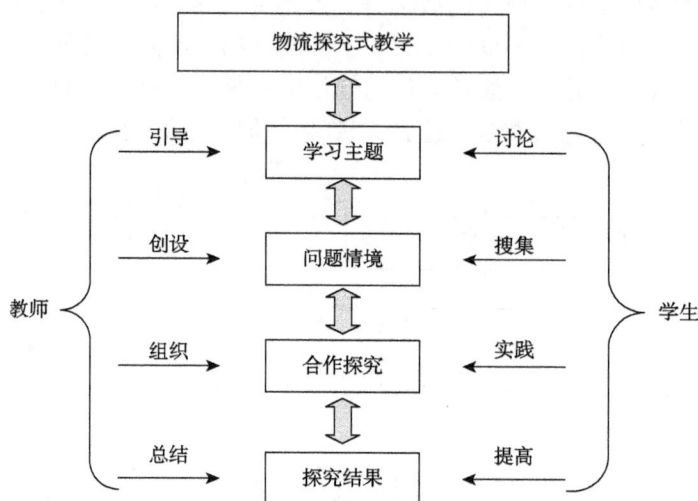

图 5.3　探究式教学

3. 讨论式教学

讨论式教学是以学生为中心，通过讨论学习达到训练学生自学能力、推理能力、运用所学知识能力目的的一种教学方式。

物流专业讨论式教学是在学生掌握了有关基本知识和分析能力的基础上，在教师的精心策划和指导下，根据教学内容和目的，从生活中或是企业中引入经典案例，将学生带入特定的事件和场景中去模拟现场进行的案例分析，通过学生的独立思考或是小组协作，提高识别、分析和解决某一具体问题能力的教学方法。这种教学方式还可以提高学生的决策能力和综合素质。针对物流专业相关课程内容，教师不断吸收和引进物流学的最新理论和实践经验，并结合我国的实际情况不断补充和更新教学内容。讨论式教学主要分为三个部分、两个主体。三个部分分别是课前、课上和课后，两个主体是教师和学生。在课前教师根据教学内容设置问题，学生根据问题查阅资料；课上，师生之间、学生之间进行讨论，提出问题、解决问题；课后教师布置相应练习题，学生巩固知识点并完成作业（图5.4）。

4. 体验式教学

体验式教学是指以课堂教学为中心，以课前课后为延伸，以满足学生的体验需求为手段进而提升学生在教学活动中的投入的教学方式。

物流专业体验式教学是将深奥复杂的物流系统理论用实验的方式表达出来，物流教师通过电教媒体、实物、挂图、现实的问题、趣味资料、游戏、音乐、生动的语言等手段，创设问题情境，引起学生的兴趣，激发学生想要解决问题的动机，唤起学生参与的欲望。

课前　　　　　　　　　　　课上　　　　　　　　　　课后

教师

| 教师根据该节课堂内容、知识点给学生设计思考问题 | → | 根据思考问题与学生存在的问题进行讨论，环顾全局，进行总结 | → | 知识点强化，布置相应练习题 |

学生

| 学生根据思考问题预习物流教材、查阅相应文献，解决问题或提出问题 | | 小组讨论，以质疑的态度相互纠正、解决问题，并对知识点进行归纳 | | 巩固，完成相应作业 |

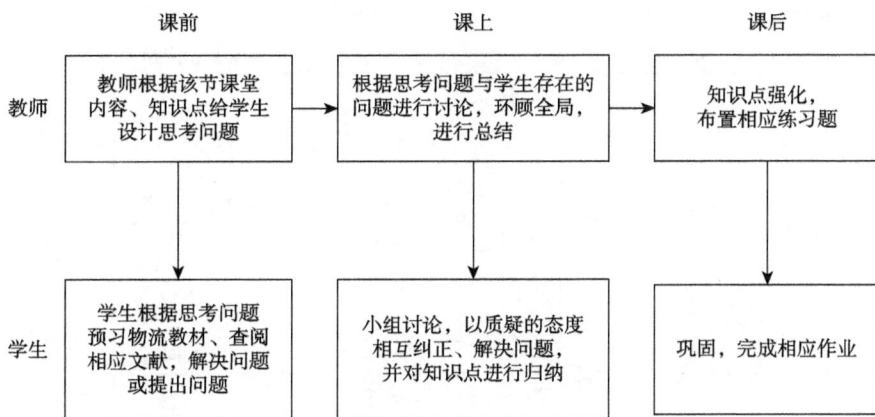

图 5.4　讨论式教学

学生自己提出探究的问题，与教师一起商量解决问题，在共同探讨的基础上确定答案，根据教师设定好的检验情境对答案进行检验，最后对问题、答案进行总结分析，整个教学过程，学生是主体，教师不强加给学生任何结论（图 5.5）。

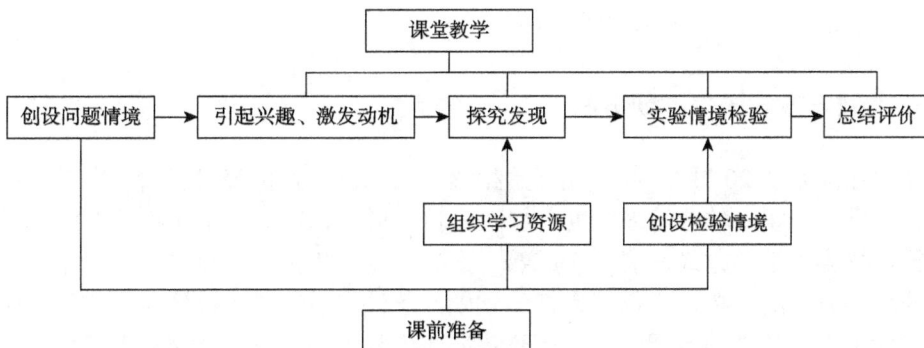

图 5.5　体验式教学

5. 师生互动式教学

师生互动式教学可以使学生乐学、会学、善学，发挥其积极性、主动性、创造性，有利于建立和谐的师生互动、校内外互动的关系。充分发挥互动式教学模式的优势来培养学生努力学习和进一步汲取新知识的浓厚兴趣，促使学生主体积极参与物流教学活动，使学生对问题进行更深层次的质疑和探索，获得一些思维方法，形成好的思维习惯。同时，通过讨论、拓展、引申等互动方式开阔学生的视野，让学生的想象力和创造力得以充分发挥，从而提高学生的科学素养，培养应用型创新人才。

物流专业互动式教学是指教师起主导作用，教师对物流问题进行情景设计，师生之间探究互动，给学生提供参与机会，引导学生提出问题，教师启发诱导学生并给予点拨，学生参与探索，尝试解决问题。在整个教学过程中，师生进行观察、调查、交流、讨论、发言、提问、质疑、辩论等活动，帮助学生进行物流知识构建与知识迁移（图 5.6）。

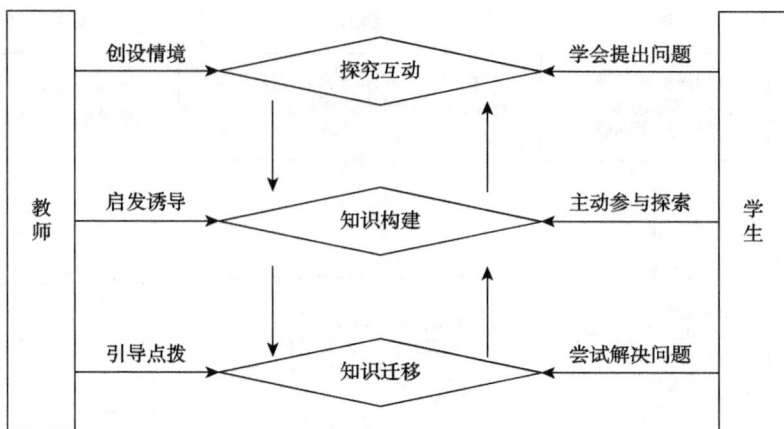

图 5.6 师生互动式教学过程

第二节 物流专业教学方式现状及问题分析

一、物流专业教学方式现状分析

（一）教学方式国外调研分析

国外发达国家从 20 世纪 60 年代开始相继开展物流专业的高等教育，广泛开展硕博士研究生、本科生和职业教育等多维度多层次的教育形式，经过几十年物流业的不断发展和创新，国外物流的教学方式发展趋于成熟，物流专业的相关物流设施、实验室健全，对物流专业的教学方式的选择也提供了良好的软硬件条件。国外教育机构在物流教学所采取的教学方式除了常规的教师授课以外，还经常举办特邀讲座，邀请物流人士到学校给学生作报告，安排学生去企业参观实习，实际观摩物流生产过程，了解物流设施设备，另外还会设计各种团队合作项目，要求学生以团队的形式完成物流任务。

1. 物流实践式教学课程丰富

物流专业的培养目标是应用性较强的技术人员，所以实践课程的设置以及实践式教学方式就显得尤为重要。

德国大学物流专业在教学方式的选择上就充分考虑了这一点，主要的实践教学方式有企业实习、实验室实习、虚拟游戏等。既有企业工厂的真实操作，又有学校物流实验室的演示，保证学生在充分掌握一定专业知识的基础上有熟练的实践技能。日本物流专业的学生每年的 7~9 月会进行 2 周左右的实际业务体验、进修，相当于见习，是学生按照企业、行政组织的希望和要求，接受岗位职责、工作意义、工作礼仪等方面的基本培训，为专业课程学习和实习打先锋。学生跟着各个岗位的工人进行学习，进修结束后，进行体验发表会，完成报告书等作业。荷兰职业院校物流专业的学生在校期间由学校组织进入物流企业"带薪实习"，学生在校学习和在企业工作进行定期轮换，通过学习与工作相结合，实现理论与实践的结合、学校与社会的结合，从而提高学生的专业实践能力，充分体现现代职业教育的理念和要求，各种不同的实践教学方式使国外物流专业的学生的实践能力培养效果显著。

2. 国外物流教育师资学历较高

教师作为教学实施的一方，其学历对教学观、学生观、学习观、知识观在教学方式的选择与运用上存在很重要的影响。

德国物流专业授课教师最低学历为大学本科（有的学校教师中有博士学位的占 50%），至少有两年从事本专业实际工作的经验，必须经过两次国家考试，合格后到学校任教还需两年试用期；每周在课堂教课 25 小时左右，知识更新时间不少于 4 小时。

美国职业院校物流教师必须具备学士及以上学位，取得学士学位并有物流领域 1~2 年实际工作经验的优秀者，才予以颁发职业技术教师资格证书。除了要符合联邦各州政府教师资格证书规定的条件外，还特别强调要具有实践经验，对所授物流专业课程有一年以上的工作经历及最新经验，或者在合适的技术领域有 5 年以上的实际经验，还要求有当顾问和独立判断与研究的能力。

英国物流专业师资培训偏重于专业技术资格，通过各种资格证书的课程培养职业学校的物流师资。例如，"教育证书"课程是为本科毕业生提供的为期一年的全日制教育证书课程；"继续教育证书"课程是一种以专业职业教育教师为对象的二年制的部分时间制课程。"继续教育证书"课程是以兼职职业教育教师为对象的，是教学入门的基础。

3. 校企合作式教学课程丰富

校企合作、工学结合是培养技术应用型人才的一种主要形式，建立紧密的产学合作、校企合作能够发展学习和教学方式，通过教学方式的研究创新更能够培养出适应企业需求的高等技能型人才的课程体系。

英国物流专业的校企合作、工学结合教育模式主要有长期和短期两种。长期的工学交替制有"2+1+1"（4 年制）和"1+3+1"（5 年制）两种。"2+1+1"即前两年在学校学习物流专业知识，第三年在物流企业进行岗位锻炼，第四年再回到学校学习、考试、取得证书，在企业实践学习的时间为一年。"1+3+1"即第一年在物流企业工作，第二、三、四年在学校学习相关专业知识，第五年又回到企业进行实际岗位训练，在物流企业实践学习的时间为两年。短期的工学交替制更为常见，通常为 6 个月。

德国物流教育实行的是"双元制"教育，即以物流理论知识为基础，以应用为目的，物流教学活动在企业与高校间交替进行，双方共同培养物流应用型、技能型人才。物流专业的学生多在完成物流基础教育后，成为师傅制度下的学徒，一方面在物流工厂做工，接受师傅的指导，另一方面进入物流职业高等学校，进行物流相关职业理论的学习，做工与物流理论学习交替进行。做工以企业为主，合作学校派出物流专业教师进驻企业给予理论指导；物流理论学习以学校为主，企业派出技术专家到学校协商物流课程设置与教学方式。

加拿大物流专业的基本指导思想是：在课堂上学习知识，在工作中学习实践。将学生的物流专业学习与实际工作相结合。加拿大的高校每年分三个学期，物流专业的校企合作采取"1+1 循环"的方式，即物流专业的学生在校学习一学期，到物流企业工作实习一学期；或在学校学习一年，到企业工作实习一年，如此循环。

4. 教学方式与课程设置相匹配

物流专业的课程设置不同，教师对教学方式的选择也不同，教材内容的编排与呈现方式、难易程度、结构及知识性质不同也影响着教师教学方式的选择与运用。

国外物流课程的设置一般是基于配送和运输等物流核心要素开展的典型课程，包括物流战略、配送系统设计、运输与仓储的规划管理、配送信息系统及应用软件的开发与使用，强调全球化或地区的运输、配送及案例式教学。

日本高校物流专业的课程设置包括危险物运输管理论、物流中转站论、市场营销、物流系统工学、流通情报系统、通关实务、海运理论等，物流课程导入性科目设计合理，循序渐进开展教学，因此物流专业教师对教学方式的选择也循序渐进、因课而异。

德国对物流专业的学生侧重于职业能力教育和自主研究能力的培养，德国高校物流专业的课程设置包括现代物流概论、商品养护、仓储与配送实务、财务管理、ERP 沙盘模拟、物流统计实务、供应链管理、运筹学、供应链物流、战略采购等。

观察可以发现，国外的物流课程设置偏向于战略类课程、系统工程类课程，注重培养学生从战略的高度思考问题，因此其在教学方式的选择上多采取灵活的探究式教学与案例教学等。

（二）教学方式国内调研分析

目前，我国约有 1 200 所高校从事物流类专业人才培养，其中职业院校开办物流专业的有 847 所，每年培养近 10 万名物流专业毕业生。我国的物流教育理论、教育体制等大多学习发达国家，最近几年由于物流行业的高速发展才引起社会、学校对物流专业师资队伍与教材建设的重视，所以物流教育师资相对缺乏，多数物流专业的任课教师是从国际贸易、工商管理等学科转换过来，因此在教学方式的选择上很难与专业课程设计相结合，物流教育缺乏特色，物流实践经验匮乏。

在教学方式的选择上，69%的物流专业教师表示会首先想到传统讲授式教学，并且在实际教学中讲授式教学也是使用频率最高的教学方式；5%的教师表示会考虑使用师生互动式教学；3%的教师表示会选择体验式教学；13%的教师表示会选择讨论式教学；10%的教师表示会选择探究式教学。教师教学方式的选择如图 5.7 所示。

关于物流专业教学方式没有明显改进的问题，19.18%的受访教师表示是由于教学内容陈旧死板；27.33%的教师表示是由于物流教学理论与社会实际存在差距；10.47%的教师表示是由于物流教师队伍整体素质不高，"双师型"教师所占师资比例低；30.81%的教师表示是由于学院硬件配套设施跟不上，物流教学条件不足，无法使用相关的现代教学方式；12.21%的教师表示是由于学生的观念没有与时俱进，更多的学生习惯于传统的教学方式。物流专业教学方式没有明显改进的原因如图 5.8 所示。

关于实践式教学的现状，13%的教师表示教师对实践教学的计划和指导不到位；16%的教师表示现阶段的物流专业校外实习分散，难以控制；33%的教师表示学校对物流专业

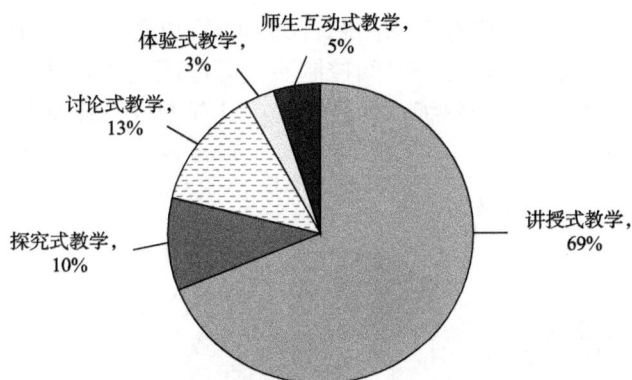

图 5.7 教师教学方式的选择

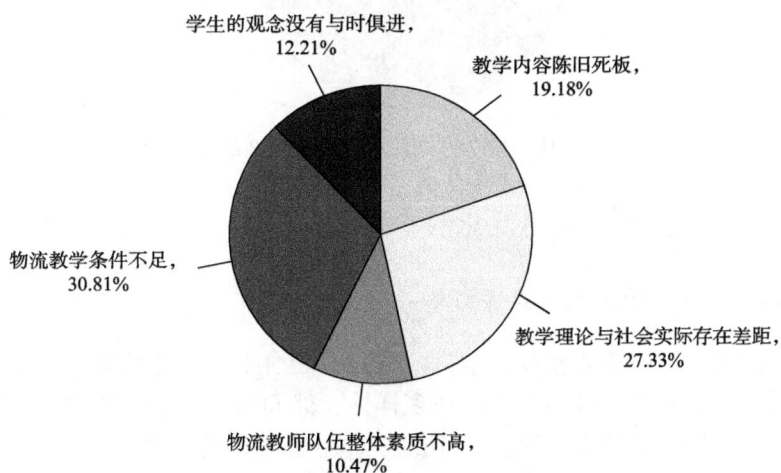

图 5.8 物流专业教学方式没有明显改进的原因

校内实践投入不足,重视程度不足;38%的教师表示物流专业可以进行的企业实践机会少。实践式教学的现状如图 5.9 所示。

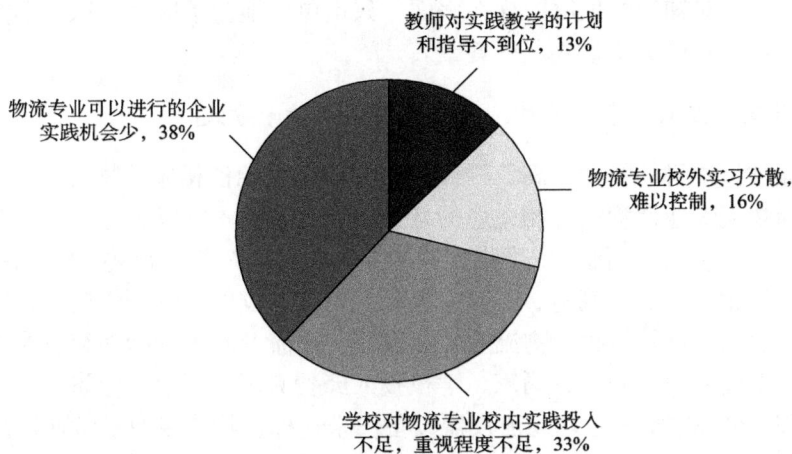

图 5.9 实践式教学的现状

针对教学方式在使用过程中存在的问题，68%的教师表示在不同形式的教学方式的运用过程中，会由于预估错误，过程、时间控制不当等原因造成教学方式的使用不当；21%的教师表示教学方式的使用较为熟练，事故较少；只有11%的教师表示可以熟练地使用教学方式，如图5.10所示。

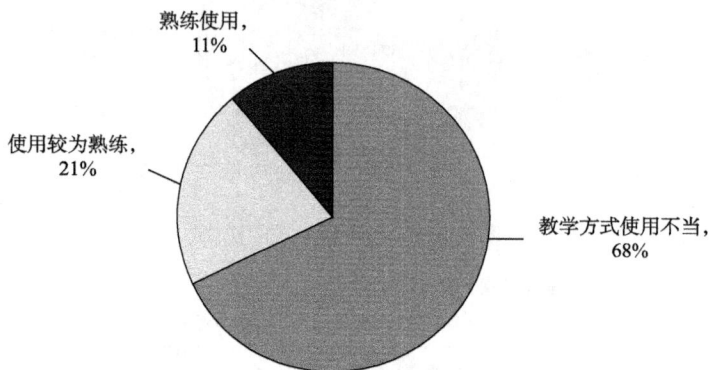

图 5.10　教学方式使用过程中存在的问题

二、物流专业教学方式问题比较分析

1. 国内物流专业教学方式形式陈旧单一

调研发现，国外高校物流教育教学方式成熟，配合不同的专业知识、课程设置、技能要求选择不同的教学方式，教学方式存在多样性。然而目前，适合我国高校物流专业的教学方式虽然有很多种，但是真正课堂使用的方式还是接受式的教学，调研结果显示，86%的教师在教学方式的选择上会首选传统的讲授式教学方式。这种教学方式的教学主体仍然是教师，课堂上呈现出的效果是教师按照书本的内容进行讲解，学生按照教师的要求记笔记，这种教学方式在课堂上的表现是乏味枯燥，课堂上只是单纯地追求效率，与学生之间缺乏交流沟通，很难引起学生对物流专业课程的兴趣，纯粹的讲解也很难引导学生的独立思考的能力，学生对知识的理解留存在表面，只是单纯地为了应付考试，不能够在面对一个专业问题时通过自己分析最终获得答案。

2. 国内物流专业教学条件不足，无法使用现代教学方式

根据物流学科本身的特性，高校开设物流专业必须配备相应的物流实验室、实训室、教学基地等与物流专业课程设计相适应的教学资源，这样才可以满足物流专业特点以及物流企业对人才的要求。发达国家由于物流业的大力发展，高校物流专业的发展也逐渐完善，学校内拥有物流相关的实训基地、实验室等教学资源，校外产学合作密切，拥有广泛的物流实习基地。然而，近几年我国物流业高速发展，物流专业才开始在高校遍地开花，但是由于高校物流专业开设时间短，国家、学校投入经费有限，所以教学资源严重不足。

调研发现，68%的学校生均物流仪器设备值未达标，物流专业最常使用的教学资源包括多媒体设备和物流实验室，75%的受访教师表示学校的多媒体设备生均比例严重不足，

很多职业院校多媒体室的配置很老，且由于在使用过程中经常发生设备损坏，所以多媒体资源大多处于闲置状态。高校物流实验室普遍存在与物流专业相关的硬件部分配备严重不足，物流软件价格昂贵、学校经费有限，导致学校对物流实验室建设不够重视，很多院校都只能通过互联网下载免费的、试用版的不正规物流软件进行实验教学，导致软件系统建设不足的情况。教学资源、教学条件的不足，导致物流专业教师在教学方式的选择上受到极大的限制，教师很难按照课程的教学要求、针对不同的课程选择更适合的教学方式。

3. 国内物流专业实践式教学流于形式

作为一门实践性非常强的学科，物流专业的学科建设要求就是高校在培养人才的环节中既要注重理论教学，也不能忽视实践教学的重要性。

发达国家非常重视物流专业实践教学，实践式教学的形式多种多样，既有校内的实验室物流项目、物流配送中心实验、仓储实验等，又包括校外企业真正的在岗实训。实践式教学有目的、系统地进行着，且物流专业的实践式教学时间也非常充足，保证学生能够学习到真正先进的物流技术。我国目前很多高校在物流专业的教学过程中重视理论知识、重视素质培养，轻视实践能力、轻视动手操作能力。同时，由于教师自身实践操作能力的影响以及学校相关时间场所的限制等各种因素，很多高校在物流专业教学过程中绝大部分课时仍然是理论知识的传授，实践课程的课时安排非常少，并且教师对实践课程的重视度不够，经常存在任意增减实践课时、实践课形式化等情况。目前我国高校的物流实践课的内容安排主要是以验证物流专业的理论知识，演示、验证性的实践课程多，缺乏综合性、创新性。

77.8%的受访教师表示，目前院校在实践性教学方面投入的精力和金钱都不够，很多院校在建立实践基地时只是讲形式、走过场，学生真正有机会去实践的次数非常少，有些院校物流专业的学生连物流专用作业工具都没有见过，因此实践性教学的重视程度还有待提高。并且由于进行实践性教学对教师的要求也越来越高，中职院校实践性教学的"双师型"教师仍然十分匮乏，很难有效地开展实践性教学活动。

物流专业职业院校与本科院校的最大区别在于职业院校致力于培养应用型人才，然而目前很多职业院校物流专业的培养方式与本科院校趋同，很多职业院校物流专业在实践式教学过程中仍是"多数时间进行物流理论教学，在临近毕业时由学校和学生共同寻找社会实践的机会"。至于进行校企合作时所签订的"物流实习基地合同"，则多成为口头承诺和宣传噱头。

4. 国内物流专业现代教学方式运用不当

在多年的教学探索中，国外物流专业在现代化教学方式的使用上已经日臻完善，教学过程中的方式手段等能够跟课程教学完美配合，在课堂有限的教学时间内做好合理分配，时间控制精准，保证学生的听课以及学习的效果。国内物流专业的现代教学技术手段非常丰富，课件的准备也可以很充分，这就导致了有些教师在运用多媒体等教学手段时，太偏重于机器的演示，将所有的授课内容都提前输入制作成演示模板成为课堂上的计算机操作员，过分依赖于电脑的课件讲解不利于学生掌握学习重点，也降低了学生学习的积极性。

35%的受访教师表示在对物流专业课程尝试探究式教学的过程中也存在一定的问题。36%的教师表示课前的备课投入与课后的产出不成正比，教师在设计情境时所想达到的目的与实际教学中学生真正关注讨论的重点会存在出入，教学形式与教学内容脱节，因为学生生活中很难接触到真正的物流作业，造成教学情境与学生生活脱节，由于学生不了解再加上不感兴趣造成课堂气氛沉闷，教学目标难以实现。

在案例教学过程中，74%的教师表示很难控制时间，如果案例教学时间比例较高，会造成理论授课时间减少，案例教学时间较短，案例教学未能深入开展，以致运用案例教学时似蜻蜓点水，针对案例往往只能一带而过。适合物流专业进行案例教学的案例主要来自一些著名大企业发展的得失成败中提炼出来的经典案例，而教学对象是没有工作经历和缺乏社会经验的学生，因其知识储备不足可能会无从下手，丧失参与的兴趣，因而难以达到案例教学应有的效果。案例教学在对教师要求较高的同时，对学生的要求也比较高。学生对案例中提出的问题束手无策、答非所问，不能利用所学的物流理论去研究和解决实际问题，导致参与较少，学习效果不甚理想。

第三节　国内外物流专业教学方式

本节研究聚焦国内外物流专业的特色教学方式，借鉴国外现有的理论、理念和具体的教学开展方式，探讨适合我国中职院校学生开展物流管理教学的具体方式。

一、国外物流专业教学方式

（一）加拿大乔治亚学院物流专业

加拿大物流业产值占 GDP 比重约为 12%，略次于制造业，提供了 10% 左右的就业机会，行业就业人数接近 200 万。相关数据显示，加拿大物流专业毕业生半年内就业率高达 98%，加拿大高校物流专业是加拿大政府着力扶植的大学专业。

加拿大乔治亚学院是加拿大最好的学院之一，物流专业就业率达到 100%，学生毕业 6个月内即能够找到满意的工作，是加拿大六所高就业率院校之一。

乔治亚学院物流专业学制为两年，分为六个学期，四个学期的校内学习时间，两个学期的校外实习时间。每学期 14 周，六门课程，每门课程 42 个学时。

在校内的物流专业知识和技能、就业知识和技能、通识教育内容三部分思维学习阶段主要采用讨论式教学方式、体验式教学方式和带薪实习。

1. 讨论式教学方式

乔治亚学院物流专业的课堂气氛活跃，师生之间的双向交流多。以讲授 SCOR（supply chain operation reference，即供应链运作参考）Model 为例，SCOR Model 本身数据程式化的内容，很容易让学生产生枯燥的心理，乔治亚学院物流专业的教师会采用讨论式的教学方式，从什么是 Model、为什么要建立这个 Model、怎么建立这个 Model，将教学内容逐步展开与深入；不是直接告诉学生这是什么，或者应该怎样，而是通过设置问题把学生带进所要讲授的内容，把学生的思路巧妙打开，步步推进，教学效果非常显著。课堂教学遵循这样一个步骤，如图 5.11 所示。

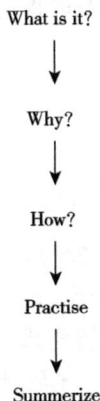

```
What is it?
    ↓
  Why?
    ↓
  How?
    ↓
 Practise
    ↓
Summerize
```

图 5.11　讨论式教学步骤

2. 体验式教学方式

以 lean product（精益生产）内容为例，教师要求学生使用不同类型的硬币模拟不同类型的原材料，将学生也按照供应链上下游分为原材料供应商、生产商、配送商、分销商、零售商、客户等几个不同的角色，分别模拟在 pull 模式下、push 模式下的不同环节的库存量，使学生能够直观地感受哪种方式的供应链模式更为合适。

3. 带薪实习

在两个学期的实习中，物流专业的学生享受带薪实习，获得与正常水平相当的实习薪资。如果物流专业的实习安排在冬季学期，落实实习岗位的学生在该企业进行工作，没有落实实习岗位的少部分学生留在学校继续学习并联系暑期可以实习的物流企业。学生在学校学习 8 个月的理论知识后进入企业进行 4 个月的物流岗位实习，后再回到学校进行学习，形成"理论—实践—理论"的循环过程。因此，在物流专业的学生毕业时已成为一个操作熟练的工人。

（二）荷兰鹿特丹商学院物流专业

荷兰素有"海上马车夫"之称，荷兰约有一万两千家公司提供公路运输服务，荷兰境内约 75%的外国投资企业的欧洲分销配送中心将其业务外包给荷兰本地的物流供给商。荷兰物流业非常兴旺，产值占其 GDP 的三分之一，成为国民经济的支柱产业。欧洲 70%的物流分拨中心落户荷兰，美国和亚洲企业在欧洲一半以上的第三方物流业务由荷兰包揽，荷兰当之无愧地成为欧洲物流中心。

鹿特丹商学院于 1966 年建校，是荷兰最大的应用科学大学之一——鹿特丹应用科学大学（Hogeschool Rotterdam/Rotterdam University of Applied Science）下属的商学院。鹿特丹商学院的物流专业教学不仅涵盖运输，同时也涉及产品环节中的制造、存储、分销、信息技术管理等部分，是个覆盖领域很广泛的学科。

该校的物流专业的教学方式与课程设计紧紧相关，教学从理论和实践两个模块对物流专业的学生进行培养，在教学中分别采取课堂教学和实践教学两个方面对两个模块进行学习。

1. 课堂教学

1）讲授式教学

讲授式教学是指教师在上课过程中，将该节物流课程的主要知识点进行罗列，对这些要点进行解释、分析、延展，结合自己的物流从业经验和对物流行业的了解进行举例说明。

例如，在 supply chain design（供应链设计）这门课程中，Branda 教师在教授时，整个课堂是以讲授式为主，并通过自己的供应链管理经验向学生介绍应该如何进行 supply chain design，在 design 时应注意考虑哪些因素、避免哪些问题。

2）讨论式教学

讨论式教学主要以学生为主体，教师将相关物流专业的问题提出后，学生通过思考、查阅资料，回答老师的问题或者提出自己的疑虑，教师发表自己的看法，学生可以表示赞同或者疑虑。通过这种讨论完成物流相关知识的学习。

例如，introduction to marketing（市场营销概论）这门课，在讲到营销组合四要素的时候，就由学生来介绍某种自己熟悉的产品的四个营销要素是怎样运用的，同时学生自己也对现实的这些要素运用进行评价，并提出自己的改进意见，其他学生也可以对此发表意见。

3）presentation 模式

presentation 模式是鹿特丹商学院物流专业使用较多的教学方式，每节课教师会给学生一个物流专业知识点的 topic（主题），学生以个人或小组的形式查阅资料制作 PPT，并将其发送给老师，老师进行修正，学生会在课堂上进行 presentation（报告），同学或教师可以提出自己的疑问，学生进行回答。

2. 实践教学

鹿特丹商学院对学生操作能力的培养，主要依靠的是实践环节。实践教学主要包括暑假的自主学习和寒假的调研实习，他们通过多种形式、多渠道、多时间的实践来增强学生的动手能力。

1）暑假自主实习

学生在掌握某种物流专业技能后，在暑期以员工的身份进入物流企业进行岗位锻炼，可以挣到一些薪水，同时也对以前的课程所要求的专业技能进行巩固，也可以从中了解自己在物流上还存在哪些方面的知识或技能的欠缺，从而为第二学年的学习明确方向。

2）寒假调研实习

这个阶段实习的主要目的是拓展学生对物流的认识并加深对物流的理解。学生可以自己去了解不同物流公司的企业文化，了解物流部门的运作流程，对不同的物流公司进行比较。由于涉及进入企业内部，所以一般是由教师带队，学生也可自行安排。调研实习既可以增加学生对物流工作的了解，也可以提高学生对物流学习的兴趣。

二、国内物流专业教学方式

（一）物流专业师资本科院校

对开设物流专业师资本科院校的调研情况，我们以广东技术师范学院为调研目标进行研究，该学校设有高教职教研究所，并建有"职业教育师范技能训练中心"，这个训练中心是广东省省级实验教学示范中心。广东技术师范学院于 2000 年被教育部、财政部及省教育厅选定为"全国职教师资培训重点建设基地"。该校的管理学院着重培养应用型和实用型高级管理人才和职教师资，以拓宽知识为基础、培养能力为中心，关注对学生人文素质、职业道德和实践创新能力的培养。

（1）物流课堂上对学生理论知识的讲授方式配合网络资源和多媒体资源使用。由于物流专业相关课程的操作性内容无法单纯依靠白描的方式进行简单介绍，教师在授课过程中，讲解基础理论知识、讲演操作流程，最终利用多媒体资源将企业实际的相关操作方式、相关机械设备、相关单据手续等展示给学生，使学生对基础的操作拥有形象的、直观的了解，加深对物流相关专业知识和相关技能的掌握程度。

（2）学校开展 ERP 沙盘教学。这是一种体验式的互动学习，它不同于一般的以理论和案例为主的管理课程，而是涉及整体战略、产品研发、设备投资改造、生产能力规划、物料需求计划、资金需求计划、市场与销售、财务经济指标分析、团队沟通与建设等多方面，企业结构和管理的操作全部展示在模拟沙盘上，每个学员都能直接参与模拟的企业运作，体验复杂、抽象的经营管理理论。在沙盘之上，企业的现金流量、产品库存、生产设备、人员实力、银行借贷等指标清晰直观。学生被分配在若干个相互竞争的模拟公司里，根据市场需求预测和竞争对手的动向，决定模拟公司的产品、市场、销售、融资、生产方面的长、中、短期策略。然后，一年一年"经营公司"，每一年末用会计报表结算经营结果，分析经营结果，制订改进方案，继续经营下一年。在课程结束时，学员们总结六年的经营过程，能够对所学的内容理解更透、记忆更深。生动的视觉感受有效地激发起学生的学习兴趣，提高学习效率。在这个课程中，学生必须根据对实际情况的把握做出众多的决策，如新产品的开发、生产设施的改造、新市场中销售潜能的开发等。每个独立的决策似乎容易做出，然而当它们综合在一起时，许多不同的选择方案自然产生。

（二）物流专业普通本科院校

对开设物流类专业的普通本科院校的调研情况，我们以广州工商学院为调研目标进行研究，该学校物流专业本科的教学注重基本理论、实践培训与科研能力三方面的培养，在教学任务中既关注学生的专业能力，也注重学生的科研能力，教师在授课过程中形成立体化的理论知识、实践能力、科研能力三方面的集成带动力。

在调研过程中我们发现，该校的教学方式注重知识传授型和引导学生自主学习，以教师为中心、以学生为主体，开展以问题为导向、以探索和研究为主导的教学，激发学生的求知欲、好奇心和学习兴趣，培养学生主动学习、自主学习与基本研究的能力，并且加强国际交流，培养掌握先进理论与技术、具有跨文化交流竞争能力的创新人才。该专业课程主要采用知识讲授、案例讨论、专题讨论、分组完成项目多种教学方式实施教学。

（1）强调"行动即学习""通过行动来学习"。把教师主导型的教学方式转变为学生主导型的教学方式，掌握职业技能、习得专业知识，以构建属于自己的经验和知识体系为目标，以师生及学生之间互动的合作行动为方式，营造以学生为主体、以学生为核心的教学环境。通过提问、交流，以启发式、讨论式的教学方式，增强师生之间教与学的互动性和学习中自我构建的行动过程整合后形成的行动能力，达到既能调动课堂学习气氛，又有利于促进学生主动接受信息、理解教学内容的效果，完成"授之以渔"的教学。

结合人才培养模式的改革及实训基地的建设，学校全面推行适应工学结合人才培养模式的现场教学方式、工作体验实战教学方式。现场教学方式，即对操作性较强的专业核心技能如商品的出入库管理、商品的保养、商品的码放知识等，安排到校内物流综合实验室或合作企业等生产现场来实施；工作体验方式，即对学生职业道德教育，职业素养及法律意识的培养，让学生在工作体验中提升其职业综合素养。教学地点安排为物流实习基地，组织学生在实训基地进行实战式教学、技能操作，如搬运、理货、拣选等。

（2）积极应用现代化教学方式。采取现代化的教学方式，如立体化的教学课件、形象化的教具、虚拟化的沙盘演练，形象生动地展示教学内容，提高学生积极性，促使学生主动参与课堂教学。

（三）物流专业高职院校

对开设物流类专业的高职院校的调研情况，我们以黑龙江农业工程职业学院为调研目标进行研究，物流管理专业是黑龙江农业工程职业学院 2003 年开设的专业，校内建有"物流信息化"实训室，装配"络捷斯特第三方物流信息系统"实训软件，用于学生的物流信息化岗位模拟实训。校内还建有仓储实训中心，建筑面积 400 平方米，配备一个多媒体教室、一个实训室、一个物流资料展示室，能够进行仓储和配送全过程的实训。

（1）黑龙江农业工程职业学院的物流专业教师在课堂上利用多媒体实施教学，使讲授式的教学方式的应用更加丰富精彩，提高学生学习的积极性。另外，对学生物流管理相关实际操作技能的训练，学校采用了实践活动式的教学方式，与五家企业联合展开长期稳定的校外实训基地建设，包括完达山哈尔滨乳品有限公司、哈尔滨神通物流东部基地有限公司、辽宁顺丰速运有限公司、远程快递集团哈尔滨分公司、上海佳吉快运物流有限公司，使学生校内进行基础理论课程学习后，在企业进行配送管理、农产品仓储管理及物流综合岗位实训等课程，形成岗前培训和就业实习双基地教学方式。教学方式运用如图 5.12 所示。

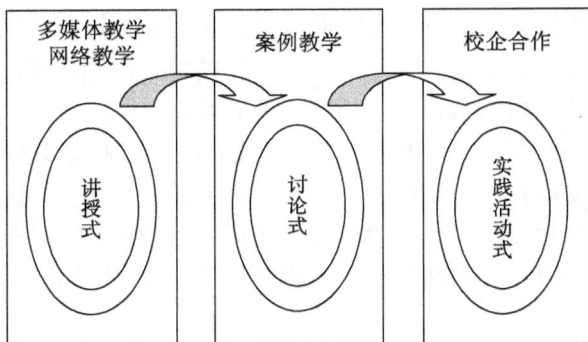

图 5.12　教学方式运用

（2）由于高等职业教育的办学方针规定一定要以就业为导向，所以在教学方式的使用上，该校将多数理论知识采用基础的讲授式教学铺垫后，再次融合到实际案例中，采用讨论式和实践活动式的教学方式调动学生的积极性，促进教学效果的提高。教学内容展开时，首先使用讲授式的教学方式对基础知识和相关技能做出直接的介绍，并运用多媒体教学和网络教学，使物流管理相关课程讲授方式增加了实物图片、视频资源、仿真软件等辅助性可视内容，使教师教的方式更加直观、顺畅，使学生理解程度大大提高，并增强了学生的感性认识。讨论式教学方式使用时，也应用多媒体教学和网络教学，使整个教学过程中实践的"可视性"程度大大增强。教学案例使用时，物流教学过程中的师生进行互动式讨论，学生将所学的知识与方法进行分组式的团队合作讨论，对案例所涉及内容进行深入分析，归纳总结案例的问题现状，提出可借鉴内容或相关问题的解决方案，最终对不同组方案的结果进行全体学生参与的总结和评价。

（四）物流专业中职院校

对开设物流类专业的中职院校的调研情况，我们以广州市商贸职业学校为调研目标进行研究。广州市商贸职业学校创办于 1964 年，目前，在校全日制学生 6 928 人，学校现有专职教师 150 人，其中高级讲师 69 人，师资力量在省内中职学校中名列前茅，是广州市教育局直属国家级重点中等职业学校。

广州市商贸职业学校开办物流相关专业已经有 50 多年的历史：1964 年，开办仓储专业；1989 年，开办全市储运管理班；2000 年至今，开办现代物流专业。2005 年该学校物流专业被列为广东省中等职业学校重点专业。2007 年正值物流业高速发展，学校为应对国家对物流技术技能型人才的需求，对本校物流专业进行改革，创造性地提出了"物流专业 PIPA 模式"[①]，该政策在 2009 年 9 月进入全面实施阶段，经过实践，已经证实成效显著，对于物流专业来说具有很大的推广应用价值。

广州市商贸职业学校根据中职学生的职业发展规律，在一年级进行基础知识的学习和基本职业素养的训练；二年级分两个就业方向和两个特色项目进行专业知识学习和项目技

---

① PIPA，即过程（program）、仿真（imitation）、实践（practice）和任务（assignment）。

能训练；三年级顶岗实习阶段，学生可根据自己的职业能力倾向和兴趣选择对应的岗位实践，提升综合职业能力。教学方式上基于 PIPA 模式整体内涵，开展全方位的校企合作：学校引入"天猫好物流""校园配送中心"等企业实战项目，与京东商城开办"京东订单班"，与环众物流咨询有限公司等共建现代物流实训中心；校企共同开发课程，共同实施人才培养方案，促进校企合作深度融合。学校与企业深度合作，共同开发适合学生的课程内容，实现课程与岗位对接，课程、内容与工作任务对接的"大平台、活方向"一体化课程体系，让学生进行岗位作业实践活动，实现"做中学""学中做"。

第四节　企业教育教学方式

一、国外企业教育

（一）UPS-联合包裹速递服务公司

UPS（United Parcel Service）于 1907 年成立于美国华盛顿州西雅图，是世界上最大的快递承运商与包裹递送公司，同时也是运输、物流、资本与电子商务服务的领导性的提供者。UPS 每天都在世界上 200 多个国家和地域管理着物流、资金流与信息流。2015 年 UPS 市值达到了 935 亿美元，每日包裹业务运送量达 1 600 万件，每日服务客户数达 790 万人次。

从 1993 年开始，UPS 推出了以全球物流（world wide logistics，WWL）为名的供应链管理服务，并于 1995 年正式成立 UPS 物流集团，来统领全公司的物流服务。目前，物流已经成为 UPS 发展最快的部门。为了应对复杂的工作环境，UPS 将人才战略定位为雇用有潜力的员工，然后通过培训、工作发展提高他们的能力。

1. 完善的内部晋升制度

UPS 的管理手册中包含了企业文化中最基本的价值观和原则，文中指出："管理团队最重要的职责是培养员工，通过辅导和咨询培养员工所有的工作职责；同时也希望员工能够自发通过内外部的培训计划、课程以及其他资源充实自己；公司内部鼓励通过工作委派来提高员工技能、丰富工作经验。"

当然，员工的晋升通道不只是垂直的，UPS 也会通过横向的工作轮换来帮助管理人员更好地理解业务发展、理解客户，并同时发展自我。很多 UPS 员工会说，他们在公司获得的不止是职位，而更多的是个人以及专业的成长。

2. 通过改革培养未来的管理者

2009 年，UPS 进行了培训改革，具体包括重新设计企业学校，改革大量传统教学为主的课堂活动，等等。首先，UPS 改革了学习策略，把之前个体化的学习策略纳入组织学习框架设计中，使它适合全公司或单个业务单元，并融入整体的公司策略中。其次，UPS 还利用在职培训、教练和正式与非正式的引导促进学习。

关于领导力发展，UPS 有九个指标，同时根据这九个指标设计了相关的管理者学习培养计划。每次培训都有针对目标、发展计划的清晰定义，此外，UPS 有专门的领导能力评估小组，每年都会对所有的全职管理者职位做发展和绩效评估，在内部，他们称之为"质量考评"。这种方法是一个以自我为导向的过程，每个人可以根据自己的能力差距、职业生涯规划选择课程，并做全面改善。领导者创建了个性化的发展计划，并可以从中选择基于个人能力评估的不同解决方案，学习贯穿个体的职业生涯，企业的目标是确保领导团队的成员有新的、相关的、更合适的机会帮他们达到个人和企业的绩效目标。

UPS 还提供针对具体业务过程和管理水平的 workshops（专题讨论会）和模拟。例如，执行管理者的战略领导会议（self leader course，SLC）是最新增加的领导力发展培训。

SLC 是使用领导力模型完成战略投资的一个典型例子，它在发展管理者的关键能力和提供有针对性的发展方面非常有效。通过它我们还可以进一步确定高潜力员工，并发展他们的接任者。

3. 谨慎的继任者培养计划

UPS 继任者培养计划的第一步是通过客观数据确定候选人，从高级领导人的评估结果开始，最初的发展框架基于以下四个部分。

（1）公开评选方案，规范个人的发展计划。

（2）内部实习计划。

（3）执行教练辅助新晋升的主管或高级管理人员轮岗到一个新的角色。

（4）提供策略指导，包括与一个项目的工作团队一起工作并提出建议。

4. 建立全球学习网络

UPS 设有专门的学习支持网络，叫全球学习网络（global location number，GLN），这个网络设有一些专业的学习工作者，他们负责确保企业不同地域和业务单元的人能够相互合作，在学习的沟通中，这一点对于组织来说是非常重要的。GLN 同样也促进了 UPS 大学的实施与推进，它系统地解决了领导能力评估和制订相应培训计划的问题，采用这种个性化和定制的方法，UPS 能够为正确的人在正确的时间和职业生涯中提供正确的培训。

（二）联邦快递

联邦快递（FedEx）是一家国际性速递集团，提供隔夜快递、地面快递、重型货物运送、文件复印及物流服务，总部设于美国田纳西州，隶属于美国联邦快递集团（FedEx Corp）。2014 年 12 月 16 日，美国联邦快递公司同意收购逆向物流公司 Genco。这表示联邦快递在向电子商务领域大举进军。2017 年 6 月 6 日，《2017 年 BrandZ 最具价值全球品牌 100 强》公布，联邦快递名列第 51 位，6 月 7 日发布的 2017 年《财富》美国 500 强排行榜中，排名第 58。

联邦快递非常重视员工的个人发展，为此公司建立了一整套"培训—选拔—角色转换"机制。

1. 入职培训

帮助员工了解联邦快递的结构、政策，尤其是公司的 PSP 哲学，即员工（people）、服务（service）、利润（profit）。递送员培训时间不少于 40 小时，一线员工需进行为期六周的计划性的集中的新雇员技巧培训。

2. 操作培训

由高级经理负责的在职培训与辅导，包含各种软性技能的培训，旨在帮助员工提高与客户沟通的效率和能力。

3. 管理培训生

金子计划（GOLD）包括成长（growth）、机会（opportunity）、领导力发展计划（leadership）和发展（development），提供给员工更多机会加入管理层。

4. 管理培训

其包括强制集中的管理技能培训、操作站操作管理培训、口岸操作管理培训、应用性个人技能管理培训、领导力培训。

5. 经理培训计划

推选出高管理潜质的经理人计划，在 15 个月内到公司不同的部门轮岗并完成项目，了解公司业务、开拓视野、拓展和掌握各领域知识与管理方法。

6. 海外培训

增强员工在全球网络下工作的能力，了解各分公司的本土特点与经验，开拓员工的全球化视野。

7. 在线培训

通过公司内部专有的互联网（联邦快递电视网络，FXTV）提供网络的互动培训，接触 500 多门课程如制订战略计划、变革管理、满意度与价值观、项目管理、标杆基准建立等。

公司还建立了工作联络指导员制度，协助新员工融入团队。对新进职员，联邦快递除了委派人力资源部的同事向新员工介绍公司具体工作情况外，还针对新老员工不兼容的问题，以"以老带新"的形式为新员工安排工作联络指导员，将企业的规则制度有序传承。

二、国内企业教育

（一）TNT 中国

TNT 快递集团是世界顶级的快递与物流公司，成立于 1946 年，公司总部设在荷兰的阿姆斯特丹。TNT 在世界 60 多个国家雇有超过 163 000 名员工，为超过 200 多个国家及地区的客户提供邮运、快递和物流服务。其业务网络联接着近 2 400 个转运中心及站点，拥有超过 30 000 部车辆及 50 架飞机，每周运送 360 万件货物，竭诚为客户提供综合商业物流方案。TNT 连续三年在道琼斯可持续发展指数（The Dow Jones Sustainability Indexes，DJSI）评估的千余家上市公司中位列榜首，并多次荣获"工业产品和服务"领域"超级行业领袖"美誉。

TNT 快递于 1988 年进入中国市场，TNT 与（上海汽车集团股份有限公司，简称上汽）合资成立的上海安吉天地物流有限公司是中国最大的汽车物流企业。TNT 进入中国至今，TNT 中国不断致力在物流和快件等方面提供一应俱全的产品和服务，矢志让业务长足发展。其服务已覆盖中国的 200 多个城市，网点超过 2 000 个。

关于员工的企业教育，TNT 中国的主要培养战略是"投资于人"，首先要制定 TNT 集团的整体业务战略，其次再将其一步步分解到 TNT 中国的战略目标、每个部门的目标以及个人的目标，目标设定完成后便相继进入实施阶段、考评回顾阶段，找出需要改进的领域，然后再次进入新的循环。

1. 管理培训生计划

关于公司录取的管理培训生，公司会先对其进行为期 18 个月的培训，安排在不同的部门进行轮岗。轮岗结束后，根据各自表现员工将被安排到各自适合的管理岗位。整个培训过程理论教学、项目观摩和实践相结合，并安排"师傅"（mentor）给予辅导，最高管理层也会对他们进行相关的培训。

2. 帮助新人融入企业

对新入职员工，公司每季度会组织一次入职培训，主要目的是加强新员工对公司业务的了解，新员工要对公司的业务运作部门，如操作口岸、分公司、汽车物流仓库等进行参观，同时还会让员工跟随快递车体验递送快件的整个过程。

3. 进入 TNT 大学进行全面系统的培训

定期组织员工进入 TNT 大学进行学习，课程涉及物流、财务、管理等方面，主要针对快递、物流和直复营销三大业务部门的员工而设计，并且根据员工的不同要求制订了详细的培训计划。这些课程中有一些是中国本土的知识，如清关、报关等，还有一些是全球统一的知识，包括网络运营最优化方面的技术、呼叫中心技术等。实战部分的培训主要由TNT 提供师资，专业理论方面的培训则多由安泰管理学院的教授负责。

4. 高级人才培养

本土的高级管理人才被派往 TNT 英国，接受为期 6 个月的全方位专业培训，他们被安排到各种项目组中进行轮岗，接受各方面的专业指导。该培训分为三个方面，即领导力培训、职能性培训及操作性培训。

除了实际工作的锻炼，TNT 还在员工职业生涯发展中间穿插各种专业培训，如"TNT（中国）全国物流经理资格证书学习班""海外培训项目""跨国员工交流和实践"等计划。"在 TNT，每位员工都会有系统的发展计划，一个非常普通的操作人员也可以晋升到高级管理层。"

（二）嘉里大通物流有限公司

嘉里大通物流有限公司成立于 1985 年，公司拥有近 7 300 名中外员工，为客户提供"一站式"的综合物流服务，包括空运进出口、海运进出口、国际和国内快递、国内物流、展览、关务、仓储、保税和包装服务等。嘉里大通公司在中国内地及中国香港特别行政区设立了 140 多家分公司和办事处，服务覆盖国内 1 600 多个城市。同时在 9 个城市设立了嘉里大通国外子公司，并与 200 多个国家和地区的同行建立了国外代理服务网络。

在中国国际货运代理协会举办的"首届中国国际货代百强评选活动"中，嘉里大通公司分别名列海运业务、空运业务、综合实力第十、第四和第八名，其正逐步发展成为大型专业化国际物流企业。

嘉里大通认为现代物流人才划分为"专才"和"通才"两种类型，公司的培训体系中，有多种方式培养"专才"和"通才"。

1. 管理培训生制度

关于被选中的应届毕业生，公司根据培训计划安排这些刚刚走出校门的员工轮流在各个部门体验为期三个月的实习课程，然后根据每人的特长和优势，经过双向选择，开始在特定岗位上的"专才"培训。

2. "专才"培训制度

鼓励员工做内部的讲师，使员工取得的经验和知识得以传承。成为内部讲师的员工还有机会通过讲课提高自己并得到公司的各种奖励和鼓励。通过这样的课程，提高内部讲师的授课技巧，让他们的培训发挥更大的效果和作用，在公司培训体系中产生培养"专才"的良性循环。

3. "通才"培训制度

以公司的跨国业务网络为平台，把国内的优秀专业人才派往公司在世界各地的分支机构接受培训。

第五节　物流专业教学方式建议

一、物流专业教学方式比较结果分析

与国内高校物流专业相比，发达国家高校物流专业在办学形式上，具有灵活多样性和严格的科学管理的特点，其强调的是社会需求和学生在专业学习过程中的主体作用，物流专业课程可以长短不一，随时招收不同程度的学生并按自己的情况决定教学方式和时间安排，如全日制或半日制、个人或小组学习、听课或自学等，毕业时间也不一致，易做到小批量、多品种、高质量。

国外高校在教学方式的选择上，突破了传统的以学科为系统的培训教学方式，建立了以物流职业岗位需求为体系的培训新方式，使课程更加贴近物流作业、贴近实际，有助于提高物流专业学生的学习效率，有利于学生在学习动机最强烈的时候，选修最感兴趣和最为需要的物流课程内容或其他内容。学习兴趣越浓，学习的效果就越好，就越有利于保持学习热情，物流教学中的每个模块都比较短小，又有明确的学习目标，有助于学生看到成功的希望，并在较短的时间内为获得成功而满怀热情地奋斗。国外高校物流专业教学方式具有开放性和适应性，从而保证了教学内容总体上的时代性和先进性，并且具有评估反馈系统，对社会、企业的要求有快速反应的能力。

国外高校物流专业的相关理论知识和各种物流设施、实验室等已经健全，物流专业的教学方式与课程内容、教学目标紧密结合，教学方式多样且发展成熟。物流专业的师资团队建设完善，发达国家对物流从业教师的要求都极其严格，要求教师队伍必须是"双师型"团队，教师高水平的知识技能，对不同的教学方式的使用也更加得心应手。在培养学生操作技能上，教师更多地选择实践式教学方式与校企合作式教学方式，培养学生成为高素质的应用型物流人才。

与高校物流教育相比，大型物流企业构建完整的物流人才培养体系，针对不同的个体、不同的岗位制定具体的、明确的人才培养目标。企业的最高层以身作则，定期开展各种形式的培训、学习、交流会。很多物流公司为了营造学习氛围，每季度会给中高层指定一本物流学习教材，然后在特定的场合上，做一些读书报告交流，这就是一种很好的学习氛围营造的方式。很多物流公司规定每周安排一个物流任务学习与分享环节，让团队内成员互相分享与交流，这也是一种很好的学习方式。

物流企业将人才视为企业的生命，企业对物流人才的培养主要是复合人才的培养。企业为不同程度、不同职位的员工提供不同程度的培训，为员工营造一个学习型的环境，在员工教育上舍得投资，保证员工与企业同步发展。

二、物流专业教学方式建议

通过借鉴国外高校教育和企业教育，我们在教学方式上给予我国中职院校物流专业一定的建议，致力于提高我国中职院校物流专业的教学水平，缩短与国外教育的差距，帮助物流专业学生在毕业时与企业接轨，成为真正的应用型技术人才。

1. 教学方式的选择应注重实践性和应用性

中职院校的培养目标是技能型人才以及高素质的劳动者，因此物流专业的教学方式与教学内容就必须与实际相结合，注重物流学科的实践性和应用性，才能提高学生学习物流的兴趣，从而增强学生对物流这门学科的学习热情。物流专业开设的课程除了"心理健康教育""高等数学""大学英语"等文化基础课程以外，专业课程包括"物流商品养护技术""物流配送实务""分拣技术""叉车操作培训""仓库单据流转演示"等实践性非常强的课程，物流学科作为中职院校的应用型学科，与学生的素质教育学科如高数、思修课等基础学科相比，学习内容并不深奥，但因为应用性、实践性较强，且相关课程设置较多，在整个教学活动中物流专业课程所占的比重也较大，这就要求物流教师对物流专业教材的内容必须掌握清晰，采取具有应用性的教学方式。培养学生面对问题的分析能力、应对能力、动手操作能力是物流教学的最终目标。

2. 借鉴企业的教学方式

对于物流专业的中职学生来说，在企业进行企业教育是获得技能的最好方式，因为在对学生的定位上，学校与企业就存在本质上的不同。学校对待学生的态度是教书育人，十年育树、百年育人，在学校教育最多的是做人的道理和理论知识；对于企业来说，学生作为后备人才，是企业最宝贵的资产，企业教育全部是与企业业务有关的内容，以最小的投入获得最大的报酬。所以借鉴企业教育的理念、方法等可以帮助教师根据企业对人才的要求来选择合适的教学方式，最大限度地提升学生的能力。

1）借鉴企业教学的理念

美国一流的企业家都坚信人才是成功之本，美国企业在企业教育上的投资比美国政府对普通高等教育的全部财政拨款还多。企业教育的特色，或者说它不同于普通学校教育的地方，就在于它和企业的实践紧密相连，贯穿于企业生产、经营的全过程。企业教育不只是在企业里办学校，企业的教育管理部门也不只是管自己所办的学校。美国通用电气公司（General Electric Company，简称 GE 公司）经多年研究得出结论，员工能力的提高，80%来自实践，20%来自课堂。他们将在岗培训放在企业教育工作的第一位。企业在对员工进行培训时，应以员工的个人意志为主鼓励员工学习。教师借鉴企业教学的理念，在实践教学方面，除了要夯实学生的实践能力，还要关注个体发展，更好地挖掘学生的兴趣及专长，这就要求教师在选择教学方式时要以学生的意志为导向，不能主观地选择自己认为合适的教学方式。

2）借鉴企业的教学方式

企业教育的核心使命是建立学习型企业。"学习型企业"强调的不单单是个体的学习，还有组织学习。美国壳牌石油公司总裁卡洛亲自建立学习型组织，通过共同学习，克服环境巨变带来的困难。

教师在教学过程中应注重组织教学，对于物流专业的中职学生来说，在行业企业实践才是掌握实操技能的最好方式，而现实是绝大多数情况下企业实践仅仅提供给毕业班的学生，在校生很少有较充分的企业实践机会。因此，教师在物流具体的操作课程中，可以采取小组合作的形式，为学生创设一定的物流情境，物流情境可以是一些经典的物流案例，也可以是典型的物流视频等；同时提出小组合作探究的目标，引导学生开始探究；探究完成后，每组选出一位小组代表，阐述本小组的探究结果，同时对每一小组的探究结果给予点评，教师在学生合作学习中应是组织者、引导者、参与者。

3. 传统教学方式与现代教学方式相结合

现代教学手段十分丰富，传统教学方式的"言传身教"是现代教学过程中不可缺少的一个过程，因此在教学方式的使用上，教师可以现代教学方式结合传统教学方式，将现代技术、课件制作、课堂演示与传统教学相结合，提高课堂的教学效果。

传统的课堂表现在师生之间、学生之间沟通无障碍，物流教师应当在运用现代技术手段辅助教学的同时，通过讲授和引导，营造课堂气氛。通过传统的讲授板书，促使学生与教师之间进行沟通，学生相互之间讨论，形成一个授课形式丰富、课堂气氛活跃、师生沟通热烈的课堂环境。

现代教学方式越来越被人们重视，许多课堂都被要求运用多媒体等技术开展教学工作，因此出现了一些走形式、重展示的情况。教师应当将粉笔与计算机同样视为教学过程中的工具，按照实际需要加以运用，以学生能学会易学会为目标，正确认识现代教学技术的作用，才能根治这样的现象，课堂才能真正将现代技术合理利用，才能实现传统教学方式与现代教学方式的有机结合。

作为中职院校物流专业的教师，采取的种种形式的教学方式都只是为了增强学生积极参与的热情，帮助学生牢固地掌握所学习的知识和技能，且可以做到真正还课堂于学生，让学生成为课堂的主人，实现"授人鱼"与"授人渔"的双重效果。

第六章

物流专业教学方法国内外比较

第一节　物流专业教学方法概述

一、物流专业教学方法的概念

物流专业教学方法是物流专业教师和学生为了实现共同的教学目标，完成共同的教学任务而开展的某种具体的教学方法，从属于教学方法论，是教学方法论的一个层面。教学方法论由教学方法指导思想、基本方法、具体方法、教学方式四个层面组成。物流专业教学方法包括教师教的方法（教授方法）和学生学的方法（学习方法）两大方面，是教授方法与学习方法的统一，物流教学方法即在教授与学习物流相关内容或课程的过程中所运用的方式与手段的总称。

二、物流专业教学方法的原则

1. 整体性原则

物流专业教学既包括专业性内容，也包括专业以外的内容，如社会、伦理和政治教育，是理论和实践的统一。整体性的学习不但包括认知和技能方面的学习，而且包括心理和社会方面的学习，具体可分为四种形式。

（1）物流专业的学习：通过学习掌握物流专业知识和技能，形成专业能力。

（2）解决问题的学习：通过学习基本物流方法和物流技术，形成方法能力。

（3）社会和交流式学习：通过掌握基本的合作和交流技能，形成社会能力。

（4）情感和伦理的学习：通过深入反思和认识自己以及参加社会和政治活动，形成情商。

整体性的物流教学与促进现代职业教育的个性发展密不可分，其目的是促进学生独立意识、独立决策能力和独立责任心的发展。整体性的教学是一个使学生独立解决问题并对未来产生影响的个性化学习的过程，学习的计划应当由学生在教师的指导下自行制订，只有这样。

2. 自主性原则

现代职业教育很大程度上是自我管理式的学习。在物流专业教师创造出的能发挥主动性的学习环境和资源条件下，学生根据自己物流专业的需要，设定学习目标，确定学习需要的资源，选择学习方式并评价自己的学习结果，而教师的职责在于帮助学生更好地控制学习活动。自我管理式学习是一种"我要学"和"我想这样学"的场景，其特征表现在以下几个方面。

（1）物流专业学生按照自己的需要选择学习进度、时间和地点。

（2）以现实生活和工作环境为基础，物流专业学生从自己的老师、同学甚至是竞争伙伴处获得所需的知识和技能。

（3）课程设置灵活，根据需要选择学习内容，不必重复已经掌握的内容，可随时利用评价标准评价自己的学习成果。

（4）学生对自己的学习负责，成为学习的主体。

3. 行动导向性原则

教学目标的多样化发展和难度的加大，要求在物流专业教学中不仅要传授单科的知识和单项技能，而更加注重解决综合问题能力的培养。这样，单纯的知识传授和技能练习方法变得力不从心，而行动导向成为现代职业教育教学方法的必然选择。在行动导向理论指导下，物流专业教学一般采用跨学科的综合课程模式，不重视知识的系统性，强调"案例"和"发现"以及自主学习，物流专业教师的任务是给学生提供咨询帮助并与其一道对学习过程和结果进行评估。由于职业行动能力中的方法和社会能力只能在"人工"学习情境中获得，因此，将工作劳动与学习结合起来，在现代职业教育学中具有重要的意义。

4. 非智力性原则

为了适应"个别化教学"和"个性化教学"的发展趋势，必然要求物流专业教学方法不仅要重视学生的智力因素，而且更要重视学生的非智力因素。非智力因素对一个人的成功具有重大的意义，这已在教育理论界达成共识。在当代教学方法改革中，人们正在摸索与创造发展将非智力因素的方法应用到物流教学当中，如愉快教学法、启发探究教学法、个别教学法、暗示教学法及和谐教学法等。

5. 双边性原则

现代职业教育课程具有综合化、微型化、时代化及个性化等特点。因此物流专业教学方法注重教师与学生合作。例如，项目教学法是在物流专业教师的指导下，学生自行完成工作任务的一种教学方法。显然，该法的教学过程是教师和学生的双边活动，两者互为依存，它一方面强调了教师的主导作用，另一方面又重视学生的主体地位。

6. 综合性原则

物流专业教育教学的目的任务是多方面的，物流教学过程是由许多教学环节组成的，既不能用一种教学方法完成多方面的教学任务，也不能在教学过程中自始至终都用一种物流教学方法。要实现某一方面的教学任务，就要选择与之相适应的教学方法，教学进行到某一环节就要运用适应该环节的物流教学方法。

三、物流专业教学方法的类型

1. 理论教学方法

1）讲授式教学法

讲授式教学法是指物流专业教师主要运用语言方式，系统地向学生传授专业知识、传播思想观念，从而达到发展学生思维能力、开发学生智力目的的一种教学模式。课堂讲授教学方法的具体实施形式主要有讲解教学方法、讨论教学方法和讲演教学方法等。

2）案例教学法

所谓案例教学法是指在理论教学的过程中以实际的、具体的物流相关案例作为研究对象，结合理论知识组织教学的方法。实践证明，案例教学法是一种启发学生研究实际问题，注重学生智力开发及能力培养的现代物流教学方法。在物流教学的过程中，选用当前先进的物流运作管理和贴近生活的案例。例如，介绍配送中心的运作时可以选取美国的沃尔玛、法国的家乐福和日本的 7-11 连锁企业为研究对象。再对案例进行深入的剖析和引导，然后与学生进行互动，并启发学生的思维，激发学生学习的兴趣，增强学生的创新意识，使学生真正地理解配送、配送中心的价值以及集中配送的优势。在应用案例教学法进行教学的过程中选取简单的能说明问题又具有典型意义的案例是案例教学法成功的基础。

3）项目教学法

师生通过共同实施一个完整的项目而进行教学的方法，是当今国际教育界十分流行的一种教学法。具体做法为由学校和企业共同组成项目小组，深入企业实际，学生在解决企业存在的问题同时学习和应用知识，在实践的第一线提升学生的综合能力，开拓"理论—实践—理论"的新模式。项目教学法的步骤包括明确项目任务、制订项目计划、实施项目计划、检查评估、归档和应用。其中，关键是设计和制定一个合理的项目。

科学地选用案例教学法、项目教学法，有利于学生综合素质的提高，这对学生未来的就业有着很重要的影响，但是也必须看到案例教学法、项目教学法只是现代教学方法中理论教学方法中的两种，要优化课堂教学方法，并不是简单地以一种教法替代另一种教法，而应是多种教法的综合运用，必须随着教学目标、教学内容和学生情况的不同而有所差异，只有这样，才能真正提高理论教学质量。

4）头脑风暴法

头脑风暴法（brain storming）也称智力激励法，是现代创造学奠基人奥斯本（Alex Osborn）在 1941 年提出的，是一种行之有效的、在短时间之内能够极大提高创造能力的思维方法，是各种创造技法当中的常青树。

头脑风暴法其实是教师引导学生就某一课题而自由地发表意见，在发表意见的时候，教师不对其正确性进行任何评价。它是一种能在最短时间里，获取最多思想观点的教育方法。头脑风暴法的中心是针对各种问题，以小型会议的组织形式，让所有与会者在畅所欲言、自由愉快的氛围中，交换想法，并以此激发其创意以及灵感，产生脑海的创造性"风暴"，最终实现解决问题的目的。

在职业教育教学实践中，物流专业教师和学生可通过头脑风暴法，探讨、收集解决实际问题的意见及建议（又称建议集合）。通过集体讨论，集思广益，促使学生对某一课题产生自己的意见和建议，利用同学之间的相互激励引起连锁反应，从而获取大量的构想，经过组合以及改进，以达到创造性地解决问题的目的。

5）角色扮演法

角色扮演（role playing）是一种情景模拟活动。所谓情景模拟是指以被试者可能担任的职务，编制出一套依照该职务实际工作内容的测试项目，安排被试者在模拟的、逼真的工作环境中，要求其处理可能出现的各种问题，同时用多种方法来测评其心理素质、潜在能力的一系列方法。而角色扮演法是情景模拟活动中应用得非常广泛的一种方法，其测评主要针对的是被试者明显的行为及实际的操作，还包括两个以上的人之间影响产生的作用。

所以角色扮演法一方面是要求学生扮演一个特定的管理角色，从而观察他们的不同表现，了解其心理素质和潜在能力的一种测评方法；另一反面又是根据情景模拟，要求其扮演指定行为角色，并对行为表现进行评定和反馈，以此来帮助其发展和提高行为技能最有效的一种培训方法。

6）引导文教学法

引导文教学法产生于 20 世纪 70 年代，主要由一些大型工业公司，如福特、戴姆勒-奔驰、西门子等企业所创造。引导文教学法是指借助一种专门的教学文件（即引导文），引导学生独立学习与工作的一种教学方法。教学文件中包括一系列难度不等的引导问题。通过对引导文的阅读，学生可以明确学习目标，清楚地了解应完成的工作、习得的知识以及掌握的技能。在引导文的引导之下，学生必须积极主动地查阅资料，获得有意义信息，解答引导问题、制订工作计划、实施工作计划、评估工作计划，以避免传统教学方法理论和实践脱节、难以激发学生学习兴趣的弊端。

引导文教学往往是以小组学习的形式进行的，也就是根据学习项目的具体情况，把学生按一定人数分为若干小组，以小组作为单位完成教学任务。一般将学习能力不同的学生安排在一组，以便相互促进，相互交流，共同提高。

2. 实践教学方法

1）"岗位-任务"教学法

"岗位-任务"教学法是根据北美国家职业教育中流行的 CBE（competency-based education，即能力本位教育）理论及 CD（curriculum development，即课程开发）方法整合而成的一种实践教学方法，该方法的具体步骤如下。

第一，岗位分析。即将物流管理的岗位能力分解成几个技能，每项技能还可以进一步分成更具体的操作单元。任务分解的过程中需要说明各项技能的具体内容和要求，明确学生应当掌握的能力。

第二，确定教材和影像资料。教材最好能结合学校的培养目标重新开发。

第三，实际教学。在教学的过程中要贯彻学生是主体的原则，教师只是起到指导者和组织者的作用。具体过程如图 6.1 所示。

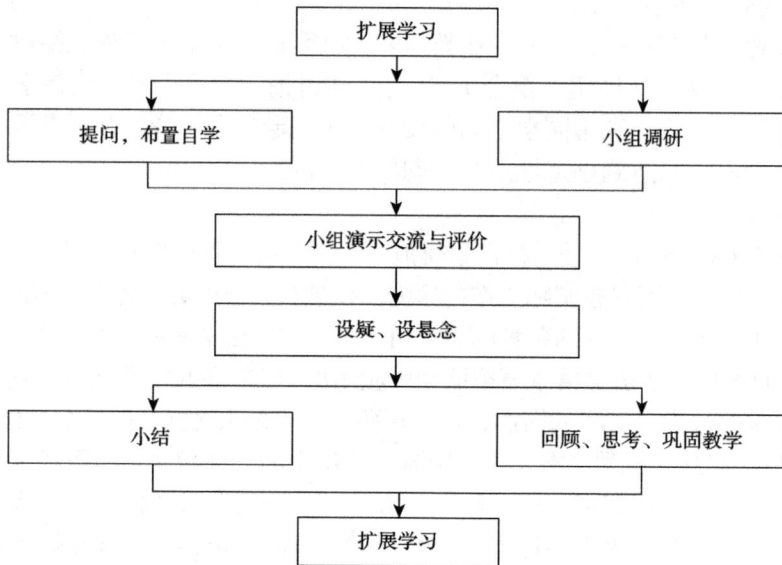

图 6.1　"岗位–任务"教学法过程图

实践证明，这种教学方法能使学生在较短的时间内具备某种岗位所需的技能。

2）模拟教学法

所谓模拟教学法，是指按照时间发展的顺序，在模型的辅助之下，按照事情发展的逻辑顺序及其依存关系和相互作用来复制事件或流程（过程）。即通过采用仿真模型（模拟器）以取代真实情况（原型），这些原型被有目的地简化，并且按照时间发展顺序，塑造出原型的基本特征以及功能关系。

模拟教学之中使用的模拟器有两种类型。一种是真实物质的功能模型，可以是同原型一致的模型（如按 1∶1 比例的飞机模拟器、汽车驾驶模拟器等），或是缩小版的模型（如铁轨模型、机器人模型等）；另一种就是抽象的功能模型，包括纸/铅笔模型（paper-pencil-model）以及软件模型（如表格计算、控制程序的监测系统、模块导向的物流模拟器）等。利用模拟器，一方面可以让时间连续或分阶段步骤进行，另一方面可以根据实时速度，加快（抓快）或者变慢（采用慢镜头）事件或者流程的进行。可以由学生独立手动（逐步进行）控制或由模拟器自动（按照输入的数据）控制时间。

使用模拟教学法进行教学，学生在面对一个贴近实际情况、动态变化的问题，能够掌握并且训练相关技能，尝试自主应用知识，并做出最终决策，解决各种问题。这可以让学生在时间压力下进行工作，搜集资料并且有目标地进行实验，以使单个学生或学生小组从中获取独立处理学习中所遇到问题的能力。

在模拟教学法的具体操作过程当中，教师需要预先确定学习目标以及学习领域、问题的情境、知识目标和学习用品（模拟器），而学生则需要弄懂并且独立计划解决问题的途径，使用模拟器（作为辅助设备）的方法等，并且独立完成观察和监测模拟运行，对模拟结果进行收集、评估并存档，修改仿真模型、相关参数以及重复进行模型试验和对所获得的知识进行反思等工作。在模拟教学的过程当中，教师主要扮演咨询者及支持者的角色。

物流专业的模拟教学法可以通过让学生在角色扮演、情景模拟和仿真软件操作训练等体验中获得物流知识，掌握物流流程和操作技巧。其具体形式主要有：①沙盘模拟；②计算机软件业务流程仿真训练；③作业情境模拟实训；④企业业务流程模拟实训。例如，建立国际贸易流程模拟实验室，学生通过在模拟实验室的学习可以真正地掌握国际贸易的单证和业务流程，物流业务流程模拟实训让学生更进一步掌握企业和第三方物流企业之间的物流业务流程。

3）考察教学法

考察教学法是一种由教师和学生共同计划，由学生独立实施的一种"贴近现实"的教学方法，这种教学法的核心在于学生独立搜集和整理不同来源的信息。考察教学法有助于培养学生走近现实，在独立自主的学习过程中认识、理解现实的能力。这一教学方法有以下三个方面的特征：第一，现实性。让学生置身于真实的场景、实际的状况之中，而这种教学形式是无法在学校以及培训场中展开的。第二，互动性。在进行现场考察的过程中，通过学生、教师以及现场人员的沟通与交流，从而达到较好的教学效果。第三，计划性。每次考察教学活动都不是随机进行的，而是要有详细周密的考察计划。

4）游戏教学法

所谓游戏教学法，就是结合教材中的内容，运用游戏的手段（如游戏产品、开发游戏课等），从学生的兴趣爱好出发，将所要学习的知识点转换成游戏，通过游戏的感性活动，引导学生从游戏中掌握知识。在物流专业课堂教学过程中适当加入主题与授课内容相关的游戏能极大地调动学员学习的积极性和主动性，是一种形式活泼而高效的知识传播方式。

5）发现教学法

发现教学法也称假设法和探究法，是指教师在学生学习概念和原理时，不是将学习的内容直接提供给学生，而是向学生提供一种问题情境，只是给学生一些事实（例）和问题，让学生积极思考，独立探究，自行发现并掌握相应的原理和结论的一种方法。在物流专业课堂中运用发现教学法进行教学时，首先要把教材划分为一个个的发现过程，制定出具体要求。教学关键在于恰当地确定学生独立探究、力所能及的"最近发展区"。只有教师给学生创设的问题情境最符合学生实际水平，只要跳一跳就能达到"最近发展区"时，学生的探索和智力才能得到发展。

第二节　物流专业教学方法现状及问题分析

一、物流专业教学方法现状分析

（一）教学方法国外调研分析

德国物流教育强调学生是学习的主体，教师是学习活动的组织与协调者，在教学过程中起主导作用。德国物流教育的教学方法中教师的作用由知识、技能的灌输者转变为学生学习的引导者和咨询者，关注点不在于教师教了多少，而是学生学了多少。教师充当的是在学习圈外的学习伴随者和观察者，学生在学习圈内充当学习的行动者。总之，职业行动导向教学的关键就在于，教师要求学生通过实施某项行动掌握学习的知识、技能与职业能力，并提高学生思考问题的能力与参与度。

日本物流专业的教学和研究，是从社会实际需要出发的，人才也是从社会实践中培养和锻炼出来的。在课堂教学中，日本物流专业教学经常采用"案例"教学法。"案例"教学法是教师根据企业的现实资料，编写案例，并指定参考书刊，引导学生学习讨论、分析问题、提出解决意见的一种教学方法。其还采用"习明纳尔"方法，"习明纳尔"是由教师出题，学生事前进行准备，然后在教师的辅导下集中讨论的一种教学方法。在教学形式上，根据各种课程的不同内容和不同要求，相应地采取课堂教学与现场教学、定点教学与巡回讲学，以及电视、录像等不同形式。

澳大利亚职业教育的课堂教学主要以学生为主、教师为辅，最大特色就是为学生服务。首先，教师非常关注培训对象，上课前要仔细研究培训对象的实际情况。他们要依据学生的层次和职业培训目标制订出适合的培养方案，并确定采用哪一种教学方式，注重因材施教。其次，在课程素材的准备方面，教师依据教学资料的要求来整理和选择课程内容，不贪多而求适合适当。教师在备课过程中要准备大量的训练素材提供给学生做。在物流专业教师上课的过程中，就有很多这样的练习要学生完成。教师提供的教学辅助材料中，既有仅供阅读的，也有课堂即时练习用的，资料大多使用散装活页形式，教师根据讲课过程中涉及的能力知识点，将相应训练内容发给学生。学生做完后，可以随时装订起来。这种化整为零的方式正是根据能力单元来设计的，而不是传授学科体系知识。课堂教学讲练结合，互动充分，课堂气氛轻松而活跃。学生可以随时与教师讨论问题，充分体现以"学"为主的过程。学生完成老师设计的训练内容同时也是学生平常训练成绩的一部分，体现了考核在平常的思想。在TAFE（Technical And Further Education，澳大利亚政府开设的职业技术学院）教学中，考核是非常重要的组成部分。我们的教学中考核大多以期末一次完成的闭卷考试为主，而TAFE学院的考核则主要由日常训练、平时作业和最后的大作业等几部分考核共同组成。所有的单项训练、布置的日常作业和各项考核必须全部达标通过，才能得到合格的成绩。

（二）教学方法国内调研分析

1. 国内高校教学方法调研分析

我们通过抽样调查的方式选取了29所高校教师及教务人员进行问卷调查以及对教学管理部门的领导及工作人员进行访谈，了解其对物流专业教学方法的实际看法，收集第一手资料，从而以物流教学方法这一角度去总结分析各类高校教学活动中存在的问题及相关原因。

从物流专业教学方法的类型来看，传统的教授法（98%）和案例教学法（93%）是被使用最频繁的方法，几乎被所有学校所采用；理论教学方法中的其他教学方法以及实践教学方法的应用相对较少，如项目教学法（56%）、头脑风暴法（52%）、角色扮演法（47%）、引导文教学法（33%）、"岗位-任务"教学法（29%）、模拟教学法（43%）、考察教学法（39%）、游戏教学法（28%）、发现教学法（32%）。调研结果如图 6.2 所示。

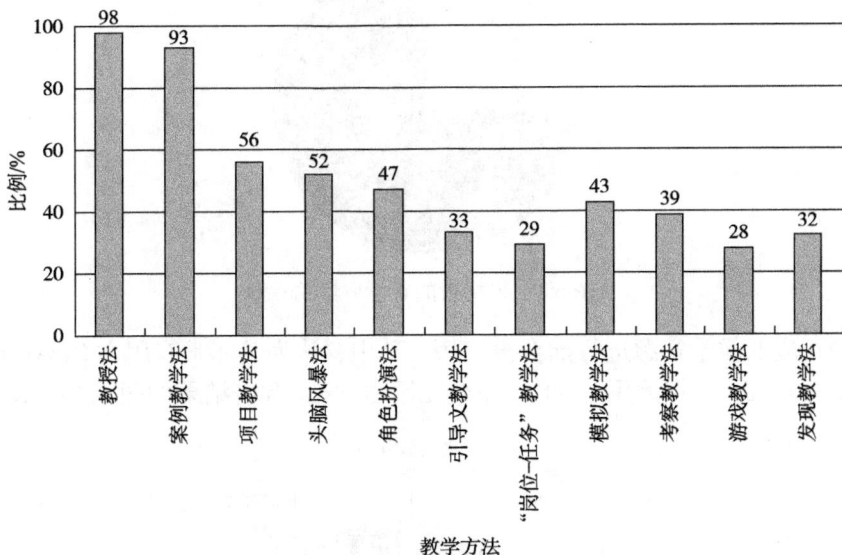

图 6.2　物流专业教学方法类型

　　针对目前物流专业所采用的教学方法，几乎所有学校的受访者都认为其教学方法存在不足之处，其中 92%受访者认为该校的物流教学方法单一；66%受访者认为该校缺少特色物流教学方法；43%受访者认为该校教师综合素质较差；另有 37%受访者认为该校物流专业教学方法存在其他不足之处。调研结果如图 6.3 所示。

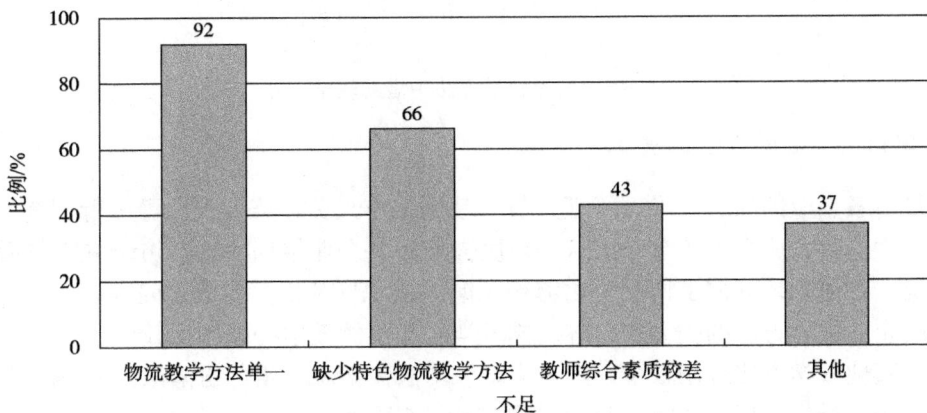

图 6.3　物流专业教学方法存在的不足之处

　　关于新的教学方法的采用，大多数受访者愿意采用新的教学方法进行教学，所占比例为 73%；少数受访者依然选择传统的教学方法进行教学，不愿尝试新的教学方法，所占比例为 27%。调研结果如图 6.4 所示。

　　在不同的物流教学方法中借助相应的教学资源进行配合，是很多学校所采取的方法，在调研过程中，大多数受访者认为借助相应的教学资源进行配合是有用的，只有少数受访

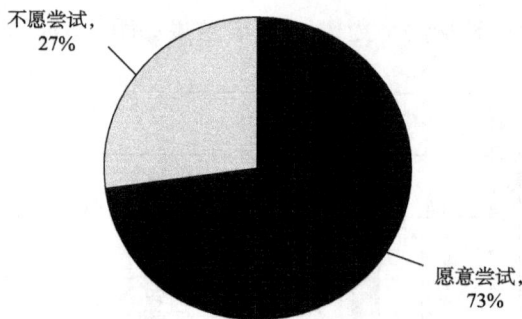

图 6.4　采用新的教学方法的意愿

者认为借助相应的教学资源进行配合没有用。其中，认为其非常有用占 21%；比较有用占 54%；一般占 15%；比较无用占 8%；完全无用占 2%。调研结果如图 6.5 所示。

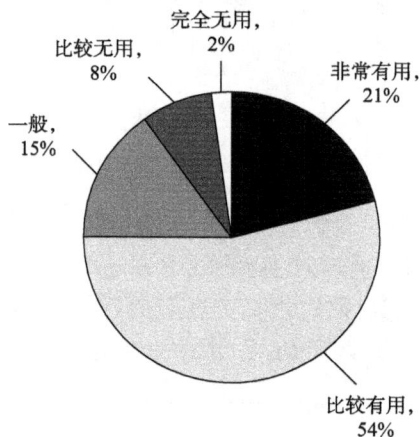

图 6.5　物流教学方法中借助教学资源

2. 国内企业教学方法调研分析

通过对各企业的高层领导、管理人员、基层工作人员、培训人员等进行调查、访谈，收集第一手资料，从物流教学方法这一角度去分析各企业培训活动。访谈主要包括企业目前的状况、物流人才的需求情况、物流相关岗位的职责及招聘要求等内容。

国内企业教学方法的类型中，讲授式教学法和案例教学法应用比较广泛，分别占 95% 和 93%，其他教学方法应用较少，其中头脑风暴法占 76%，角色扮演法占 64%，采用模拟教学法的企业最少，仅占 34%。调研结果如图 6.6 所示。

在企业培训方法的改进方面，大多数受访者认为培训方法需要多样化，占 73%，增强互动参与性（56%）、较强的实用性（54%）、提高讲师授课水平（61%）以及授课时间安排合理（59%）也占到很大比例。调研结果如图 6.7 所示。

绝大多数企业进行案例教学或其他教学方法时，需要借助光碟、视频等声像资料学习，占 83%；有 39% 的企业建立了网络学习平台；只有 5% 的企业建立公司图书库。调研结果如图 6.8 所示。

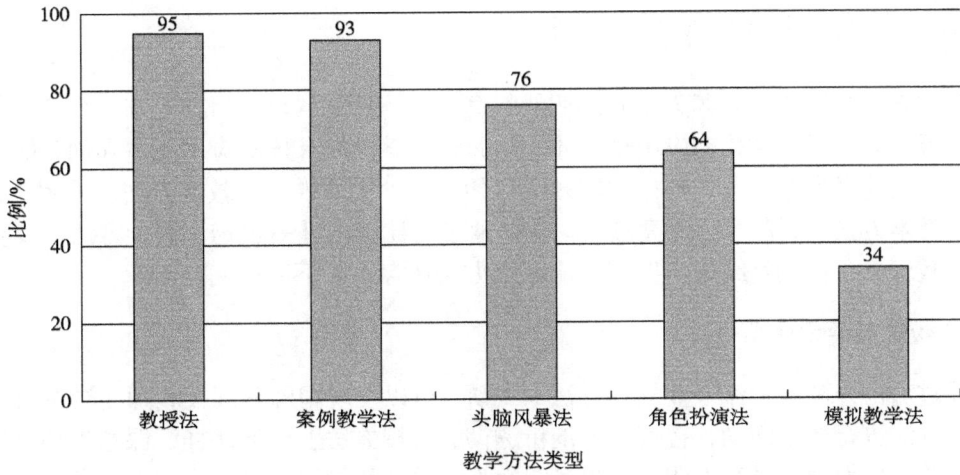

图 6.6　教学方法类型

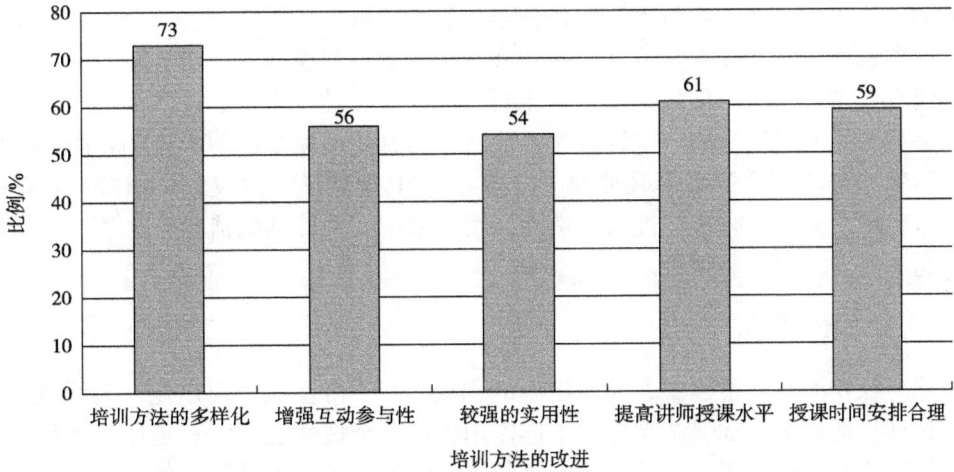

图 6.7　培训方法的改进

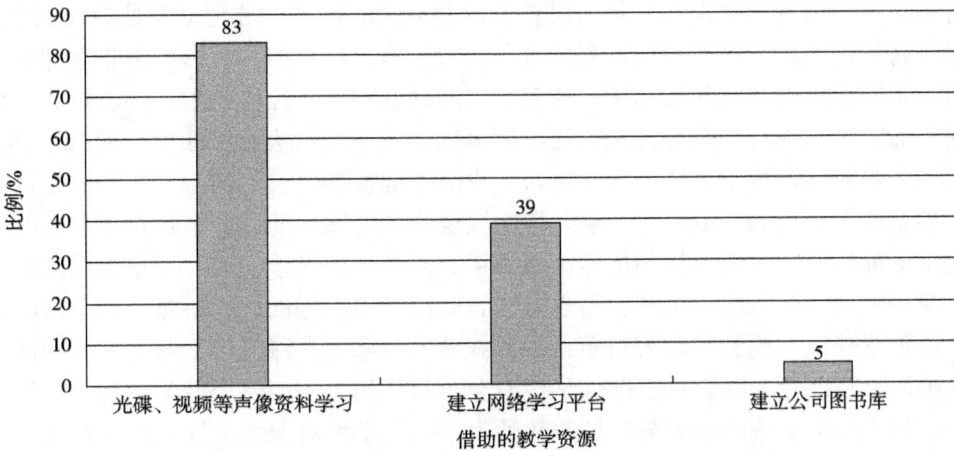

图 6.8　教学方法实施借助的教学资源

二、物流专业教学方法问题分析

中职教育是以能力培养为中心的职业教育。中职教育的培养目标是培养生产、建设、管理、服务第一线的高技能应用型人才，培养教育学生具有技术应用能力和创新能力。在中职教育迅速发展的今天，根据中职教学目的，教师应重视改进教学方法，采用合适的、有效的教学方法进行教学，提高教学质量。通过对比国内外高校物流教学方法以及企业物流培训教育，分析调查结果，发现物流教学方法还存在以下一些问题。

1. 物流教学方法单一

通过对国外高校物流专业教学方法的调研，可以发现国外各高校教师在讲课时采用多种教学方法进行教学活动，在理论上剖析透彻、讲授方法上灵活多样，课堂生动有趣，讲出新意并能启发学生进行更深入的思考，而不是单纯的知识灌输。将理论教学方法与实践教学方法相融合，让物流专业学生深入相应的教学活动过程中去诠释、感悟和体验，启发并改进学生的思维方式、学习方法，以使学生获得更好的学习效果。

我国学校物流专业在教学方法改革与实践中，学校普遍教学方法比较单一，尤其高职院校物流专业主要还是以传统的"师讲生听"模式和教师、书本、课堂为中心，以教师授课、学生听课的方式进行的。这种教学方法造成信息传递途径是单向性的，由教师推向学生，教学效果好坏完全依赖于教师的"推动力"。其他教学方法仅流于形式，教学效果单调、乏味，缺乏灵活性和多样性及创造性，很少采用实践性的物流教学方法，师生缺少互动、沟通、启发、引导和讨论。

2. 师生交流不充分

国外高校物流教学过程中，注重学生的积极参与，师生关系可以用一句话进行概括：民主、紧密。其教学非常强调学生的主体作用，在整个教学过程中总是让学生思考，学生与教师的和谐互动营造了一个平等的教学氛围。学生的参与不是被动的，教师的责任在于鼓励学生参与和指导学生如何参与，通过学生的高效率参与完成教学内容。英国的师生间的平等关系可以培养学生批判教师的思想以及课本中的思想。批判思维是勇气也是技巧，需要通过特殊的专题材料或特别课程去学习。近年来，在日本和英国，主张在课堂上鼓励学生进行批判思维的学校和教师越来越多。这两国的教育工作者一致认为，教给学生正确的评价观点、意见或证据等并做出自己的判断或决定，将大大有助于学生获取真知。

对国内高校物流教学方法的调研发现，我国传统教学模式下的教学方法均是以教师为中心，学生成了被动的"填鸭"对象，学生被视为装灌知识的容器，扼杀了学生的主动精神和创造潜能的发挥，结果教师虽然疲惫不堪，而学生却无动于衷。而且我国的课堂就是教师表演的舞台，偶尔有学生的参与也是在教师已经编织好的框架下进行的。教师以课堂上的严紧治学作风和周到的内容讲解维持其权威性，努力在课堂外学习的是教师而不是学生。教师通过在课堂上的详细讲解使学生不会再有任何疑问，整个教学过程是围绕知识的记忆和理解。师生交流的不充分，导致教师为了强化学生对课堂上知识的记忆几乎占用了学生的全部课外时间。

3. 教师综合素质较差

国外高等专科学校教师队伍的一个显著特点就是非常注重自身的实践锻炼，非常强调"双师"队伍的建设工作。教师们多是在实际工作中工作过若干年，具有较为丰富的实践经验，然后被学校聘为教师进行教学。同时，许多教师既是学校的教师，具有教师的资格，同时又是注册会计师、经济咨询师等具有某些专门执业资格的专家。他们一方面教学，一方面从事实践活动。以加拿大塞尼卡学院物流系为例，该系有 26 位教师，具有双师资格人数 19 人，比例达 73%，这些教师既掌握理论教学方法，又能将这些教学方法应用到物流实践过程中去，他们的实践活动与他们的教学紧密相关。这样的师资队伍，对于培养应用型人才来说尤其重要，因为有许多实际做法教科书并不能全部写出来，但是通过教师的讲解，学生就可学到许多课本上没有，而实际工作中又十分有用的东西。

国内学校的物流教师，大部分是毕业留校或直接从其他学校毕业直接进入高校进行教学工作的，而从实际工作岗位调任既具有丰富实践经验、又具有较高理论水平的专家来当教师具有很大的困难。此外，目前鼓励教师进行实践活动的相关配套政策尚不完善，如学校评定职称、选拔人才等仍然强调高学历、多论文，并未强调"双师"素质以及实践环节、实践能力。这样就使得许多教师埋头于提高学历；搞理论研究、为评职称去努力；不重视实践环节的锻炼；而许多具有实践能力的"双师型"人才由于在学校职称评定等方面得不到充分的认可，加上外界的不断诱惑，纷纷离校而去，其结果对国内学校应用型人才的培养是极为不利的。

第三节　国内外物流专业教学方法

一、国外物流专业教学方法

（一）德国物流专业教学方法

1. 汉堡职业学校物流专业

在课堂教学中，德国汉堡职业学校的物流专业的"仓储管理"课程采用考察教学法，并采取分组学习的方式组织物流教学活动，每组 5~6 人。汉堡职业学校的布罗恩（Breuer）教授的课比较有特点，他按学生所在的实习公司把全班分成 5 组，教学任务是描写自己所在公司的仓储流程。学生对自己所考察的物流公司仓储流程比较熟悉，经过小组讨论，任务顺利完成了，并将公司的仓储流程画在展板上，采用参观博物馆教学方法，让学生进行参观和提问，留守的 2 名同学进行解答。这样不仅使学生加深了对所在公司仓储业务流程的认识，还了解了其他公司的仓储流程，从中总结出仓储流程的共性，实现本次课的教学目标。

以小组学习的形式进行的考察教学法，能够集思广益，使小组每个成员都能积极参与考察活动并认真听取其他小组成员的观点，不仅有助于培养学生的团队协作意识、调动学生的积极性，同时让学生获取了出自教师以外的知识和信息。

2. 汉堡商学院物流专业

德国学校教学过程实践性非常强，主要为学生的今后职业服务，因此职业学校的教学内容与学生从事的职业紧密相关，具有很强的实用性，但教学内容比较简单。汉堡商学院的尼克（Nicole）教授在教学过程中采用的模拟教学法成为汉堡商学院的特色教学，以"交通运输"学习领域一堂课的教学过程为例，说明模拟教学法的具体应用。

（1）教学主题：货车的选择。

（2）教学形式：将全班学生分成 6 组，每组 4~5 人。

（3）课时安排：2 学时。

（4）教具：厢式货车模型 6 辆，工作页，展板 6 块。

（5）教学过程。

引导学生完成任务：物流公司 Wail 进行托盘货物运输，要将货物沿公路从汉堡运到法兰克福。教师引导学生说出"完成任务"的条件，学生一边说，尼克教授一边往展板上写，形成了完成任务的以下条件：①需要卡车。②设计路线。③装卸地点。④提供运输单位。⑤运输保险。

在厢式货车内摆放托盘。教师给学生提供两组卡车模型，让学生说出卡车的特点。教师布置任务：箱内托盘码放；发放厢式货车模型和工作页，工作页上载有货品资料信息，六个组厢式货车的型号和货品数量各不同；用展板代表货车车厢，黄纸和红纸代表托盘，让学生按"车厢"摆放"托盘"；之后，教师进行讲解和修改。

综合提高。教师布置任务：①通过计算选择货车。②选择货物在托盘的摆放方式。③选择托盘在货车车厢内的摆放形式。④将结果粘贴在代表"货车车厢内"的展板上。

教师发放工作页，各组工作页上的货品数量和托盘数不同。学生分组完成：选择货物在托盘上载有货物数量和摆放方式→算出需要的托盘总数→根据托盘总数选择货车→选择托盘在货车车厢内的摆放形式→大家动手将结果粘贴在自己的展板上。

本次课教学内容抽象，大多数学生没有看到过托盘是怎样摆进厢式货车的，经过尼克教授的巧妙设计，学生可以亲手把托盘货物模拟摆放到车厢内，从而使抽象的内容直观化，教学效果很好，达到了培养学生的职业能力的目的。

成果展示：各组将设计结果向全班进行展示，派两名同学对相关内容进行讲解说明，并回答同学和老师提出的问题。整个教学过程学生是主体，教师只是学习的伴随者。

在德国，教学结果是否具有开放性是衡量课堂教学好坏的重要指标，即学生根据教学任务得出的答案不是唯一的，老师不给标准答案，可以有多种答案。如上例中，尼克教授的"货车的选择"课，学生在厢式货车中摆放托盘的方法不是唯一的，可以有多种摆放方法，这样设计可以发挥学生的主观能动性，倡导学生自由发挥，鼓励学生展现个性，对同一问题教师鼓励学生给出不同的答案，培养学生用多种方式解决问题的能力。

（二）澳大利亚物流专业教学方法

澳大利亚维多利亚大学（Victoria University）是成立于 1916 年的澳大利亚政府公立大学，位于维多利亚州首府、世界上规划最美的国际著名城市——墨尔本市。维多利亚大学是澳大利亚规模最大、学科齐全的综合性大学之一，现有在校生 45 000 多人，包括国际学生 8 500 多人和研究生 4 600 多人，拥有数十个博士专业、68 个硕士专业、93 个大学本科专业和 54 个大学专科专业。维多利亚大学的教育质量在全澳大学中名列前茅，在"澳大利亚最佳十大学"排名中被列为"为学生提供最佳课程"的大学。

维多利亚大学的物流专业教师将发现教学法应用到物流课程，成为物流专业特色教学方法。发现教学法在澳大利亚维多利亚大学最普通的实践形式便是 PBL（problem-based learning，即问题式学习）课程——基于问题的学习方法。作为一种教学模式，PBL 的实质是以问题为起点，以学生为主体，教师只做一般引导。学生在学习过程中不断地发现问题，不断地查阅各种资料、制定若干学习的个案等，再通过这些个案提出一系列问题展开讨论，让学生有针对性地学习有关知识，最终提出解决问题的方法。

维多利亚大学物流系的 PBL 课程是必修课程，PBL 课程由小组组成，每个小组 3~5 人，在课程结束时每个小组做 Powerpoint 报告来展示学习成果，语言老师以及来自校外的嘉宾都要参与，并对每个小组的文字报告和演讲进行打分和点评。PBL 课程的教学内容分为三个部分，每个部分分别在前 3 个学年完成。根据维多利亚大学物流系所提供的教学计划和要求，PBL 课程的教学模式的具体教学思路如下。

学时数多，持续时间长。其中，一、二年级每学期的学时数是 120，三年级每学期的学时数是 30，其中包含了每周 2 学时的讲课或讨论以及 0.5 学时的实验课。

1 名老师指导 1~2 组，每组 5 个学生，由老师提出要求，然后由学生参与，老师不做具体内容的指导，学生在参与过程中不断地发现问题，并不断地学习。学生在学习过程中被要求制定学习计划表，要求掌握各学科内容的提纲，学会查阅各种资料，包括与学习目标相关的书籍、文章，还包括虚拟图书馆和网络上的相关资料；还被要求制定若干学习的个案，这是学生自学和小组讨论的基础。通过这些个案提出一系列问题供学生自学、讨论，让学生有针对性地去学习有关知识，提出解决问题的方法和对各种描述性的现象做出合理的解释。

老师所提供的项目大多与企业中的实际问题有关，内容方面不会超出所学课程的难度。学生进入三年级学习了一些专业基础课后，就可以完成一些较为复杂的学习。

学习过程中有社科教育与人文发展学院的语言老师参与，语言老师每周至少要与学生交流一次，其作用在于帮助学生提高交流、沟通和演讲能力。

在课程结束时每个小组必须做 PPT 报告来展示设计制作的成果，该报告由小组成员共同完成，每个成员讲解一部分，指导老师、同一年级其他小组的指导老师、语言老师以及来自企业的技术代表都要参与，并对每个小组制作的成果、文字报告和演讲进行打分和点评。对演讲的评分标准主要是看以下几个方面，即引言和总结、自信度、声音是否清楚、语言是否准确和正式、逻辑是否清晰、是否运用身体语言、时间安排是否合理等。

开设 PBL 课程的目的是培养学生的组织能力、协作能力、思维能力、动手能力以及自主学习能力，增强学生的交流能力、个人和团队管理能力，提高学生的计算能力、写报告能力、实验步骤和研究方法以及公共场合表达能力。

二、国内物流专业教学方法

（一）物流专业师资本科教学方法

对开设物流类专业的师资本科院校的调研情况，我们以广东技术师范学院为调研目标进行研究，在供应链管理课程的课堂教学中，广东技术师范学院采用游戏教学法，设计的"啤酒分销游戏"即让学生分担不同的角色，体验在具体操作中应该注意的事项，与理论结合加深记忆，能够让学生更加深入地理解供应链管理的具体环节。

1. 游戏简介

啤酒分销游戏是用来说明供应链中的信息畸变，也就是出现所谓"牛鞭效应"的游戏，也是供应链管理课程中的重要教学内容。它是通过生产与配销单一品牌啤酒（情人啤酒）的产销模拟系统进行的。参加游戏的学员各自扮演不同的角色，即零售商、批发商和制造商。他们只需每周做一个决定，那便是订购多少啤酒，唯一的目标是尽量扮演好自己的角色，使利润最大。三者间的联系知识由卡车司机通过一张纸上的核对数字（订货单、发货单）来沟通信息。

通过该游戏，学员们应认识到以下几点：①时间滞延、信息不充分对产销系统的影响。②信息沟通、人际沟通的必要性。③扩大思考的范围，了解不同角色之间的互动关系，认识到自己若想成功，必须其他人能成功。④突破一定的习惯思维方式，以结构性或系统性的思考才能找到问题并有改善的可能。⑤避免组织学习的障碍。

2. 角色设计

全班分为三组，每组 33 人。每组选出 2 名同学，担任司机、消费者角色，并负责适时发布一定的信息。

其余同学按照以下要求分工：零售商由 16 组学员扮演，每组 1 人；批发商由 4 组学员扮演，每组 3 人；制造商由 1 组学员扮演，为 3 人，共 31 人。

3. 时间安排

角色分工：3~5 分钟；发道具：3~5 分钟；明确角色任务：10~15 分钟；进行模拟：90~110 分钟；进行 20~30 回合（第 1~10 回合最高时限 5 分钟，第 11~30 回合最高时限 3 分钟）；利润统计：15~20 分钟；分析探讨：小组反思 20~30 分钟；各组讨论发言：20~30 分钟。

（二）物流专业普通本科教学方法

1. 广州工商学院

2002 年广州工商学院开设了"物流管理"专业，并将其作为学院重点建设专业之一，以培养具有物流运输、仓储配送、货代报关及经营管理等各项专业技能的现代物流管理和操作人才为目标。为此，广州工商学院开设了"现代物流管理概论"这门课程，并将该课程作为现代物流类专业的主干课程之一。学院以培养高级应用型人才为目标，要求学生专业技能扎实、动手能力强，按照培养目标的要求，制订教学计划，严格实施教学计划并对教学过程进行全过程管理。

在教学方法上，课堂讲授是理论教学的基本形式，但是在教学中特别注重师生之间的交流，开展互动教学；选用贴近恰当的案例，开展案例教学；采取启发式教学，培养学生举一反三的能力和理论联系实际的能力；开展讨论，培养学生分析问题、解决问题的能力，采用"教师讲解—学生参观—教师演示—学生动手模拟—教师指导—学生实习"的模式。

（1）课堂案例教学。教师们结合国内知名企业的物流运作实例和课题经验讲解理论知识，并根据课程内容组织学生围绕专题进行讨论，要求学生以小组为单位，对案例问题提出解决方案，并用PPT形式进行陈述及对其他小组的陈述进行评价，以此锻炼学生分析问题、解决问题的能力和处理实际问题的能力。

（2）邀请来自企业的物流管理专家举行专题讲座，如德邦公司的专家等，从而增强学生对目前物流业界运作的探讨，拓宽学生物流管理的知识领域。

（3）组织学生到德邦、宝供等企业、单位实地考察，增强学生对现代物流管理实践的感性认识，同时引导学生发现问题并提出相应解决方案，帮助学生将现代物流管理的理论知识应用于实践。

在考核内容上，对理论部分组织有关教师建设"现代物流管理概论"的试题库，用于学生的日常检测和期末考核，采用闭卷方式，课程组成员阅卷并进行试卷分析。对实训部分按照实训教材的考核要求进行考核，如由小组形式完成某个企业物流配送方案的设计等。

2. 北京物资学院

北京物资学院早在20世纪80年代中期就开设储运管理专业，1994年开始招收物流类专业本科生，是我国最早开设物流类专业的大学。2001年北京物资学院经教育部批准，首批恢复物流管理专业，并成立物流系。经过近20年的发展，北京物资学院的物流管理专业已成为北京市品牌专业。目前，物流管理专业师资力量雄厚、课程体系完善、研究领域广泛。

"运作管理"是本科物流类专业的基础课程，北京物资学院以全球视野讲述企业运作管理的各方面内容，引入游戏教学法进行教学活动。

以第一章为例，在第一章物流运作的本质介绍中，引入了"签名游戏"、"无敌风火轮游戏"、"共搭新桥游戏"、"物资飞机公司游戏"以及"楚河汉界公司的竞争游戏"五个游戏，极大地丰富了教学过程中的趣味。以"签名游戏"为例介绍如下。

（1）游戏目的：①了解"物流运作管理"课程知识的基本框架和需要决策的关键问题；②培养学生在管理中的计划、组织、协调和运作管理的能力；③了解影响一个流程运作的基本要素（流程时间、流程能力、参与者效率）。

（2）游戏道具：①32开纸张若干（白色、彩色）；②签字笔若干。

（3）游戏目标：①每个人不断重复地在若干张纸张上面签下自己的名字，直至在规定时间内在场所有人的签名均已完成；②计算签名单的合格完成率、记录完成时间并分析原因（人数、字体、动作、位置、传递、秩序、心理等）。

（4）游戏程序：①教师向在场学院分发 32 开纸张（白色），人手一张；②宣布时间的开始点并计时；③教师间或制造一些干扰写字的声音；④教师宣布停止时间，让学员自行检验自己面前合格的签名单；⑤以能辨认字体的名字为合格品，统计签名单上合格名字的份数；⑥要求学生对签名单进行分析；⑦重复进行多次（根据课堂时间而定），直到接近或者完成预期目标。

（5）游戏规则：①给定时间段（通常每次需要 3~5 分钟），每个学员找好自己的座位；②所有学员在给定的纸张上面用正楷写下自己的名字；③每个学员不能代替别的学员写他人的名字；④计时开始方可开始写自己的名字；⑤听到教师宣布停止，即刻停笔；⑥每次结束后，允许学员相互讨论提出改进建议后，再次限时执行。

（6）游戏思考：①在给定时间目标下，能否完成"所有在场签名者的合格签名单"。②有什么好的流程（程序）能达到目标。③是什么因素"限制"了签字者没有达到预期目标。④参与者总人数规模是否有影响？如何改进。⑤签字者之间是否认识？"关系"是否能提升签字效率。⑥能否用有效的、合理的、在场参与者都能接受的签名流程完成目标。⑦每种流程完成后的流程能力、流程效率是多少。⑧签字流程需要重复多少次才能准确寻找到"限制因素"。⑨重新做的设计方案，是否明确？

目标：（组织的目标—客户的要求）；输入：资源（产能、时间、工具）；转换：场地、流程、监督；输出：产品（标准化—个性化）。

（7）所需表格。按照游戏的程序，把所需记录的内容填写到表 6.1 中，以方便数据的统计。

表 6.1　统计表

签名次数	目标	输入（资源）	转换（流程安排）	输出				
				人数	合格品份数	流程能力	流程时间	流程效率

（三）物流专业高职教学方法

高职的人才培养目标是"以应用为目的，理论够用，重技能操作，以提升人才综合能力为目标"。不同于普通高校教育，物流专业高职教育强调对学生实际业务操作技能的掌握，下面我们将以成都职业技术学院物流专业为例，介绍他们在物流教学中项目教学法的运用。

项目名称：成都双流蛟龙工业园区物流需求的调查。

项目背景：成都双流蛟龙工业港双流县积极探索利用企业资金建设工业园区的新模

式，工业港规划面积 4 平方千米，分两期建设，现已入驻企业 180 余户。

项目教学的目的：在规定的时间内，通过现场实地调查，取得工业园区内的有关工业企业的基础数据，最后完成调查报告。通过这项任务，培养学生组织的市场调查能力和分析客户需求能力。

项目的组织实施：①把项目背景和教学的目的设计成项目任务书；②对学生进行分组，并指定各组负责人；③展开调查；④完成报告；⑤展示成果。

项目结果：市场调查分析报告。

1. 项目任务书

项目名称：成都双流蛟龙工业园区物流需求的调查。

项目要求：完成园区内所有工业企业的物流需求调查，收集企业的基础数据，完成调查报告。

项目完成时间：一个半月。

项目执行阶段：第一阶段为现场调查及基础资料收集阶段（持续时间：一个月）；第二阶段为资料整理和完成报告阶段（持续时间：半个月）。

2. 成果展示（部分）

成果（一）：工业园区内行业所占比例见表 6.2。

表 6.2　工业园区内行业所占比例（单位：%）

调查企业类型	机械类	医疗器械类	食品类	医药企业类	鞋材类	重工产品类	家私类	电器设备类	路桥产品类	包装材料类	其他
数量百分比	15	2	4	3	4	6	4	13	4	7	38

对调查数据的分析及应用：通过对表 6.2 中数据的分析，我们可以看出在成都双流蛟龙工业园区内的工业企业中，数量占前三位的行业有机械类、电器设备类、包装材料类，总计 35%，所以，对于要在双流工业园区寻找客户的物流企业来说，这三类企业应该是他们重点关注的对象。

成果（二）：工业园区内发货目的地分布百分比见表 6.3。

表 6.3　工业园区内发货目的地分布百分比（单位：%）

企业发货目的地	昆明	江苏	浙江	上海	安徽	贵阳	重庆	湖南	武汉	陕西	南京	广州	深圳	广西	甘肃
发货量百分比	18	18	10	10	3	8	9	3	8	6	6	0.2	0.2	0.2	0.4

对调查数据的分析及应用：通过对表 6.3 中数据的分析，我们可以看出，在工业园区的工业企业的发货目的地中，排前四位的目的地分别是昆明、江苏、浙江、上海四地。

项目总结：该项目的成果可被用于第三方物流企业对双流蛟龙工业园区内的客户进行初步细分，但若想进一步开发客户则目前的调查深度还不够，还应该在现有基础上对成果（一）和成果（二）进行交叉深入调查，找出在工业园区内排前三位的行业（或者企业）

它们的发货目的地在哪里，或者是工业园区内发货目的地排前三位的集中在哪几个行业（或者企业）只有这样的行业（或者企业）才是重点开发的客户。

（四）物流专业引导文教学法

引导文教学法虽然源于项目教学法，但作为独立的教学组织的方法，也可以应用到项目之外的职业教育教学之中。例如，可作为学科课程教学活动的某个环节，如以上海市交通学校"配送作业实务"课程中的送货作业环节作为其中典型一例，陈述引导文教学法的应用。

1. 列示引导材料

（1）在同一区域内分别给 A1、A2、A3、A4、A5 五个客户送货。

（2）五个客户的送货订单，订单上列明的货物品种、数量、到达时间。

（3）区域内的交通地图及该地区的交通状况。

（4）配送中心的仓库库存情况、可调派车辆状况及每辆车的有效载重量。

2. 操作方法

1）确定分组

（1）根据班级人数的多少而定，可分为若干小组，如将每班分为 6 个小组，每组 8~10 人，其中有一个小组可作为 10 人客户小组。

（2）分组的原则是接受能力、分析能力、求知欲、积极主动性都基本相同的学生分在同一小组（这样做的目的是引入竞争与合作机制，使每个学生都能意识到要使本组完成任务就必须彼此合作，并且在合作过程中充分展示出自己小组的实力与其他小组进行竞争）。

2）分配角色

每个小组成员通过抽签分配其在小组中的角色，角色的设定如交通调查员、路线规划员、配货员、车辆、管理员等，总而言之是让小组成员人人都有任务。

3）确定评价标准

以客户的满意度作为评价标准。实施方式包括以下几个方面。

（1）教师设计一些调查问卷，让客户小组的成员真实填写，以调查客户的满意度。

（2）教师与各小组成员会谈并提问，或与客户会谈，了解其中的真实情况（注意：评价标准对各个小组必须一致，而且在评价过程中必须客观真实）。

（3）综合考虑配送成本是否最小。主要评价因素：送货路线是否是最佳路线、货物包装材料选择是否合理且最节约、货损率是否最低等。

4）学生完成工作任务

（1）信息收集（或称了解信息）：学生通过识别和理解专业教师提供的信息，获得有关工作目标的整体印象，并借助引导性问题与解答提要理解学习任务的要求、组成部分以及各部分之间的关联。

（2）计划过程（或称设计过程）：学生拟定一个完成任务的计划，并根据所制订的计划确定各个工作步骤，同时根据有关引导性材料拟定如何检查、评价工作成果的标准要求（主要是每个小组内合理规划每个角色的工作任务，明确责任需要达到什么标准）。

（3）决策过程（或称做出决定）：在这个过程中，学生把本小组独立设计的工作过程和工作计划以及成果评价的要求向专业教师进行介绍，然后根据相应的引导文步骤进行师生间的专业性会谈，教师检查各个小组的设计是否存在错误，师生根据会谈共同做出开展工作的决定。

（4）实施过程：在细致准备工作的前提下，各个小组成员根据其承担的任务，按确定的方法和掌握的引导材料开展工作。

（5）检验过程：各个小组将完成的方案与评价标准进行核对，检验任务的完成度是否符合专业要求，逐项填写先前编制的检查表。

（6）评价工作：指导教师与客户小组成员共同对每个小组的工作成果进行综合评价，并结合其他实际情况提出相应的建议。具体步骤如下：第一，让学生代表描述与展示本小组的工作成果，即送货方案。第二，专业指导教师分析客户小组成员填写的问卷情况，并与客户小组成员会谈，同时结合在每个小组操作过程中了解的真实情况给予综合的评价。第三，如果专业教师的检查结果与学生的自我检查结果有不相符之处，需要查清原因。若是学生造成的，则表明学生尚未学会正确评价工作质量。师生将集中讨论失误及其成因，并协商确定借助什么联系或补充哪些工作知识来弥补这种欠缺。

在引导材料的指导下，学生能够独立自主地进行学习，强调自行分析、深度理解和独立决策，这将促进思维和行动能力的综合发展，适合帮助学生在目标设计或多行动区协调层次上建立行动调节模式，有助于培养他们完成复杂性工作活动的行动能力。另外，这种教学方法能够把理论课教师和实训教师从重复性的讲解和演示教学活动中解放出来，从而把更多的精力用于工作过程中遇到的困难，为能力发展相对缓慢的学生提供指导和帮助。

第四节 企业教育教学方法

一、国外企业教育

FedEx 公司成立于 1971 年，主要经营业务是空中和地面的货物运输以及为一些企业进行物流配送。公司目前在全球约有 13.8 万名员工，每天运输的包裹量约 320 万件，运送地涉及 220 多个国家和地区，业务量美国境内约占 2/3，美国境外占 1/3。面对 UPS 和 DHL（敦豪速递公司）等美国同行业的国际国内激烈竞争，一个经营历史只有 40 多年且又是经营传统运输的企业，能取得如此辉煌的业绩和市场份额并跻身世界 500 强企业，除了正确的企业战略、准确的市场定位、精心的品牌培育、成功的团队建设外，FedEx 公司取得成功的一个很重要的原因是：在企业快速发展并不断扩大市场份额的同时，企业高度重视管理人员和员工的教育培训工作，并借助各类标准化、普及化、集约化、系统化的培训，提高各类人员的专业素质和操作执行力，从而使企业各部门都能始终按照总部的要求规范运作。

1. 教育培训的标准化

其主要特点是：培训教材的标准化、培训方式的格式化、培训要求的统一化、培训信息的公开化。FedEx 公司把对各个工种和岗位的要求及做法汇编成标准化的教材，并对各级各类岗位和工种员工进行教育培训，使公司的各级各类人员都能按公司制定的标准要求操作和执行。公司把从管理层到一线普通员工共划分成 8 类人员，中层管理人员以下的员工约占公司员工的 4/5 以上，这部分人员是否能按公司标准化的要求进行日常的规范操作，事关公司意图能否贯彻落实到每一个岗位和工种。因此，该公司十分重视这部分人员的教育和培训工作。

培训方式的格式化和培训要求的统一化主要体现在：对中层以下的管理人员和员工，相同岗位和工种的培训方式及要求，在全美国及全球都是一致的和统一的。因为公司需要这部分人按公司意图和要求的操作执行，不需要他们的创造和发明。例如，对最基层的 Manager（经理），公司甚至培训到第一天做经理应该做什么、怎么做，一周、一个月、三个月、半年及一年怎么做等，员工如何搬运货物能避免扭伤腰等内容，在培训中都有，这样标准化和精细化的培训，使该企业有一支训练有素、操作执行力较强的基层管理团队。另外，所有岗位和工种的培训教材、信息和要求等都是公开的，任何员工都可以在公司内部的网站上查询。

2. 教育培训的普及化

其主要特点是：上岗人员培训的普及化、员工每年培训的普及化、日常培训的经常化。FedEx 公司意识到仅仅有教育培训的标准化是不够的，关键是如何把规范和标准真正贯彻落实到实际操作人员的行为之中，以确保企业的各种经营管理行为按标准和规范要求执行。因此该公司规定：凡是中层管理人员以下的员工（包括管理和经营层甚至钟点工）上岗前，都必须接受与上岗要求相适应的岗位培训（包括从公司以外引进的专业人员）；每个员工每年必须有 40 小时的脱产培训，培训什么可以由员工自己根据岗位和工种的需要在网上进行自由选择；对员工经常化的培训则由基层的各级经理在平时的日常工作中完成。这些普及化的培训，主要是为了强化员工的标准化意识，增强员工的执行能力和规范员工的操作行为。因为这部分人员占公司员工的 4/5 以上，强化他们的标准化管理意识和规范化操作行为，对于 FedEx 公司普及并推广标准化管理、增强操作执行力来说具有至关重要的作用。

3. 教育培训的集约化

其主要特点是：培训资源的集约化、培训对象的集中化、培训形式的情景化。这些特点在该公司的培训体系中具体表现为：公司的教材资源是集中统一的，并且在公司内部网中是公开的，教材每半年必须根据业务流程和公司规定等的变化，由公司统一的机构进行修改完善；公司的教师资源也是集中的（培训教师都是该公司的员工，且绝大多数教师来自经营管理的第一线），每个大区里（该公司将全世界的业务划分为四个大区）的教师资源实行共享，对经理及员工的培训实行相对集中的方式，以使培训资源及效果最优化和最大化。培训对象的集中化体现为：同工种和岗位的人员实行相对集中的培训，经理及以上的管理人员都实行集中培训，全球中层一级的管理人员必须全部赴美国总部进行培训，以接受更为系统的培训并接受公司文化和理念方面的训练等；在各类培训的形式上，更注重实战性、操作性和情景化训练，如对一线经理的培训实行的是理论讲解和实务培训相结合的培训方法，一线操作人员也有培训的情景模拟训练等。培训资源的集约化和对象的相对集中，使这种情景模拟化的实战培训变得更贴近企业实际运营的要求，从而大大增强了培训的效果，使培训更具有针对性和可操作性。

4. 教育培训的系统化

其主要特点是：公司的教育培训与公司的发展及人才培养的目标相一致，与公司的管理要求相配套，从而使公司的教育培训更好地为企业的发展和经营管理提供基础保证及有效支撑。FedEx 公司根据其经营业务相对单一的特点，实行的是总部集权操作型的管控模式，即公司的人、财、物等都由总部直接管理和控制，基层只负责具体的操作和执行。该公司根据管控模式的要求实行的是集约化、标准化、信息化和系统化的管理，因此也要求企业的教育培训与其管控模式及管理要求相适应。

FedEx 公司教育培训系统化具体体现在：教育培训目标的明确化、教育培训教材的标准化和系列化、教育培训资源的共享化、教育培训方法的格式化、教育培训的形式情景化、教育培训内容的信息化和公开化、教育培训对象的集中化等方面，并使之与企业的发展战略目标及管理要求相一致、相配套。

二、国内企业教育

十几年来，第一汽车集团公司（简称一汽）采取特殊人才特殊培训、关键人才重点培训、急需人才优先培训的方针，根据不同群体和个性的特点实施人才素质细分、差别化培训，由于注重培训内容的适应性、前瞻性和方法的新颖性收到良好的培训效果。2001 年一汽共举办各种培训班、研讨班和专题讲座 2 800 多个，培训各类人员 13 万人次，年人均接受培训 12 次，培训总学时达 10 万多学时，年人均接受培训学时为 35 学时。

1. 围绕企业中心工作开展高级经理培训

一汽每年围绕企业的中心工作和国家对企业经营管理者的要求，确定一个主题，对高级经理人员进行至少为期一周的封闭式脱产培训，同时为提高高级经理的经营决策水平还聘请国内外知名专家、学者来一汽讲学，对高级经理进行现代企业管理知识培训及各种新知识专题讲座、研讨等。除了开展内部培训外，一汽还同清华大学、大连理工大学、东北财经大学、吉林大学、哈尔滨工业大学等国内重点大学开展工商管理、管理科学与工程、财务管理等方面的培训。一汽还先后同美国圣里奥大学、加州美国大学及荷兰马斯特里赫特管理学院合作，培养了 160 多名工商管理硕士（Master of Business Administration，MBA），其中 20 人已成为一汽的领导。培训明显地提高了一汽高级经理人员的管理水平。例如，年轻的采购部长从荷兰马斯特里赫特管理学院培训回岗后，大胆改革，治理协作产品散、乱、差的局面，推行招标采购降低采购成本上亿元。他还率先进行管理流程再造，迅速建立起一套完整的采购网络体系。

2. 以提高综合任职能力为目的，开展二级经理的培训

一汽为提高二级经理的综合任职能力开展了以提高二级经理管理水平和领导能力为目的的专项培训，规定了"自我管理和团队管理的开发""领导能力的开发""高效地解决问题"等共性培训内容以及相应的专业知识作为培训重点，并将是否完成规定的培训内容及学时作为聘任的条件。其采用互动式培训形式，通过个人体验和交流、案例讨论、角色扮演及其他生动有趣的管理游戏，引导管理者挖掘个人潜能，走向更大的成功。通过建立"追求卓越的团队""最有效的管理"成为"善于沟通的领导人"和"解决问题的高手"，运用成功管理的习惯塑造其卓越的领导风格，提高企业整体的职业化水准。此外，一汽还选拔部分优秀的二级经理到一汽大众等合资企业边工作、边学习，更新理念、掌握现代企业管理技术和方法。同时，还实施岗位轮换培训，对那些已被确定为后备干部的二级经理除了在本职工作中加担子外，还将其安排到相关的工作岗位进行学习锻炼，使其成为既精通本专业知识，又熟悉相关岗位知识的复合型人才。

3. 以联合设计为主梁道开展工程技术人员培训

为提高工程技术人员的设计能力，一汽每年选派400~500名工程技术人员直接到德国、意大利、奥地利、英国、日本等有关科研部门和先进企业进行产品的联合开发设计，同时通过智力引进聘请国外专家、学者到一汽讲学和技术咨询，学习国外先进的设计思想和设计方法，锻炼培养自己的工程技术人员队伍实施项目管理培训，让那些具有专长的专业技术骨干担任项目负责人，独立主持承担技术设计、引进、改造、攻关等课题，让他们在工作中不断锻炼、学习和提高，使他们的聪明才智和能力得到充分发挥。为培养高层次的专业技术管理人才，一汽先后与吉林大学、哈尔滨工业大学等联合办学，开展电气工程、材料工程、车辆工程等专业研究生培养，同时每年还选派上千名专业技术及管理人员到国内有关院校、科研院所及优秀企业进修学习。为了满足中国加入世界贸易组织后企业对外语人才的需求，为企业培养一支外语过硬的专业人才队伍，一汽特别加强了外语培训，此外还通过开展外语演讲大赛等活动促进广大员工学习外语的积极性。

4. 突出操作技能培训、培养一专多能的能工巧匠

一汽在2001年开展了操作人员职业技能鉴定工作。共包含10个工种4 099名复杂技术岗位人员参加了国家职业技能鉴定的培训与考试，操作技能考试通过率达到95%，通过培训和鉴定，不仅提高了操作人员的理论和技能水平、培养了员工队伍，同时还调动了复杂技术操作人员钻研技术的积极性和自觉性。

根据一汽《关于实行电钳一体化设置设备维修工岗位的实施意见》对现有设备维修岗位上的5 000多名维修电工、维修钳工进行本工种及相关工种的专业理论知识和实际操作技能培训，利用五年左右时间，实现维修电工与维修钳工的岗位合并。一汽还根据不同工

种、不同层次操作者不同的技术专业基础等，利用技能培训阵地或生产场地进行基本操作方法的训练；在本岗位上完成对设备维护、工装使用、产品加工过程的反复演练。利用典型工件、选用典型项目对岗位员工进行模块式训练，针对加工过程中某些加工技巧的专门训练，结合设备改造、新技术、新设备的引进进行新技术、新工艺应用方面的训练。同时，一汽还通过岗位练兵技术交流观摩学习、技术攻关、专题分析会、举办技能大赛等形式进行培训，年培训近 8 万人次。

此外，还开展名师带高徒培训。一汽在历届技能大赛中获得名次的技能高手，一汽近几年评聘的一、二、三级操作师，他们每个人都有一技之长和绝活，为使这些能工巧匠的技艺得以传承，一汽为他们选配了 1~3 名优秀青年工人当徒弟，由这些能工巧匠亲自向他们传授技巧、绝活等技艺，以此培养一批高技能的操作者带动整个操作人员队伍的提高。

第五节 物流专业教学方法比较结果分析及建议

一、物流专业教学方法比较结果分析

随着我国电子商务的快速发展，物流行业所需的人才数量越来越多，自从北京物资学院设立起全国第一个物流专业开始，各大院校相继开设了物流专业，而一些院校并没有在开设物流专业之前对整个物流行业的发展状况以及对物流人才的实际需求进行详细的调研，因此在设置专业课程时存在着很大的盲目性，导致院校物流专业的培养目标不明确、人才培养模式落后，致使培养的学生无法适应物流行业的需求。

当前许多职业院校的物流专业培养模式依旧沿袭传统的以理论知识讲授为主的课堂模式，在培养的过程中过多地注重物流专业相关理论知识的学习，而学生的实践能力及综合素质得不到有效的提升。物流专业是一门综合性与实践性都十分强的专业，仅仅依靠传统的教学方法无法培养出符合物流行业需要的专业人才。作为一门实践性和应用性都十分强的学科，物流专业在教学的过程中应当做好实践教学与理论教学的有效结合，进一步提高学生的实际操作能力，但是当前高职院校在物流教学过程中普遍存在着教学设备以及一些教学工具亟待更新、实训条件不足等问题，甚至有相当一部分高职院校至今还没有专门的实训室，在教学的过程中只能通过教师教授。此外，学生在学习的过程中没有办法进入物流企业进行实际的学习，致使其对物流行业的实际运作缺乏了解，实践能力严重不足，无法满足物流行业的现实需求。

制约职业院校物流教学发展的一个重要的因素就是物流教学师资严重不足。对于物流专业的教师来说，其不仅要具备相关的专业理论知识，同时也要对物流行业有着深入的了解，具备很强的实践能力，而当前物流专业的从业教师很大一部分是由其他专业转岗而来，同时很多老师并没有与物流专业相关的工作经验，致使其在教学的过程中无法依据物流行业的实际需要进行有针对性的培训，从而导致物流专业培养的人才质量不佳。

先进的教学方法对提升物流专业的教学质量具有重要的促进作用，因此职业院校在推进物流专业教学改革的进程中一定要注重教学方法的改革与创新，依据课程的教学内容与

教学目标来选用灵活的教学方法，在进行教学的过程中广泛采用互动教学法、案例教学法、虚拟仿真教学法等一系列形式新颖的教学方法，这不但可以激发学生的课堂积极性，对提升课堂的教学质量也发挥着关键的作用。物流专业作为一门实践性十分强的学科，在进行教学改革的过程中，高职院校必须认识到实践教学在物流专业教学过程中发挥的重要作用，增加实践课程的时间比例，同时加大对学校物流实验室建设的资金投入，使学生能够依托学校的实验资源来进行物流实训；此外，学校应当进一步推进校企合作的发展，依据物流企业的实际需求来对教学培养计划进行适当的调整，同时通过有效的沟通让物流企业为学生提供更多的实习机会，让学生能够亲身进入一线的物流企业中实习，进一步增强学生的实践能力。在推动物流专业教学方法与教学模式改革的进程中，高职院校要着力打造一支高水平的物流教学团队，积极引进"双师型"的人才，同时对现有的教师进行再培训，让教师深入一线物流企业中进行挂职学习，以此来更新教师的教学理念，弥补经验上的不足，从而提升整个物流教学队伍的水平和素质。

综上所述，当前高职院校物流专业的教学存在着很多问题，教学方法与教学模式的滞后致使培养的物流人才无法满足物流行业快速发展的需要。在推进物流专业教学改革的进程中，要不断更新教学方法，创新教学模式，提升师资队伍的水平，进一步提升物流专业的教学质量，培养出符合物流行业发展需求的专业人才。

二、物流专业教学方法建议

1. 教学方法的多样化

多种教学方法优化组合运用，不仅能提高教师的教学兴趣，也能提高学生的学习兴趣，而且有助于学生能力的培养，提高教学质量。教学过程中，根据教学需要和教学内容的不同，教师应灵活使用不同的教学方法，可以把教师讲授、学生思考、师生互动、小组讨论、教师演示、学生操作等环节结合起来，对教学内容的各个侧面采用不同的教学方法，调动学生的学习积极性，强化教学效果，和教学过程形成互补。学生容易记住学习的知识，学习质量自然就提高了，教师的教学质量也随之提高。

例如，将案例教学法引入中职物流专业教学中，作为实践性很强的物流类专业，现实中成功和失败的物流案例很多，采用案例教学法这一教学方式，能够将学生从枯燥的理论学习中带入仿真的、特定事件的模拟现场进行案例分析，有利于诱发学生学习的内在动力，提高学生分析和解决具体问题能力。

2. 师生充分交流

教学方法为教学目的服务，要实现"知识传授、能力培养、素质提升"三位一体的教学目标，在课堂上和课下师生要充分交流，教师通过交流发现学生理论学习和实际操作中的问题，并做出有指导意义的评议。教师在教学中应当启发学生学习积极性，培养学生掌握学习方法，上课应培养学生独立思考的能力、创新的能力，最大限度地发挥学生的潜能，实现提高教学质量的目的。中职学生和本科生、研究生不同，不是搞研究，而是发挥技能的操作能力和应用能力，所以要使中职学生有较好的学习效果，物流专业教师应该认真研究和探索新的适合于中职物流教学的教学方法，以提高教学质量。教学是教师、学生的互动过程，教师应注意调动教、学双方的积极性，才能达到教学相长。

在物流专业教学方法的改进过程中，可采用互动的教学方式来增强与学生的交流。这种教学方式不仅仅是指师生互动，还包括同学之间的互动与交流，充分发挥各自的优势，取长补短，共同进步。在物流训练中，课堂讲授示范和互动式教学相结合，发挥教师主导作用，调动学生的学习主动性和自觉性，活跃课堂教学气氛。师生之间、同学之间应多相互交流、观摩、展示；师生共同提出方案和建议、共同分析与探讨，让学生们心情舒畅地进行设计与制作，师生共同解决构成物流训练中的实际问题。

3. 着重加强教师综合素质的培养与提高

职业院校物流教学方法的改革与实践成功的关键，不仅要采用灵活的多元化教学方法，而且还应注重教师综合素质的提高。教师综合素质的高低，会影响教学方法的灵活运用和有效实施，会影响教学质量和高素质应用型及创新型人才培养。所谓"填鸭式"或"灌输式"的教育教学方式方法，是由苏联教育家凯洛夫提出的观点，它是指那种在教育教学实施过程中，完全以教师为中心的"一言堂""满堂灌"的教学方式。所以传统教学方法并不必然导致"填鸭式"或"灌输式"的教育教学方式，其关键主要在于教育者本身，即教师在教育教学实施过程中如何教，如何根据物流基础教育教学的要求、特点及专业人才培养目标，灵活地运用多元化教学方法和手段。所以，教师应注重加强自身综合素质的培养和提高，学习先进的教学文化、教学方法、教学理念和教学经验，培养符合现代物流和社会经济及文化形态发展的具有创新创业能力的高素质应用型物流人才。

第七章

物流专业教学过程、教学手段、
教学资源国内外比较

第一节　概述

一、物流专业教学资源概述

（一）概念

物流专业教学资源是指各种各样的媒体环境与一切可用于物流专业教学的物质条件、自然条件及社会条件的总和，包括物流相关教学资料、支持系统、教学环境等组成部分。

物流专业教学资源是以保证物流教学活动正常进行为基本功能的，具有支持教学和提高教育效果的功能。

物流相关教学资料是指蕴含了大量的物流信息、能创造出一定教育价值的各类物流资源。支持系统主要是指支持学习者有效学习的内外部条件，包括学习能量的支持、物流设备的支持、信息的支持、人员的支持等，支持系统作为资源的内容对象与学习者沟通的途径，实现了媒介的功能。教学环境不只是教学过程发生的地点，更重要的是指学习者与教学材料、支持系统之间在进行交流的过程中所形成的氛围，其最主要的特征在于交互方式以及由此带来的交流效果。

（二）物流专业教学资源库包含内容

物流类专业教学资源库建设的主要内容主要包括以下几项。

（1）物流专业建设资源库。其包括物流专业人才需求调研、岗位能力调研、行业职业标准、人才培养方案、人才培养目标（包括专业目标和职业目标）、专业建设标准、专业课程体系、专业教育教学方法（包括教学设计、教学手段及方法）、教学环境及条件、专业测评等资源，包含了文本、视频、音频、图片、动画、案例库、试题库、素材库、教材等方面。

（2）物流课程建设资源库。其包括网络课程、课程定位及目标、课程专业标准、课程职业标准、作业规范；授课计划、课程教学内容、教学条件、教学方法手段、教学效果、课程教学大纲；数字化教材、任务书、教学课件、电子教案、课程作业、物流实训、习题库、案例库；自我评价、自我测试、试题库及建设规划等。注意结合地方经济和物流院校特点建设有地方特色的课程。

（3）实训资源库。实训资源库是物流专业资源库的一大亮点，包括校内物流实训软件、物流实训设备，网络虚拟环境、虚拟物流企业、虚拟设备、虚拟背景资源；物流作业流程、工作原理、企业案例；校企合作方式、工学结合方式方法、顶岗实习、轮岗实习、校外物流实训基地管理制度等，满足学生物流实训及职业技能培养需要。

（4）社会服务资源库。其包括名师名课、考前辅导、技能取证、师资培训、学生培训、社会培训、技能竞赛、技术服务、继续教育等社会服务项目资源，应注意考虑地方经济发展、物流行业需求特点，为区域经济服务。

（5）物流职业信息库。其包括物流行业介绍、企业信息、企业职业岗位描述、行业法规、企业相关技术标准、物流职业资格认证标准、行业企业动态及新闻、技能培训、就业与招聘、考试及考证等、知名物流企业链接等。

（6）物流教学资源库。其属于通用资源库，包括教学管理制度、文件，教师选聘、考评、职称晋升，物流相关科研课题、学术交流，国家及教育部相关文件，升学与考试等内容。

（7）物流资源库平台建设。其包括资源库硬件平台、软件系统、数据库系统、安全系统及用于物流资源库建设的其他工具库等。

（三）分类

物流教学资源可以概括为以下几类。

（1）素材类教学资源：主要包括文本、图形图像、音频、视频和动画等媒体素材。

（2）集成型教学资源：这类资源一般是根据特定的物流教学目的和应用目的，将多媒体素材和资源进行有效的组织，是一种复合型的资源。按照这些资源的实际应用形态，可以将其分为以下类别，即课件与网络课件、案例、操作与练习型、电子期刊类、物流操作模拟类、研究性学习专题等。

（3）网络课程：是指通过网络表现的物流专业教学内容及实施的物流教学活动的总和，包括两个组成部分，即按一定的教学目标、教学策略组织起来的教学内容和网络教学支撑环境，其中网络教学支撑环境特指支持网络教学的软件工具、教学资源以及在网络教学平台上实施的物流教学活动。

（四）设计理念

（1）物流专业教学资源的建设要切合物流职业教育教学理论。以物流职业教育教学理论为指导，遵照国家或省级信息化建设标准，切不可盲目建设，否则将会失去其教育性、系统性和可操作性。

（2）物流专业教学资源的建设内容应侧重于物流实训功能建设。职业学校普遍存在实习设备短缺落后、实习指导教师不足等问题，因此物流教学资源的建设内容应侧重于物流企业实训功能建设。通过物流虚拟操作建设、仿真实训物流教学项目开发，以解决物流相关职业学校设备短缺、师资不足问题。

（3）物流教学资源建设是为了营造数字化的学习环境，为学生的学习服务。建设应服务于教学改革的需要，以其开放性、丰富性、交互性和资源的扩展性等特点，为学习者提供有效的网络化学习条件和环境。这不仅对学生的学习兴趣和形成学习动机有所帮助，而且能帮助学生进行自主性、协作性、探究性学习。

（4）为了优化教学环境，为教师从事物流教学活动服务。教师通过调用教学资源用于物流课堂教学，是资源库在教学中应用的主要方面。教学活动强调以学为中心，教师作为参与者、促进者、指导者和组织者的主导作用也不容忽视。传统的物流课堂教学中教师也有许多好的教学设计的思想，但资源的缺乏使很多好的想法难以实现，而教学资源可以提供最新、最优秀的满足教学需求的教育资源，实现资源共享。

（五）教学资源现状分析

1. 国外教学资源现状

国外物流教学资源的开发比我国起步要早，特别是英美等发达国家已经拥有了一套比较成熟的物流资源开发方案和管理模式，具有如下几个鲜明的特点。

（1）开发途径多样化。既有国家基金投资，也有物流相关专业机构投资、企业投资；既有免费资源存取运营，也有市场化运营等多种途径。鼓励教师自己制作教学资源、鼓励物流企业开发高质的教学资源，学校建立自己的资源管理体制，国家统筹安排教育教学资源，形成发达国家丰富的教学资源。

（2）重视标准化研究。目前国外的资源开发中，开发者依据行业规范将资源以元数据标注，建设标准的教学资源，以便实现物流资源的共享、重复使用，提高资源管理、查询的效率。

（3）重视资源质量。开发高质量的、全面的、使用方便的教学资源需要专业的人士和昂贵的费用。只有丰富的高质量的电子资源让大量的教师和学生分享，才能发挥教学资源的优势。

（4）重视实用性。国外的教学资源大都根据物流实际运营和科研需求而提供相应的教学内容。资源已发展成具有多种开发模式和各类服务目标的不同形式。

2. 国内教学资源建设现状

（1）重数量、轻质量。近几年，物流职教教学资源的建设呈现大幅增长的趋势，而资源内容却与物流行业实际需求差距很大，资源可用性不强、教学形式单一死板、缺少吸引力、教学效果差。资源开发的最终目的是为教学工作服务，而服务的好坏与否不仅取决于资源的数量，更取决于资源的质量。

（2）利于教师教、不利于学生学。现在的教学资源建设大都是为教师准备的，学生作为教学过程的主体，教师转变为起主导作用，需从学生出发，提供大量物流操作模拟练习和理想的网络学习平台，将其作为物流教学资源建设的重点。

（3）技术不规范、标准不统一。目前，很多高校在开发物流教学资源库时，未遵循相关技术规范和标准，会给数据共享、交换与更新带来极大不便，同时也造成资源重复建设，浪费大量人力、物力和财力。

（4）重复建设和资源浪费现象比较严重。目前很多高校建成了自己的物流教学资源网络，但素材质量不高，没有自己的特色。还有一些学校在开展物流相关网络教学时，从教学系统支持平台、教学管理系统到每一门课程全部重新开发。

（5）交流性、互动性差。交流性、互动性差是目前物流资源库开发当中普遍存在的问题。考虑到学生不仅是资源利用者，也是资源的生产者和提供者，所以在资源库开发中可以通过设计相应的模块来实现用户与建设者之间的沟通与交流。

（6）人员不匹配。大多数学校没有专门的物流教学资源开发和管理人员，物流教学资源在开发过程中得不到正确指导，已建成的教学资源未体现出本校物流专业特色，或者不能得到及时的更新与维护，导致资源的利用率低下或利用价值逐渐低下。

二、物流专业教学过程概述

（一）概念

物流专业教学过程，即指物流教学活动的展开过程，是教师根据一定的物流行业需求和学生身心发展的特点，借助一定的教学条件，指导学生主要通过了解物流基本知识从而掌握相关技能，并在此基础之上发展自身的过程。

物流专业教学过程是教学活动的启动、发展、变化和结束在时间上连续展开的程序结构。随着时间的推移和研究的深入，教学过程的复杂性和多元性逐渐显现，教学过程不仅是认识过程，也是心理活动过程、社会化过程。因此，教学过程是认识过程、心理过程、社会化过程的复合整体。

（二）基本要素

在教学过程中，学生、教师、教学内容、教学方法、教学媒体、教学环境等，是影响教学效果的基本因素，但就整体而言，教师、学生和教学中介是教学过程的三个要素。

1. 教师

教师是教学过程中的基本要素之一。教师是履行物流教育教学职责的专业人员，承担教书育人、培养社会建设者、提高民族素质的使命。教师通过承担物流相关课程的教学，向学生传授系统的物流专业知识，同时引导他们树立科学的世界观、人生观、价值观，指导学生主动地、有效地进行学习，营造良好的教学氛围来促进学生健康、快速地成长。正如前文所谈的，教师在教学过程中的作用集中体现为"点拨"和"引导"。教师是教学过程中的主体之一，他必须根据一定的教学目标，协调教学内容、学生等因素及其关系。

2. 学生

学生既是教学的对象又是教学的主体。在"教"与"学"的矛盾中，矛盾的主要方面是"学"，即学生的"学"是教学中的关键问题，教师的"教"应围绕学生的"学"展开。学生通过自己的独立思考认识客观世界、认识社会，把物流课程、教材中的知识结构转化、纳入自身的认知结构中；学生发挥主观积极性，在主动探究的学习中锻炼自己，发挥自己的才能；学生经过自己的体验，树立正确的世界观、人生观、价值观。

3. 教学中介

教学中介也称教学影响、教学资料，是教学活动中教师作用于学生的全部信息，包括教学目标，教学的具体内容，物流相关课程、教学方法和手段，教学组织形式，反馈和教学环境等子要素。

上述教学的三要素之间既相互独立，又相互制约，共同构成一个完整的实践活动系统。教师与学生是教学活动的主要承担者，没有教师，教学活动就不可能展开，学生也不可能得到有效的指导；没有学生，教学活动就失去了对象，无的放矢；没有教学中介，教学活动就成了无米之炊、无源之水，再好的教学意图、再好的发展目标，都无法实现。因此，教学是由上述三个基本要素构成的一种社会实践活动系统，是上述三个基本要素的有机组合。各个要素本身的变化，必然导致教学系统状况的改变。教师在教学过程中应致力于充分发挥各种要素的作用，改善各种要素之间的相互联系，使之产生一种更大的整体"合力"，从而取得更好的教学效果。

（三）物流专业教学过程特点

1. 双边性与周期性

物流专业教学过程是教师与学生、教与学组成的双边活动过程，是教师的"教"与学生的"学"的矛盾统一。师生的双边活动，师生之间相互作用，不断发生碰撞、交流和融合。通过碰撞、交流达到融合以后，又出现新的矛盾——新知与旧知、未知与已知的矛盾，产生新的碰撞和交流，是一种波浪式的前进。教学周期的运转导致了教学过程的实现。

2. 认知性与个性化

物流专业教学过程是学生在教师的指导下的逐步认识过程。学生通过对物流知识初步学习、理解、深化，最终达到熟练运用的目的；同时学生通过对话及思考、实践过程，获得对知识的理解，实现个人的发展。随着社会历史的发展，物流专业教学过程会越来越丰富化、生动化和个性化。

3. 实践性与社会性

物流专业教学过程是学生在教师指导下进行的物流实践活动。与此同时，物流专业院系通过与相关物流企业合作，进行社会实践，同时将新生一代输送到企业中，体现出鲜明的社会性。

（四）物流专业教学过程现状分析

1. 国外物流专业教学过程现状

国外院校认为物流专业教学过程必须以学生个人企业实践或直接经验作为学习的中心，要求学生围绕特定的物流操作来学习知识，即"由做而学"。他们将物流专业教学过程分为5个要素构成不同的阶段，这些要素是：①学生要有一个真实的物流操作情境，要有一个对物流活动本身感兴趣的连续的活动。②在这个情境内部产生一个真实的问题，作为思维的刺激物。③学生要占有物流基础知识的资料，从事必要的观察，以解决这个问题。④学生必须负责一步一步地展开其所想出的解决问题的方法。⑤学生要有机会通过应用来检验其想法，以确定能否解决实际物流问题，从而使这些想法意义明确。

2. 国内物流专业教学过程现状

国内物流教学资源建设过程单一，只注重知识、概念的传递，系统的书本知识的教学。物流专业教学过程分为以下四个阶段。
（1）明了：即要求学生专心致志学习物流相关理论知识，达到正确理解为止。
（2）联合：建立物流相关新概念与已知概念的联系。
（3）系统：突出主要思想，把物流知识整理成贯通的系统。
（4）方法：指导学生独立思考，运用物流系统知识进行练习作业。

国内只是系统的书本知识教学，忽视感性认识和实践的作用，使理论脱离实践。教学阶段是脱离实际物流行业需求特点的，带有形式主义性质，有时会扼杀学生的创意发散思维。

三、物流专业教学手段概述

（一）概念

物流专业教学手段是师生教学相互传递信息的工具、媒体或设备。

现代化教学手段是与传统教学手段相对而言的。传统教学手段主要是指一部教科书、一支粉笔、一块黑板、几副历史挂图等。现代化教学手段是指各种电化教育器材和教材，即把幻灯机、投影仪、录音机、录像机、电视机、电影机、VCD 机、DVD 机、计算机等搬入课堂，作为直观教具应用于各学科教学领域。因其利用声、光、电等现代化科学技术辅助教学，又称"电化教学"。

（二）分类

1. 视觉媒体：幻灯

幻灯能借助画面提供大量色彩鲜明而真实的事物图像，以此再现课文场景，展示写作实物，增强教学直观性，为学生提供思维、表达的实践机会；也可以代替板书演示，节省课时，增大信息传递量。由于幻灯可以自由控制映现时间，画面可以停留，便于学生观察和教师讲解，还可以利用其多种表现手法（如卷动片、复合片、抽动旋转片等）来进行语言训练的分解与合成。

幻灯有价廉、易行的特点。它的硬件设备无论是透射式幻灯、反射式幻灯还是投影式幻灯，价格都较其他现代化教学手段的硬件设备低廉，而且容易操作使用。它的软件资料（幻灯片）也较便宜、容易制作，这个特点使幻灯机在教学中被广泛运用。

幻灯的不足有两个方面：一是不会动，二是它没有声音。但只要与教师语言、学生活动紧密配合，或与录音等手段协同使用，仍可发挥最佳效用。

幻灯的运用范围较广，阅读教学、写作教学，课始、课中、课终，教学、考核都可使用。

2. 听觉媒体：录音、唱片

唱片能把无声的书面语言变为有声的口头语言，提供朗读规范，大大促进朗读教学，帮助学生理解课文，提高听、说能力。

朗读教学是教学中十分重要的内容，朗读能大大促进学生思维向语言、内部语言向外部语言、口头语言向书面语言的转化，大大促进学生对语言的理解与吸收，大大增强学生的语感。而唱片正是在这些方面发挥巨大作用的有效手段。

3. 视听媒体：电影、电视

电影能活动、立体地再现课文的场景，通过视觉、听觉综合形象，促进学生的思维活动，帮助学生理解课文。同时又可以为作文提供丰富的素材和广泛的实践机会。

（三）物流专业教学手段现状分析

1. 国外物流专业教学手段现状

国外教学手段将多种教学手段结合。例如，光学手段（幻灯、投影等）；音响手段（电话、有线、无线广播、电唱、录音等）；电子图文媒体（电传、传真、文字处理机等）；视听手段（电影、电视、声像、同步幻灯、传真电话、录像及其附带电教软件）；综合手段（语言实验室、计算机辅助教学系统、卫星通信教学系统、视盘系统、光纤通信教学系统等）。国外物流专业教学手段采用了高技术，在很多方面突破了常规教学手段的范围。例如，电气通信、无线广播、卫星教育，使教学信息瞬间传遍世界，打破了以往教育受空间条件约束的局限，而教学信息在计算机、录音、录像带中的储存，又打破了教育的某些时间限制。

美国国会动员全国多条电路线路服务于物流专业教学；苏联把研究制造各种教学机器作为全苏教育科研重点项目；美国、日本、西欧等发达国家和地区均已相继普及了视听教学；美国发射了用于教学的实用技术卫星，并创建了一个计算机教学系统；美国伊利诺斯大学几乎全部学校都装备有电子计算机；日本普通高中微型计算机普及率也已达80%。

2. 国内物流专业教学手段现状

国内开发现代化教学手段的研究起步较晚，学校设备普遍陈旧、落后，但近年来，随着我国经济的稳步发展和国家对教育事业的不断重视，我国学校物流专业中增添了较多的教育、教学设备。在计算机辅助教学方面，一方面计算机在校数量有明显增长，另一方面，教学软件的研制和管理也逐步走上了正轨。但我国物流专业教学手段普及所面临的问题有如下几个方面。

（1）购买和维护高级设备的资金问题。

（2）缺乏高质量的课件和教材软件支持教师的实际教学。

（3）没有对现代化教学手段条件下培养起来的复杂技能的适当评估标准。

（4）师资培训的缺乏。

第二节　物流专业教学过程国内外比较

一、国外物流专业教学过程调研

美国迈阿密大学物流专业教学课程多以项目为基础，知识、技能的学习与实践应用紧密结合。每一门课程通常分为3~5个相对独立或逐层深入的项目，教师在课堂上简要介绍项目背景、设计要求、可求助的资源和进度安排，学生分成3~5人的小组，经历设计的整个过程：确定分工、查资料、讨论分析、调查统计、定方案等，最后完成项目报告，并在全班及老师面前陈述汇报。

例如，某堂课上教师将学生分成3人一组的团队，每个团队要对美国物流企业进行调研，完成对该部门的调查项目，了解物流各部门的准确职能定位、找出其成功与不足的主要方面，提出建议，并做成PPT进行小组陈述。学生需要通力合作，讨论、分工、查阅资料、拟提纲、和调查对象预约面谈、整理结果、制作PPT、准备汇报答辩。

在这个过程中，授课对象（国际新生）不仅了解了当前物流行业运营特点以及存在的问题，还在"不得不"的任务驱动下，磨炼了对现实问题的批判性思维能力、提出个性见解的能力以及人际交流、文案协作与口语表达能力。同时加强了学生和调查部门的相互了解和认识，可谓一举多得。

基本学习任务都放在了课外，课堂教学过程脱离传统的"老师讲，学生听；老师写，学生记；老师考，学生背"的方式，而代之以生动有趣、富有吸引力的课堂教学过程。迈阿密大学的物流专业课堂是这样安排的：90分钟的课堂时间分成3块，前10分钟，进行针对课前材料的每周测试；接下来的15~30分钟进行专门讨论，理清本周视频讲座和阅读材料的内容；剩余时间用于案例介绍、讨论，以小组为单位进行针对物流计划或物流操作模拟的批判性思维训练。这样下来，不但导致学生更多的参与、提高学生的好奇心和学习兴趣，还把原来每周 4 小时的课堂时间节约到 2 小时，学习效率同步提升。

当然，学生在课外就必须自己安排和控制时间，完成视频讲座、案例阅读、物流模拟练习和阶段报告等课前工作，对自己的学习进程负责。所以，在美国校园基本上看不到两手空空或塞着耳机逛进课堂的学生，学生大多情况下是脚步匆匆，抱着笔记本或背着大书包进入教室的。即使在校园的角落，也常看到学生捧着一本书很投入地看。

二、国内物流专业教学过程调研

北京财贸职业学院按照"有爱心、讲诚信，负责任"的财贸人才培养特色要求，面向制造业、流通业、服务业，从社会能力、操作能力和发展能力三个方面，培养具有良好职业素养的，系统掌握现代物流知识、物流方案规划设计及物流管理先进技术与方法的，具备现代物流业务操作技能、物流信息化技术应用和物流项目组织管理能力的，能胜任仓储管理、运输管理、国际货运代理、物流信息系统管理、物流数据处理分析和物流企业运营管理的高素质技能型专门人才，达到物流类专业职业教育分级制的四级人才标准。北京财贸职业学院物流专业教学过程如图 7.1 所示。

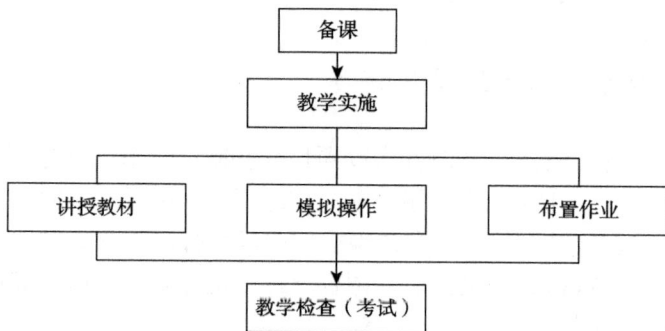

图 7.1　北京财贸职业学院物流专业教学过程

首先要求教师课前准备，是指教师对教学的道德策划工作。备课是教师教学工作的起始环节，是上好课的先决条件。明确教材的内容，抓重点、抓关键为学生进行讲解，找出其中的规律。同时在课前准备阶段教师还要善于参阅有关资料，根据需要自编、自选、改编一些补充习题，保证教学、训练有效进行。

教师教学过程中所教的内容主要包括三方面：一是学生个体已有的知识性结构，也就是学生基础知识水平；二是学生个体已有的能力性结构，主要是学习能力，包括解决问题的能力、班集体中共同讨论学习的能力、创新能力等；三是学生的非智力因素，主要包括兴趣、情感、信心、毅力、意志、习惯、品质等。

教师按照学期的进度计划完成教学内容，通过组织教学、讲授和巩固新教材、模拟操作、检查复习、布置课外作业、考试及课外辅导来完成整个教学过程。课外辅导是在课堂教学规定时间以外，教师对学生的辅导。课外辅导的内容：一是做好学生的思想教育工作，帮助学生明确学习目的，使他们能够独自计划学习和自我监督学习，并养成良好的习惯；二是做好对学习困难学生的帮助工作，包括解答疑难问题，给学习有困难的学生或缺课学生补习，指导学习方法。此外，还可为有学科兴趣的学生提供课外研究和帮助，指导学生的实践性和社会服务性活动等。

北京财贸职业学院物流专业贯彻落实教育部、财政部精神，使物流类专业贴近区域经济发展和建设，更好地为物流产业的发展培养高素质技能型人才，使专业建设融入行业发展，做好专业定位，使专业培养目标与职业岗位需求保持高度一致，使教学过程做到工学结合。

三、企业教育教学过程调研

德邦创始于 1996 年，主营国内公路运输业务。截至 2015 年 5 月，德邦已在全国开设直营网点 5 400 余家，业务包括标准卡航、精准城运、精准空运、标准快递、整车运输等。德邦在推动经济发展、提升行业水平的同时，努力创造更多的社会效益，为国民经济的持续发展、和谐社会的创建做出积极贡献，努力将德邦打造成为中国人首选的国内物流运营商，实现"为中国提速"的使命。

其服务理念是保持锐意进取、注重品质的态度，强化人才战略。一直以来，德邦都致力于与员工共同发展和成长，达到人企双赢。其企业培训教学过程如下。

1. 管理培训发展通道

基于学习路径原理，以员工职业晋升为主线，为员工的职业发展提供相应的培训课程，帮助员工更快地成长和发展。

（1）当员工一进入公司时，公司为员工量身定做的"新员工培训"内容，将帮助员工完成自由人向职业人的转变，帮助员工尽快熟悉公司的各项规章制度、尽快融入德邦大家庭，并且，导师制将为员工在公司的全方位发展提供全程指导。

（2）当员工熟悉了公司的运作，开始独立开展工作时，公司为各部门制定的"培训地图"及配备的问题改善类培训又将为员工的专业能力提升提供指引。

（3）当员工业务操作能够独当一面，并希望在管理能力方面提升时，公司将提供机会给有潜质的员工进行管理系列培训，员工也将会实现从专业人才向管理人才的转变。

（4）当员工熟悉了业务，并力求更长远的发展，公司为员工制定的"职业发展类的培训"将为员工在德邦的职业晋升提供指引。如果员工表现够优异，也可以入选"接班人计划"，员工将在管理和实战经验两方面都得到极大提升。

2. 专业培训发展通道

基于任职资格体系，以职业发展通道为主线，为员工的专业发展提供相应的培训课程，为员工从涉足某专业领域到精通某一专业领域提供全程的培训指导。

（1）当员工进入某一专业领域时，培训中心为其量身定做的行动学习和理论学习两部分，将帮助员工尽快熟悉某一领域内的工作开展。这也需要员工更多的自主学习和与同事深入的交流。

（2）经过行动学习和基础理论学习后，员工对自身专业领域的发展方向有了正确理解，接下来的部门内训环节，将使员工在单一领域内有系统而全面的了解，这将有利于员工独自开展工作。当然，从这一阶段开始，培训中心也会提供给员工管理系列的培训，有助于员工在专业通道和管理通道的双向发展。

（3）在这个环节的培训将采取内外培训相结合的方式，员工将有机会参与其他相关领域的培训，并且为了强化专业性，员工还将有机会申请去外面专业机构学习的机会。

（4）当员工已成为公司专业领域的专家，培训中心将为员工提供更多对外学习和交流的机会。

四、结果分析及建议

（一）结果分析

国外教学过程体现了师生的双重主体性和互动性。国内要实现教学的最优化，单纯强调教师的作用而忽视学生的作用，或强调学生的作用而忽视教师的作用，都是片面的。比较发现，学校教育要改变教学内容过于依靠书本及知识"难、繁、偏、旧"的现状，关注学生学习的兴趣、爱好、动机、经验及情感，加强课程教学内容与生活和社会发展的联系，培养学生掌握终身学习必备的知识和技能。在教学过程中，教师应投入积极的情感，精心设计每堂课，全面考虑学生的需要、兴趣、能力和思维习惯等，根据每课具体内容而采用相应教学策略和方法，优化每一课。过去看来是最优的，现在则未必仍然最优，同样现在看来是最优的，将来也可能发生变化。可见，教学过程也要不断改进，以适应时代的变化。

（二）建议

第一，引导学生理解知识。即引导学生由感性认识向理性认识转化达于理解阶段。所谓理解，就是揭示事物之间的内在联系，把新概念在头脑中纳入已知概念的系统，由已知概念向新概念转化，即形成新概念。随着现代科学技术的发展，科学概念或规律性知识在教学过程中越来越具有重要作用和主导地位。引导学生学会独立地利用已知概念探索新知识，是发展创造性思维和独立学习能力的中心环节，是不断形成和发展认识结构的基本条件。

第二，引导学生进行实践作业。其包括通过观察、实际物流操作以及实验等活动丰富学生的表象，并要求这些表象有明确的目的性和典型性，以便迅速有效地达于理性认识，同时发展学生的观察能力、想象能力。学生应在教师的积极情感影响下，发挥学习主体的作用，积极学习、勇于探索、多读多练、多听多说、多思考、多实践，学以致用。

第三，教学过程要以师生交往、互动为主要形式。交往是活动的基石，互动是师生交往的主要表达方式。交往是人与人之间最基本的存在方式，是教师与学生之间的相互交流、相互沟通、相互作用、相互理解。师生交往的本质就是把教师和学生的人格精神在教育情境中有机融合。

第四，检查和巩固知识。检查和巩固是教和学的双方的活动，其最终目的是教学生学会自我检查和纠正学习中的错误，并善于充分利用意义识记和逻辑记忆来巩固知识、技能和技巧。教学过程各个阶段是相互渗透、相互促进的环节，并具有相对的独立性。并不是每一堂课的教学都必经这些步骤，不能作为呆板的公式看待。教学过程既可以由具体到抽象，又可以由抽象到具体；既可以由认识到实践，又可以由实践到认识。

第五，教学过程研究具有注重信息技术因素、运用现代教育技术和教学媒体、构建信息化的教学环境、提供优质的学习资源、构建数字化课堂教学、利用信息化工具分析教学过程的特征。

第三节　物流专业教学手段国内外比较

一、国外物流专业教学手段调研

澳大利亚塔斯马尼亚大学物流专业的设计目标是帮助学生为充满活力和受国际关注的海事和物流行业，以及相关领域的职业做好准备。该专业的课程是独特的，因为它结合了核心商务原理课程、专业的海事行业学习课程和基于物流的学习课程，给学生提供需要关注的内容，以及对海事和物流行业中面临的问题的深入理解。海事管理项目的顶端课程要求学生把商务研究技术应用到当代海事和物流行业的问题上。

塔斯马尼亚大学物流专业教学理念是在教学中充分调动学生学习的积极性、主动性，使学生主动思考、主动发现、主动探索，真正成为主动构建知识、加工信息的主体。在现代教学观念中，教师已经不再是教学的中心，而成为指导者、参与者和学习者。根据课程的内容，教师利用互联网搜索查找相关资料、创设生活情境、设置问题让学生分组各自搜寻资料，依照学生的心理特征，抓住最佳时机，激发学生学习兴趣，充分调动学生的主动性和积极性。利用现代教学手段，教师可以向学生提供多种多样功能各异的感性材料、形象生动的画面等，把学生带进轻松愉快的学习气氛之中，让学生主动探索，愿意学、会学，真正成为学习的主人，从而强化教学效果。

科技的引入使现代教学手段已经包含了所有传统教学手段在课堂上运用的技术，使传统的教学手段更加先进化。

1. 电子白板在教学过程中的运用

电子白板问世，完全可以替代黑板。与传统黑板的"一擦即没"相比，电子白板能够实时记录、保存教与学的全过程，教师可以随时调用电脑中存储的课堂教学资料，不必再担心板书的内容无法重现；与"电脑+投影仪"相比，电子白板允许教师根据学生的学习情况，方便自如地随时调整、修改教学计划，并随时保存更新电子教案。同时，电子白板让教师与学生在课堂教学中实现积极互动，有助于提高学生的学习兴趣，比投影屏幕上只能是"一成不变"的显示内容更适合多样化教学和创造性教学的需要。除以上优点外，电子白板更加环保，有效保护了师生的身体健康。

2. 信息技术在教学过程中的运用

信息技术作为标志性教学手段，集电视、电影、广播于一体，教学过程中需要把信息技术与课程深度整合。在教学过程中，教师由课堂教学的主宰和知识的灌输者转变为课堂教学的组织者、指导者、学生良好情操的培育者。学生由知识灌输的对象和外部刺激的被动接受者，转变为信息加工的主体、知识意义的主动建构者和情感体验与培育的主体。教学内容由只是依赖一本教材，转变为以教材为主，并有丰富的信息化教学资源（如学科专题网站、资源库、案例、光盘等）相配合。学生利用多种途径获取知识，关于面临的生活的实际问题，可到广阔的互联网中寻找答案，并且把自己的心得或者所习得的知识分享出来，培养自主学习能力和思考及辨别能力。

计算机互联网集电视、广播、电影于一身，微博和教学互动网站的出现，能让教师的授课过程呈现给广大同行和学生，拓宽教师与同行及学生之间的交流面，教师之间通过把微博上呈现出来的好的教学设计和反思日志记录下来作为借鉴，在这一个过程中不能照搬照抄，因为每个人的表现方法和设计思路不一样，应该吸取好的部分与自己的课程整合。教师与学生进行交流和互动，每一节课的内容可以与学生分享，体现师生的平等性，学生根据每一节课的内容和每一门课程的教学设计提出自己的看法，帮助教师打破原有固定教学模式，针对学生心理的内部需求，重新调整教学计划和教学过程，以便使课程和教法越来越成熟。

通过在教学过程中应用多种教学手段，塔斯马尼亚大学物流专业的学生可以从事物流、船运、港口、进口和出口商务，以及国际运输领域的普通管理和高级行政管理岗位等工作。

二、国内物流专业教学手段调研

对于国内开设物流类专业的院校的调研情况，我们以天津职业大学为调研对象进行研究，该校物流类专业始建于 1990 年开设的储运管理专业，是天津市各高校中率先开设的专业，1990~1999 年每届招生一个班。在原储运管理专业的基础上，于 1999 年申办了物流管理专业，从而使专业建设开始进入了巩固提高阶段。

这一阶段的专业建设过程明确了专业培养目标、规格、职业岗位群、职业能力、课程体系，组建了专业建设委员会，完善了理论和实训教学系统，建成了校外实训基地，形成了专业教学团队，确定章建新教授为专业带头人。随着物流产业成为天津市支柱产业之一和滨海新区建设的兴起，物流管理专业得到了较快发展，规模逐渐扩大，教学改革日益深入，教学手段逐渐改善，综合办学优势和特色基本形成。

教师通过板书把教材的重点内容经过信息加工，结合对教学大纲的要求和教材内容的理解传授给学生，让学生接收这些信息。在这种教学观念下，教师需要把所教学科的知识理解透彻，通俗易懂地把课程内容讲解出来，并且通过后期的不断强化，使学生遇到相同的问题可以自己运用公式与方法解决。那么，只要有一支粉笔、一块黑板和老师需要具备的良好的沟通与交流能力，就可以打造出一个精彩的课堂。教师在课堂上向学生传授大量信息，学生需要在以后的生活与社会实践中把对这部分信息的理解转化成有用的东西，进而消化为知识。

课堂上运用传统教学手段以及辅助多媒体资源提高教材质量能够强化教学效果。教师掌握教材内容，通过粉笔在黑板上向学生呈现和讲解，内容决定教学的整个过程。教学过程中，教师事先安排好教学内容、教学策略、教学方法、教学步骤以及学生做的练习，学生参与整个过程。

三、企业教育教学手段调研

目前，开设物流专业的各类院校进行的上百项在校生学历教育和岗位培训都是按照传统的教学手段进行的，使培训工作的发展受到很大限制，也不能满足院校打造高端培训平台的需要。中国远洋运输集团（简称中远集团）投资建设数字化远程培训平台，结合中远集团职工教育培训的特点，以信息资源共享、监督考核、统筹管理、协调发展为特色，提高培训管理服务水平，创建中远远程培训品牌，最终实现全系统乃至全行业职业培训。青岛远洋船员职业学院（简称青院）是隶属于中远集团、面向全国招生、旨在为中国远洋航运事业培养专业人才的高等职业院校，同时学院也是中远集团的培训中心。

远程培训平台同时满足对在校学生、船员和企业的培训，产品是学院加企业培训手段的应用，产品功能、技术架构等方面应该具备可扩展性，满足未来发展。

远程教育在职工培训中的运用，使职工培训不受时间和工作的限制，随时都可以组织培训，解决了工学矛盾这一难题。清华大学根据公司提出的办班形式，可以安排全日制的脱产培训班、半脱产培训班和业余培训班，在时间上可以安排在晚上、周六、周日，也可以安排在每天的工作之余。清华大学远程教育播出时间由企业自定。

通过卫星电视、计算机网络、视频会议系统等现代远程教育教学手段，把全国、全世界一流的高层次导师直接"请"到企业来，传授最新的理论知识、前沿科学和新技术、新方法。现代远程教育使师生距离缩短了，虽远隔于千山万水却似当面交谈，学员们具有身临其境的现场感、新奇感、立体感和动态感，极大地激发了学习积极性和浓厚兴趣。通过计算机网络，学员们自主学习，自由选择课程，主动获取知识和信息，这与过去的课堂教学的单向信息传输有着根本的不同。

远程教育教学质量能够得到保证的前提就是要有高水平的教师。教师所具有的独特授课风格和渊博的知识给每个学员留下深刻印象，能够激发学员的学习欲望。学员不但感受到自己是该大学的异地学生，而且也受到了优秀大学近百年沉积的校园文化的熏陶。

由于知识老化的速度加快，企业员工尤其是技术人员迫切需要学习，不断"充电"。这种思想指导下，公司高起点建成了工人培训基地、干部培训基地。培训基地使用全新的教学设备和教学技术装备，现代远程教育以其规模大、现代化程度高、功能完备、教学质量高等特点受到人们的青睐，很好地适应了这种需求。

四、结果分析及建议

（一）结果分析

国内教学手段的优势是教师与学生可以进行面对面的交流。教师通过提问、观察学生的表情等可以及时得到反馈信息，随时调整教学方式；教师在传授知识的同时，可以结合教学内容对学生进行有目的、有计划的思想品德教育，帮助学生树立正确的世界观、人生观、价值观，同时教师的一言一行也在潜移默化地影响着学生（如教师的优良品质、人格魅力等）。国外教学手段的优势在于：在教学过程中运用声、光、电相结合的现代媒体，因而它具有形象性、真实性、生动性、感染性，可将教学中抽象的问题具体化、枯燥的问题趣味化、静止的问题动态化、复杂的问题简单化，从而极大地优化了教学过程，使教学效果明显提高。

国内教学手段通常是一支粉笔、一张黑板，运用得好与坏，主要取决于教师课前准备是否充足，需要学校购置大量的专业书籍或者教师去书城购买，浪费了大量的时间与财力。由于地区的差异，很多资料教师很难找到或者买到。如果没有大量的参考资料做支撑，只靠一本教材为学生讲解肯定是不成功的。教学反思参与的人员较少，教师不容易拓展授课思路、消除和改正自己的教学弊端；大量的板书对于学生来讲比较枯燥，学生注意力保持时间较短；粉笔的粉尘会影响教师和学生的身体健康。

课堂教学中，首先，学生受到教材的限制。其次，教师对教材内容的理解各不相同，偶尔会出现偏差，导致学生接受教师传递的信息本身就是错误的。最后，由于传统教学手段比较单一，除了从教师、教材、黑板和一些教学器具中获得相关信息外，缺乏知识的拓展，导致学生质疑能力、发展思维受到限制，缺少创造力。

（二）建议

第一，加快物流专业校本教材的研发。依据物流专业典型岗位的职业标准，研发物流专业课程内容和职业标准相衔接的校本教材。在调研的基础上研发与企业生产内容相适应的校本教材，取企业调研之精华、集教师群体之智慧，这是教材研发的必由之路。

第二，加大对教学设备的投资，在完善和改进已有教学设施的基础上，要求新购置的教学设施必须具有国内先进水平，要在相当一段时间内保持其先进性。

第三，教师需要不断适应新兴的教学手段，学习现代教学手段技能，改变原有的教学观念，充分利用现代教学手段，激发学生的创造力和发展思维，培养学生的自主学习能力，真正发挥教学手段的作用，提高教学质量。

第四，教学手段的不断更新，对教师运用各种现代教学媒体的能力的要求也越来越高，越来越全面。因此，需要对教师们进行相关培训，不仅仅要会操作简单的幻灯机、投影器、录音机、电视机等，而且要掌握一定的计算机基础知识、操作技术与制作软件的技术。

第五，传统教学手段的优势也是任何先进的机器替代不了的，所以现代化教学手段不能完全替代传统教学手段。它们在教育教学过程中应相互配合，相互补充，既不能夸大现代教学手段的效应，也不能否定传统教学手段的作用，只有这样才能真正达到优化教学过程、提高教学效率的目的。

第四节　物流专业教学资源国内外比较

一、国外物流专业教学资源调研

数字化教学资源是教育资源的重要形式之一，不仅包括阅读材料，也包括实验室数据、技能训练材料、考试题习题、作业等。关于数字化教学资源建设，应以在同领域同学科内分享教育资源、促进交叉学科交流和人才培养、为高等教育服务和全民终身教育服务为指导思想。在这方面，MITOCW（MIT open course ware），即麻省理工学院网络课件开放式工程给了我们很大的启示。

1. MITOCW 建设情况介绍

MITOCW 由麻省理工学院教育技术委员会设计、开发与管理。该工程始于 2001 年 4 月，计划用十年的时间把 MIT 几乎全部的、在教学实践中使用的、总共 2 000 多门课程的资料制作成网络课件分批放在国际互联网上，供全球任何地方的任何学习者免费使用。这些课件的资料包括每一门课程的主讲教师的信息、课程讲义、教学大纲、阅读书目、作业、教学方式等，以统一风格的界面呈现，提供搜索和反馈的功能。OCW 提供从本科到研究生教育各层次的课程资源，以多媒体的形式呈现。课程材料涵盖 MIT 所有的课程，包括工程学、自然科学、管理学、建筑与规划、人文、艺术与社会科学等。MIT 把教学资料制作成网络课件放在网络上，免费向全世界提供 MIT 的教学内容和教学方法。OCW 的第一批课程资料已于 2002 年 9 月 30 日正式开放，至 2005 年 4 月，MITOCW 已有 1 100 门课程上线，MITOCW 于第三阶段 2008 年，约 1 800 门课程上线。

1）人员组织

一定意义上，OCW 的成功源于其人员合作分工的成功（图 7.2）。MITOCW 有 7 名联络人，被分配到各个学院去负责联络教育人员，负责帮助教育人员管理发布课程，自身则作为项目的管理者、协调人员，与教育人员和院系的领导人员一起，完成教学资源的发布工作。每个联络人又管理着 10 个系内联络人，由 MITOCW 出资，由院系负责雇用，在院系内部工作。这些系内联络人直接辅助教育人员准备他们的数字化教学资源，准备发布工作，同时辅助联络人调整 MITOCW 的计划安排和课程资源的发布战略。教师联络员与院系联络人协助教师将教师课目网络化组织的全过程是：为课目网站设计提供咨询；协调内容的收集、转换、输入；提供美术的制作帮助；进行知识产权和版权的研究。

2）发布课程

MITOCW 推出网上课目资料的过程如下：通过联络人查找选定教师以及他们的课目；计划、勘定内容显示和技术规定，包括目录、IP 以及说明等；建设课目，包括数据的输入、初始问题回答、基本元数据的规定、最初的质量评价；发布课目，包括最后问题回答、教师审定、测试通过等；出版发布后支持服务，包括编辑更新、问题处理、故障检修等。

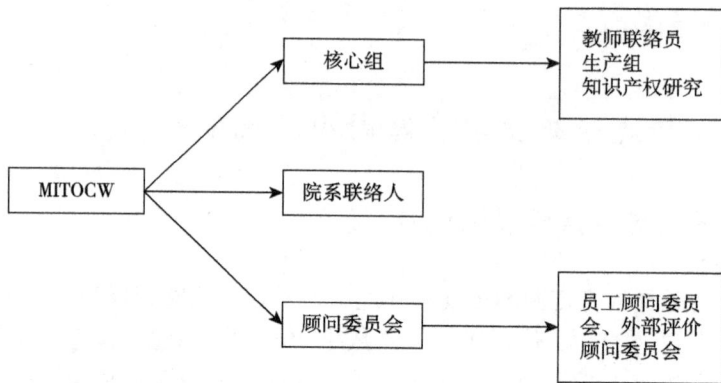

图 7.2　OCW 的人员合作分工图

MITOCW 使用目录管理系统来管理发布的全过程，这个目录管理系统基于微软目录管理系统 2002，为 MITOCW 工作人员提供了简单易用的工具、制作课程的模板、建立和管理发布工作、连接数据元素和目录、在目录中管理著作权状态以及发布网页地址。MITOCW 的网页发布使用的是普通 HTML 界面，因此所有用户都可以方便地使用 MITOCW 资源，并将资源与自己的教学网页相结合。从 2003 年初开始使用、可供 500 门课程发布的 CMS（content management system，即内容管理系统），是微软目录管理系统 2002 的用户化实现。现在，全部的 MITOCW 网页都是从 CMS 中动态发布的。

3）评价策略

完整、连续的评价和反馈策略，是 MITOCW 成功的重要原因之一，其评价策略分为程序评价和方法评价两个部分。程序评价集中在课程的输出以及这些输出产生的成果，从而达到程序评价所要达到的目标，如确保全世界用户可以使用 MITOCW、鼓励使用 MITOCW 并引用其资源；方法评价集中在 MITOCW 的运作情况，通过组织、方法、技术、交流的运作达到方法目标，如建立和维护一个有反映能力的专业组织、建立一个有效的技术支持、交流 MITOCW 的信息和接收反馈等。

2. 做法分析与借鉴

MITOCW 的开放式资源共享模式给我国高校数字化教学资源建设提供了一定的启示。MITOCW 的规划阶段、发布阶段与评价阶段的人员组织、课程组织等给我们一个资源建设有章可循的借鉴模式。

从中我们可看出，在教育资源建设中，首先，要确定一个高校教学资源建设的原则。其次，要在全校范围内进一步做好宣传发动工作，使全体师生员工充分认识到高校教育信息资源建设是一项长期性、基础性和经常性的工作，它已经渗透到校园的每一个角落。再次，加强数字化教学资源库建设，只有通过现代化的技术手段，将宝贵的教学资源电子化、信息化、网络化，这些宝贵的教学资源才能成为可以再生、可以共享、可以充分利用的优质资源，才能更广泛、更高效、更科学地为学科建设服务。同时要统筹和开放教学资源，促进教育质量的提高，MITOCW 把重点放在利用网络能够进行资源共享和交流的优势发展 MIT 的教育上。这种开放的行为将极大地激励全球的人们贡献才智、热情参与 MITOCW

的教学资源建设，从而为 MIT 整合各种资源、革新教育铺垫道路。最后，突出教学资源建设的共享与利用以及数字化教学资源的共享与利用，将会改变我国整个高等教育的面貌，使我们有可能学习并享用最先进的教学内容和教学方法，真正实现国际化的"名校名师"的教学模式。通过教学资源的共享，在较短的时间里，既可缩短我国与先进国家的差距，又可缩短我国东西部地区间的差距。

二、国内物流专业教学资源调研

2010 年 7 月，我国公布的《国家中长期教育改革和发展规划纲要（2010—2020 年）》中提出要"加强优质教育资源开发与应用。加强网络教学资源库建设。引进国际优质数字化教学资源。开发网络学习课程……促进优质教育资源普及共享"。广西师范大学属于省属师范大学，自 2001 年加大力度进行校园网的建设以来，在学校领导的重视和领导下，在教育信息化过程中取得了较好的成绩。

1. 教学资源建设现状介绍

1）教学资源硬件的建设情况

广西师范大学逐步建立了完善的硬件环境。其不断投入资金，建立了多间多媒体教室，加强校园计算机网络的建设，逐步扩展校园网。目前，校园网已经接入办公室、多媒体教室、教工宿舍和部分学生宿舍，每一间多媒体教室都能与校园网连通，下一期的校园网建设工程也在紧锣密鼓的进行之中。校园网的建成并投入使用，使学生和教师在校园的任何时间、任何地点，都能进入校园网进行信息的查询和检索，极大地方便了教师的教学和学生的学习。

2）新型数字化图书馆的建设

广西师范大学图书馆的建设也趋向于数字化。图书馆建立了自己专门的网站、数据库，并通过购买、包库的形式，引进了多种中外期刊库、数字图书馆，提供检索、查询、浏览、下载、存储等功能，使读者可以方便地查询信息，有效地利用图书资源。目前，校图书馆借书、还书、查询书目都使用电脑来进行控制，机房全天对读者开放，而且还出现了供不应求的现象。

3）教学资源软件的建设情况

广西师范大学重视教育教学软件的研究和开发工作。校领导十分重视现代教育技术的应用，把使用现代教育技术，促进教学改革作为提高教学质量、推进教学改革、提高学生素质的有效途径。学校通过多媒体教学软件立项，举办课件制作培训班、聘请专家到学校讲学、举办学校教学课件比赛等办法，促进学校教育技术的发展，促进课件制作及应用水平的提高。2002 年，学校确立了 36 个多媒体教学软件研究项目，两年来共投入 15 万元用于研发，保证软件的制作、研究能如期完成，现已获得一批多媒体教育教学软件成果，逐步建立了校系两级多媒体 CAI（computer aided instruction，即计算机辅助教学）课件制作基地。

2. 做法分析与借鉴

广西属于西部不发达地区，校园网和其他教育资源的建设起步得比较晚，无论是硬件还是软件资源都相对比较匮乏，基于广西这样的情况，广西师范大学积极响应各方领导的建议，加大资金和人力投入，积极进行教学资源各方面的硬件、软件等的开发，并对教师进行教育技术的培训，提高教师的教育教学资源开发能力和应用水平。学校能够意识到教学资源开发的重要性，赶上教育信息化的大潮，适应时代的需要，为学校下一步培养出具备较高的信息素养和创新能力的复合型人才而不断地努力。

三、企业教育教学资源调研

物流行业逐步兴起，企业需要不断加强完善教育培训资源来进行人才培养。下面我们以中国海运集团有限公司为例，了解其教学资源建设的情况。

1. 教学资源建设的定位

专业资源库建立的目标是，提供有关物流类专业多媒体教学的资源，以及专业前沿、行业发展的相关信息，以专业教学软件和电子教学资料为主，建立一个无边界的物流专业教学与研究共享平台和打破时空限制的物流管理职业教育与终身继续教育课堂。

2. 教学资源建设内容介绍

专业资源库的建设是按以下层次进行，具体框架见图7.3。

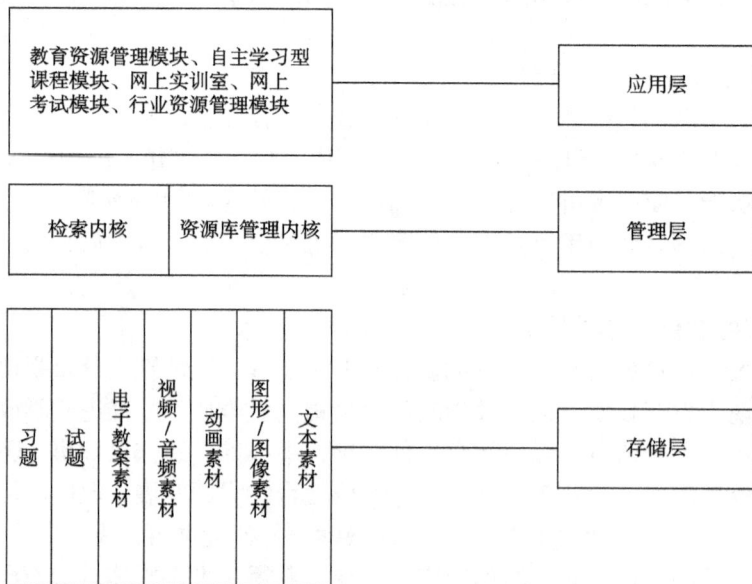

图 7.3　教学资源建设框架图

物流专业资源库建设主要包括：

（1）硬件环境建设。硬件环境是信息资源系统的物质载体，主要包括计算机设备、网络联结设备、各种功能的数字化等相关设备。

（2）软件系统开发。应用层应用软件子系统和用户管理系统［加盟学校管理、用户（学习者）管理、后台管理］。应用层应用软件子系统包括教育资源管理模块、自主学习型课程模块、网上实训室、行业资源管理模块和网上考试模块。物流专业资源信息建设结构如图 7.4 所示。

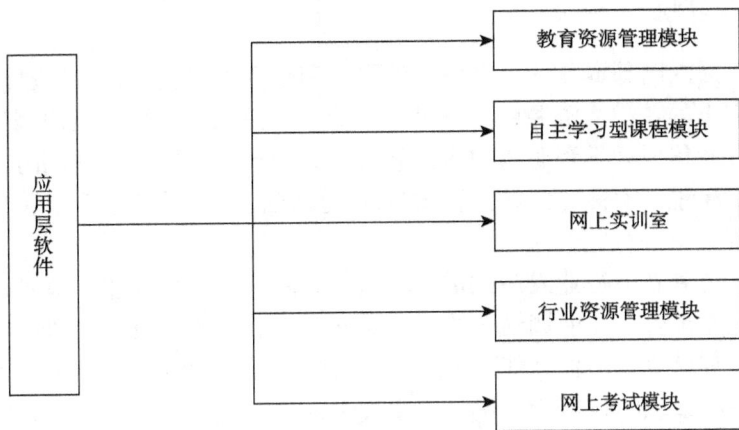

```
                                    ┌──────────────────┐
                              ┌────▶│  教育资源管理模块  │
                              │     └──────────────────┘
                              │     ┌──────────────────┐
                              ├────▶│ 自主学习型课程模块 │
         ┌──────┐             │     └──────────────────┘
         │ 应用 │             │     ┌──────────────────┐
         │ 层软 │─────────────┼────▶│    网上实训室     │
         │ 件   │             │     └──────────────────┘
         └──────┘             │     ┌──────────────────┐
                              ├────▶│ 行业资源管理模块  │
                              │     └──────────────────┘
                              │     ┌──────────────────┐
                              └────▶│   网上考试模块    │
                                    └──────────────────┘
```

图 7.4　物流专业资源信息建设结构图

教育资源管理模块：物流专业资源管理模块将主要把本专业建设过程中形成的各种专业建设成果，即专业能力体系和标准、专业教学和课程体系标准、各种教学资源配置方案、教学模式等教学资源向全国同类专业开放，向全国推广和示范物流管理专业建设标准。将这一模块的资源建设与专业特色和职业特色紧密结合，使专业建设和学生培养更加符合区域经济发展特点。

自主学习型课程模块：把核心专业课程开发成网上自主学习型课程，提供中文素材的具有物流专业各门专业核心课程学习的全部材料，实现专业课程的网上自主学习；提高人员自主学习能力和网上资源收集利用能力，培养他们终生学习的能力。

网上实训室：将实训中心的港航业相关软件模拟操作系统（Web）版，安装在专有的服务器上，可以通过 Internet 网络进行自我实训，学会操作各类港航业相关模拟软件；通过其他各种实训项目指导书，以及实训材料，完成各种实训任务，如解决方案、流程设计、案例分析等；网上实训室还可用于职业技能的考核，提高实际操作能力和职业适应能力。

行业资源管理模块：行业资源管理模块包括港航商务、港航知识、港航英语、物流新闻、物流前沿、法规标准等。学生通过这一模块的资源学习与利用，真实地感受企业职业要求与能力标准，明确学习的方向与目标，提高毕业创业能力，并获得毕业就业信息。

（3）数字化专业资源建设。数字化专业资源是整个专业资源库中最核心的部分，物流专业资源库将集成物流及相关专业、行业的各类标准、法规、核心知识、关键技术、最新观点、典型案例等，各类信息将依托互联网，以文本、图片、视频、音频、动画、课件等载体形式，构建先进、通用的数字化教学平台，建设、整合、管理和应用各类教学资源，形成多层次、多功能、交互式的教学、研究资源服务体系。

（4）专业资源库的运行和维护。专业资源库建成后，需要不断有管理人员进行维护升级，保障资源库的稳定高效运行。

四、结果分析及建议

（一）结果分析

调研发现，国内已基本具备了网络基础服务和硬件基础设备，如何建设资源库的应用系统是信息化建设的关键。资源库建设可以以统一身份认证、统一门户网站为软件平台，开发以物流专业和优质教学资源为内容的教学资源共享的系统。与此同时，以教学资源、多媒体视频直播/点播系统和教学数字支撑系统为基础，整合现有资源，将专业教学、网络课程和精品课程重新进行完善。

根据地区形势和物流行业发展的需要，培养所需的高素质人才，国内职业院校意识到教学资源建设的重要性，并能调动全体师生共同完成资源的建设。教师经过教育技术理论与技术培训，掌握计算机操作技能，再结合丰富的学科教学经验，制作出教学所需的各类课件，这样使院校以教学科研为中心，以现代教育技术理论为指导，拓展物流专业数字化学习资源，构建数字化教学平台，促进精品课程、名师名课的建设。这有利于建设一支掌握教育信息技术的新型教师队伍，为培养创新型人才服务，有利于探索网络环境下教育新型的教学模式、课程模式、评价模式，有利于培养教师和学生适应信息化环境教与学的能力，积极探索，勇于尝试，才能实现院校物流专业的蓬勃发展。

（二）建议

第一，积极培植教师的教学资源意识。教学资源意识是教学资源开发、深化和优化的前提，是课堂优质化建设的必须，也是提升教学品质依托之所在，更是教育改革对课堂教学变革的诉求和着力点。要让教师明白教学资源有哪些类别和样态，事实上，诸如教学时间、教学空间、教学文本、教学方法、教学歌诀、教学游戏、教学氛围、师生关系等诸多的课堂要素都可以成为教学资源。

第二，努力强化教师的物流专业教学资源能力建设。即通过教师搜寻、剔选、处理、整合来提升教学资源的综合性能力。教师要在能力所及的范围内搜寻尽可能丰富的物流相关教学资源，譬如文本资源、媒体资源、网络资源、教学经验资源、课例资源、学生资源等，要具备最基本的教学资源能力，如知识能力、判断能力、鉴别能力、筛选与整合能力等。

第三，减少教学资源开发与使用中的荒废。在物流相关专业教学中，教学资源的荒废造成了教学资源的低水平重复，也导致了教学资源开发的深度不够。合理地搭配教学资源是减少教学资源荒废的主要途径。任何单一的教学资源是不能达成教学的最终效果的。教学资源必须在相互搭配中才能形成教学的合力。

第四，做好教学资源的普查与摸底。对教学资源如果仅仅停留在观念层面，不触及教学资源的实践样态，则很可能致使教学资源不能发挥真正的教学价值和教学作用，也不能更好地发挥通过教学资源的优化变革课堂教学的作用。这就要求要对现有的教学资源实施一定普查和摸底。教学资源的普查和摸底，是教学资源走进物流专业课堂教学的前提，也是教师教学资源观的必须。

第八章

物流专业实践教学国内外比较

第一节 物流专业实践教学概述

实践教学是物流专业人才培养不可或缺的关键环节，对提高学生的综合素质、培养学生的创新精神和实际工作能力发挥着重要作用。而校企合作作为一种新型的实践教育模式，在物流实践教学中具有不可替代的地位。校企合作有助于提高学生的专业素质及实践能力，培养学生成为适应社会的人才。校企合作还是一种能达到资源共享、优势互补的有益机制，既促进学校教学（科研）的进步，又推动企业的发展。

为了能从根本上解决物流实践教学中存在的基本条件不够完善、实践教学内容落实不到位、实践教学评价体系不健全、学生实践动手能力差、专业技能不足等诸多问题，必须打破浅层次机械化的校企合作方式，使企业与学校深度融合，从企业的需求出发，把物流教育的功能定位、使命、目标融入企业价值链、产业链、企业文化，建立完善的实践教学体系，真正培养适应现代高新技术、管理要求的高技能物流人才。

一、物流专业实践教学的概念

物流专业实践教学是一种基于实践的教育理念和教育活动，它是指在物流实验室或生产现场，根据实验、设计和生产任务要求，在教师指导下，以学生自我学习和操作为主，通过学做结合，获得感性知识和技能，提高综合实践能力的一种教学形式。在物流教学过程中，应建构一种具有教育性、创造性、实践性，以学生主体活动为主要形式，以激励学生主动参与、主动思考、主动探索为基本特征，以促进学生总体素质全面发展为主要目的的教学观念和教学形式。狭义的物流专业实践教学是指教学计划之内的课堂实践教学、技能训练、综合实训、学生见习和实习等，是一种以培养学生综合职业能力为主要目标的教学方式。但从广义上说，物流专业实践教学除了教学计划之内的课堂实践教学、技能训练、综合实训、见习和实习等，也包括学生的第二课堂、毕业设计、学生军训、公益性劳动课、社会调查、社会实践等。

二、物流专业实践教学的原则

良好的物流专业实践教学效果是多种要素综合作用的结果，在构建的过程中需要协调、平衡好以下几方面的关系。

1. 理论教学与实践教学相结合

物流专业的理论教学与实践教学不是互相排斥的矛盾体，而是互相依靠的矛盾体，即彼此的存在和发展是依靠对方的协同实现的。物流专业实践教学要成为一个独立的体系，同时也决不能把它和理论教学割裂开来，甚至对立起来，而是要和理论教学结合起来。理论与实践相结合是物流职业教育的基本规律，但结合的程度是关键。学科体系下学完理论再学实践也是理论与实践相结合，是"接"合而不是"结"合。更深层的结合是理论与实践的交替进行，是理论与实践的融合，即在理论教学中有实践，实践教学中学理论，并形成一个统一的体系，由低级向高级递进，理论与实践的结合是在同一时间、同一地点、同一内容、同一师生的结合。总之，在物流专业实践教学中要尽可能深化理论教学与实践教学的结合程度，要实现由实践教学辅助理论教学向理论教学辅助实践教学转变，达到"做学合一"的效果。

2. 软件建设与硬件建设相结合

要加强对物流专业实践教学的思想认识，使学校管理者和教师重视实践教学改革，明确物流专业人才培养的职业定位，做好调查研究，认真组织人员分析职业技能结构，明确专业内涵。要根据实用性、先进性的原则开发课程，对原有课程中的理论性过强、过多、过深的部分进行删减，对物流专业职业工作中实用的、先进的技术进行更新，优化教材内容和结构。

硬件是开展物流专业实践教学的必要条件。实践教学要求硬件建设必须够先进，同时要提高利用率。首先，要坚持以物流教学为主的原则，设备要求满足教学的需要，包括数量和科技含量。其次，设备要有尽可能多的辅助功能，除了服务教学外，还可以应用于科研、生产、租赁等，充分发挥设备的价值。最后，还要按整合性原则，科学设计设备分配与组合，按专业内容、工作工程等整合设备，不同专业，相同的技能单元可以整合为一个物流实验室，不同内容的实验也可以协作共用，建立综合实验室。

3. 校内实践与校外实践相结合

校内实践是物流专业实践教学的重要组成部分，要不断完善校内实践教学的方式。校内实践构建原则可以从以下方面来体现。

（1）仿真原则。构建校内实践教学体系不能过于普教化，而是要按照职业世界的真实状况，构造尽量接近真实的教学环境，要体现企业生产、建设、服务、技术与管理的原始原貌，特别是要营造职业工作的气氛，模拟企业文化与交往方式，以增强学生的职业意识。

（2）综合原则。校内实践教学要体现综合原则，既要实现教学内容的综合，可以开展项目教学、综合性实训、创新性学习等综合知识与技能的教学，也要实现跨专业的综合，可以开展跨专业的实践教学，将不同专业的相同的基础内容综合起来，统一教学，提高教学效率和资源利用率。

（3）先进原则。校内实践教学要调查地区企业情况，模拟生产企业的较先进技术，体现现代工艺水平，使用较先进仪器设备，贴近本地实际，适度先进的教学有利于增强学生的就业竞争力。校企合作的国情是企业积极性不高，调动企业积极性的关键是遵循"互惠互利"的合作原则。学校应该充分考虑企业的真实需求，结合自身的教学与专业优势，为企业服务。同时，企业也应该投入相应的资金、设备、技术人员，协助学校开展教学工作，双方共享合作利益。学校要本着主动的原则，积极寻求企业合作，努力开拓合作的新空间，实现合作方式多样化，争取合作的稳定效果。

三、物流专业实践教学的方式

实践能力的培养必须建立在对物流管理相关理论学习的基础之上，然后将所学理论应用于实际，解决实际问题，从而进一步深化对理论的学习。为培养学生实践能力，本书提出三种主要的实践教学方式。

1. 案例教学

案例教学给学生提供一种近似真实的情景，让学生模拟现实中的场景，融入角色之中，运用所学物流理论解决案例中的问题。此方法可培养学生发现问题、分析问题和解决问题的能力，几乎所有实践能力的培养模块都应用了案例教学方法。需要注意的是，案例选择要与培养的实践能力及应用的理论知识密切相关，并且要善于组织和实施，案例教学一般结合以下两种途径。

1）物流实验

物流实验主要是指利用实验室的各种与物流管理相关的软件模拟实际场景，从而对各种管理活动有更深刻的认识，并且通过实际操作掌握各种管理的技巧与方法，从而能够解决实际中的问题。

2）物流实训

物流实训是指通过操作实训室的物流设备，能够快速适应企业在采购、配送、仓储、理货、运输组织等工作环节的要求，对各种物流活动有感性认识，为学生提高物流管理水平打下实践的基础。

2. 校外实践

通过与校外实践基地的合作，为学生提供真实的实践环境，使学生加深对物流管理的认识，进一步明确学习目的，并尽可能地利用所学知识为企业解决实际问题。教师应该对学生工作方法、工作内容、办公室礼仪等进行指导，学生则在教师及企业主管领导的指导下认真完成实践任务，从而提高实践能力。

3. 物流设计大赛

通过举办和参加各种物流设计大赛和物流技能大赛给学生提供实践和培养创新能力的机会。学生在参加大赛期间，能够主动将所学物流管理理论应用于大赛案例中，在指导老师的帮助下，提出相对完整的解决方案，从而提升学生的实践能力。

第二节　物流专业实践教学现状及问题分析

一、物流专业实践教学现状分析

（一）实践教学国外调研分析

通过实地考察、专家访谈、网络调查等形式，对国外 67 所高校的物流专业开展调研分析，调查的重点内容包括物流实践教学特色、物流实践教学开设情况、物流实践教学资源建设与共享的经验和措施等方面。

国外物流教育非常重视实践教育过程，学生在物流企业实践中较好地理解物流运行原理，同时能够成为物流管理的操作人员，在实践中成长为熟练的物流工程人员。

德国教育的最大特点是学校教学与企业实践同时进行。德国的学生一方面在学校接受教育，一方面在企业接受培训，这种形式的学习被人们称为"双元制"，德国的物流教育业采用同样的方式。在德国，多特蒙德大学、德累斯顿工业大学、汉诺威大学、杜伊斯堡大学等著名学府都开设了物流专业，并且一直以培养高水平操作技术人员而享誉世界的诸多德国高等专科学校也开设了物流专业，形成了通才教育与专门人才教育并行的教育体系。与高校教育并行的，学生在企业的实践是其培养高素质人才的关键。在整个实训与实习中，德国人十分强调养成严格的规范化的操作习惯，学生要以正式工人身份进行生产，而不是见习、参观，实习中必须生产出真实的合格产品。在这样严格的实训下，德国学生的责任意识和综合素质得到了较大的提高。此外，德国政府非常注重加强物流教育推广工作，如组织物流企业向公众推出开放日活动，鼓励建立普及物流知识的网站等。

法国物流专业注重对学生实践性、应用性的培养。物流专业主要由理工学院开设，基本学历 2 年，培养理工方面的工程师，主要服务于工业。教学模式一般为一周理论课，一周工厂实践课的形式。相比于纯理论教学的模式下的本科学历学生，该种教学模式下的学生实践能力更强，更易寻找到合适的工作岗位。因此，不会出现前述国内物流高职院校学生不停调换岗位的现象。

英国高校注重学生实践能力的培养和自主学习的训练，强调在教学过程中培养学生遇到陌生问题时，通过查阅文献、自行解决问题的能力，而不是由教师在课堂上灌输现成的知识；注重提高学生适应环境、交流协作的综合能力，而不是局限于课程内容的学习。这些理念贯穿整个教学计划，学生在校期间，经历的实训环节包括作业实验、论文报告、项目设计和毕业设计等。英国高校的教育理念强调能力教育，推行自主学习，注重"从做中学",鼓励学生自己去发现、去体验。贯穿整个教学过程的是培养学生在自主学习的基础上,运用已有知识解决实际问题,进而创造新知识的意识和能力。

美国物流教育最大的特点,是兼顾学位教育与职业教育的多层次全方位的教育体系。一方面,美国有约五十所大学设置了物流管理或物流工程专业,并为工商管理及相关专业的学生开设物流课程,或设立了独立的物流管理专业,或附属于运输、营销和生产制造等其他专业,部分学校开设物流的硕士研究生和博士研究生教育。另一方面,在美国供应链管理专业协会的组织和倡导下,全面开展物流在职教育,建立了职业资格认证制度,已经形成了较为合理的物流培训体系,包括建立物流职业资格认证制度,要求所有物流从业人员必须接受职业教育,经过考试获得工程师资格后,才能从事有关的物流工作,如仓储工程师、配送工程师等若干职位。人才的使用和培养在美国物流产业的发展中发挥着重要作用。在物流人才需求的推动下,美国已经形成系统的物流教育体系与物流专业人才培养模式。

第二次世界大战后,日本一跃成为现代化水平最高的国家之一,尤其是其工业化生产与物流管理的有效结合,使其成为物流领域的焦点国家。日本物流教育的最大的特点是涉猎广泛、不拘一格。首先,日本许多大学均开设了物流管理或物流工程专业,其中以东京工业大学、早稻田大学、流通经济大学等最为著名。从课程体系安排可以看出,日本的大学专业课课程设置不仅强调多元化,而且突出特色,在"宽口径、厚基础"上下功夫,使数学、物理、计算机、物流管理、情报开发、环境经济学等多方面知识形成有机整体,可以适应物流领域的多方位需求。其次,日本的物流教育不仅是在学校完成,许多大企业也设有专门的物流研究、咨询、培训机构。如日本通运、山九株式会社等都非常重视物流人才教育,并为中国进行过物流人才培训。最后,一些物流协会协助政府开展了物流调查,推进学术交流、技术推广、资格培训等工作。日本在物流教育中注重实践性,开办"物流管理士""国际物流管理士"等资格培训班、研修班,形成了完整的物流教育和培训体系,因此有效解决了物流人才短缺问题。

新加坡物流教育的最大特色是政府的积极推动性。新加坡政府的推动工作主要体现在三个方面:一是扶持高校物流教育。新加坡政府在高校设立物流硕士课程,培养物流专业的高级管理人才。同时,提供2 000万新元资助新加坡国立大学和美国佐治亚州科技学院在新加坡合作成立亚太物流学院。此外,还鼓励私立教育机构开办物流专业课程,为在职专业人员提供培训。二是开办讲座宣传物流。新加坡政府以讲座的形式向公司及公众介绍物流技术的最新发展,并推出了政校合作、国际交流等多项物流人才培训计划,配合市场的实际需要推出广泛的专材训练课程。三是组织会议研讨物流。新加坡政府也与物流专业机构、协会或商会合作,推动举办物流展览会、研讨会,促进国际交流与合作。

(二)实践教学国内调研分析

1. 国内高校实践教学调研分析

通过抽样调查的方式选取29个高校教师及教务人员的问卷调查以及教学管理部门和实训部门的领导及工作人员的访谈,收集第一手资料,从物流实践教学培养这一角度去总结分析各类高校实践教学活动中存在的问题及相关原因。

从教龄上看，教龄在 5 年及以下的年轻老师占有最大比重，占 32%，其次是 6~10 年（21%），10 年以上教龄的资质较深的老师占比例较少，其中 11~15 年的教师占 11%，16~20 年的教师 22%，20 年以上的教师占比重最少，为 14%。受调查者教龄分布如图 8.1 所示。

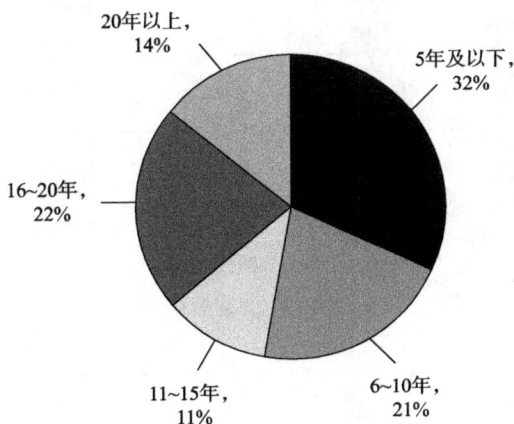

图 8.1 受调查者教龄分布

从教学方法来看，传统讲授法和案例教学法是最多被使用的方法，被所有学校采用，角色扮演教学法（68%）、模拟教学法（57%）、实训教学法（45%）、项目教学法（42%）应用的相对较少。调研结果如图 8.2 所示。

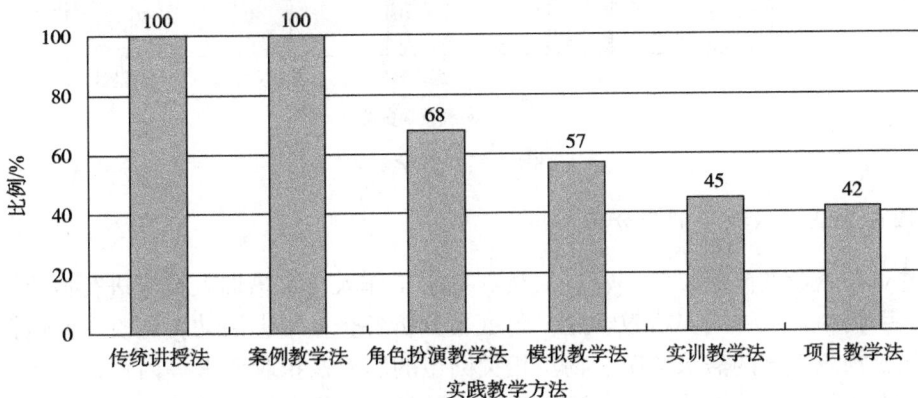

图 8.2 实践教学方法

从实践教学的类型来看，课程实训（92%）和社会调查（80%）被普遍采用，课题研究、企业见习和校外兼职三种类型各学校较少应用，分别为 35%、57%、36%。关于实践教学类型的调研结果如图 8.3 所示。

从实践教学的教学资源来看，教材（96%）和互联网（92%）等传统教学资源的使用非常广泛，几乎被所有学校所应用。但多媒体教室、物流实验室的使用较少，分别为 73% 和 67%，而物流实践工厂这种教学资源还没有被广泛采用，仅为 37%。关于实践教学资源的调研结果如图 8.4 所示。

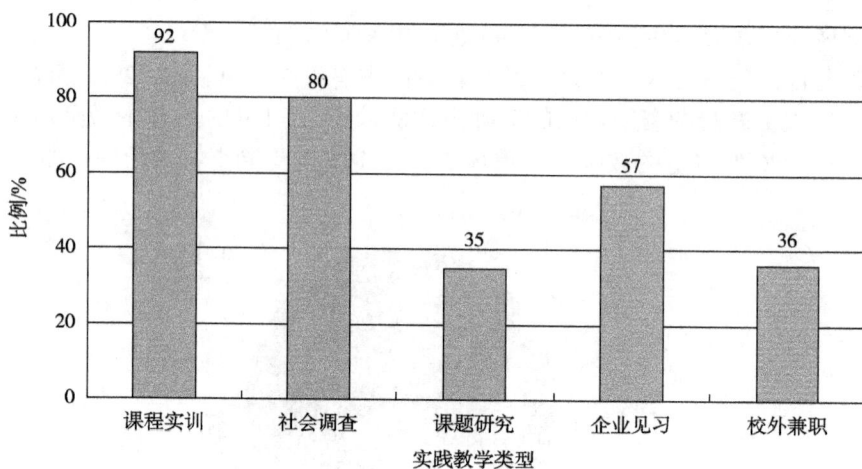

图 8.3 实践教学类型

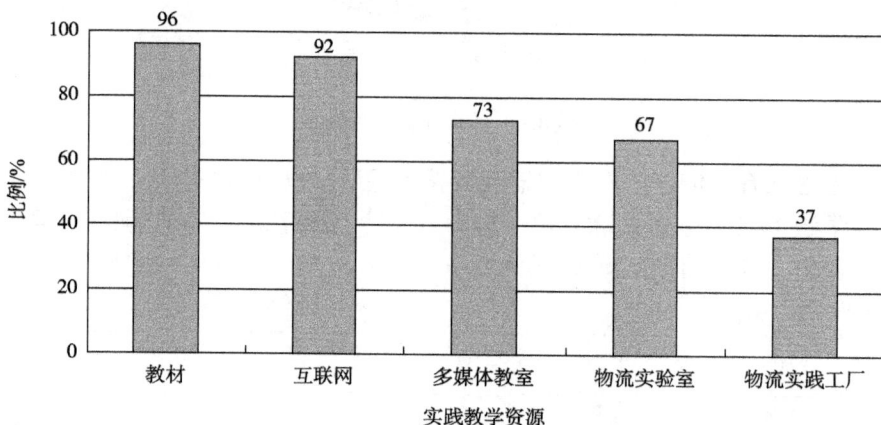

图 8.4 实践教学资源

2. 国内企业实践教学调研分析

通过对各企业的高层领导、管理人员、基层工作人员、培训人员等进行调查、访谈，收集第一手资料，从物流实践教学这一角度去分析各企业培训活动。访谈主要包括企业目前的状况、物流人才的需求情况、物流相关岗位的职责及招聘要求等内容，采用当面发放问卷，当面回收的具体方法，以保证问卷的有效性。本次调查共发放 300 份问卷，其中有效问卷 275 份，有效回收率 91.67%。调查访谈对象如表 8.1 所示。

表 8.1 企业调查访谈对象

企业名称	受访人员
海尔集团	采购员
	仓库管理员
	生产部门负责人
一汽大众	生产部门负责人
	整车运输部门负责人

企业名称	受访人员
广州蓝月亮实业有限公司	供应链部门负责人
	物流管理人员
哈尔滨中央红集团	供应链部门负责人
	物流管理人员

从培训需求来看，多数企业员工认为有些培训需求，但不是那么紧迫，占47%；少部分企业的工作人员认为培训需求可有可无，占30%；而只有极少数员工认为培训需求是非常迫切的，只占到23%。培训需求如图8.5所示。

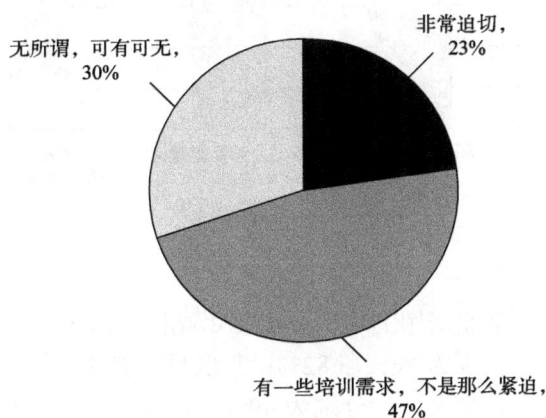

图 8.5　培训需求

从培训对象来看，对所有员工进行周期性培训的企业占到最大比重，约为63%；部分企业只对新人培训，占26%；而只有11%的企业会在购进新设备或新产品时进行培训。培训对象如图8.6所示。

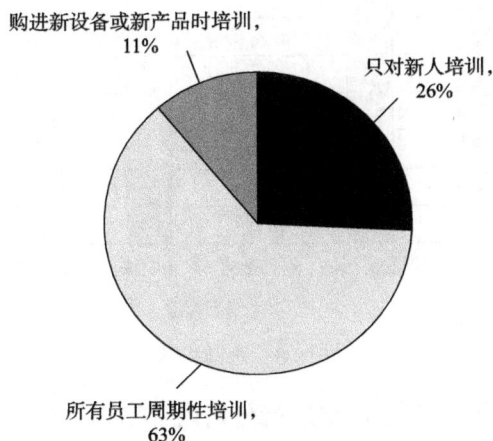

图 8.6　培训对象

从培训人员来看，众多企业都会聘请从事相关工作的优秀员工作为主要的培训人员，占到 82%；其次是聘请职业培训讲师来进行培训，为 77%；将咨询公司高级顾问和实战派知名企业高管作为培训人员的企业较少，约占 46% 和 34%；而选择学院派知名学者教授来培训员工占比例最少，为 17%。培训人员选择如图 8.7 所示。

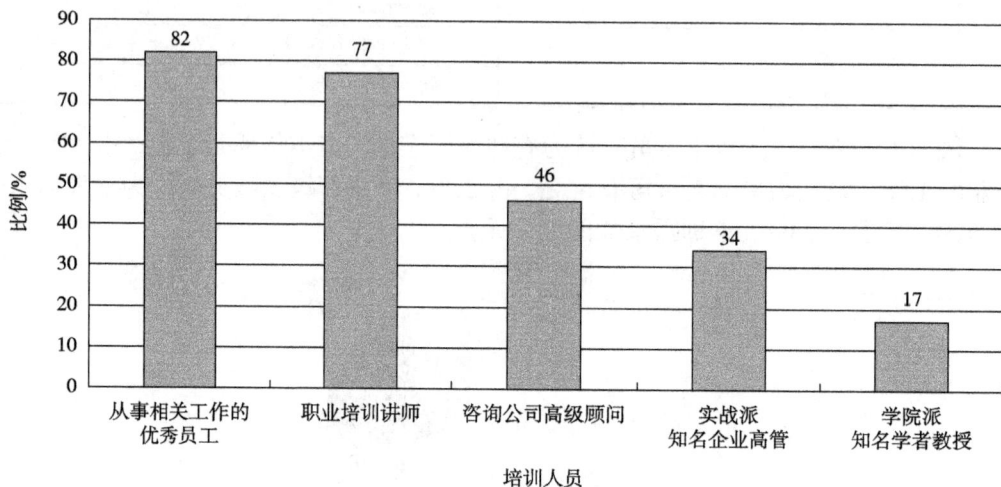

图 8.7　培训人员选择

从培训方法来看，各企业采用的培训方法不尽相同，其中所占比例最大的是较为传统的讲授法和案例探讨法，分别为 86% 和 82%；其次是经验交流法，占 73%；角色扮演法、自学法和师带法在企业中较少采用，分别为 49%、43% 和 46%；由于各种因素，实地参观和商战模拟在很多企业中无法完成，仅占 37% 和 34%。培训方法如图 8.8 所示。

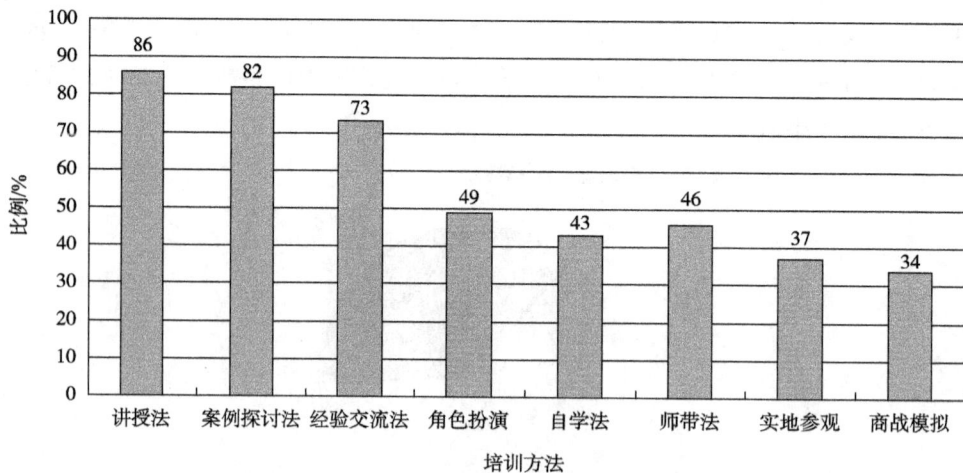

图 8.8　培训方法

从培训方式来看，几乎所有企业都进行公司内部培训，约占 97%；很大一部分企业同时也会接受外部机构培训，占 76%；有些企业需要接受专业培训，占到 58%；仅有 36% 的企业会让员工进入高校学习进修，如图 8.9 所示。

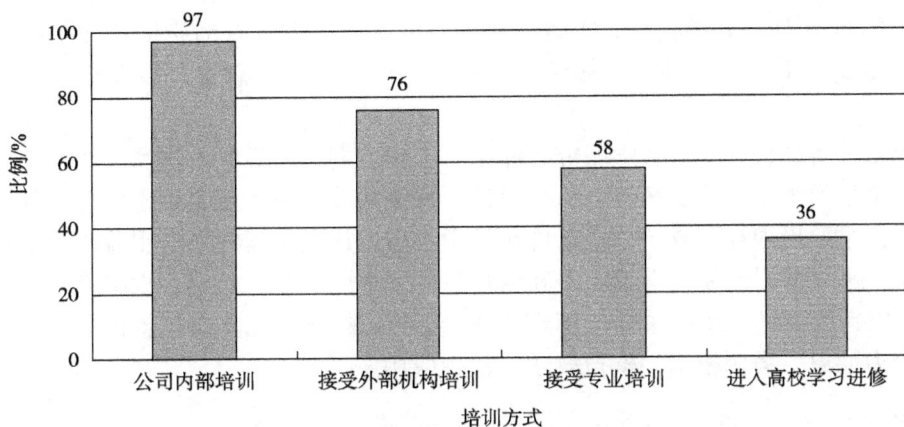

图 8.9　培训方式

二、物流专业职教实践教学问题分析

随着我国职教的蓬勃发展，对院校实践教学的理论研究和实践探索也日益深入，实践教学的重要性逐渐被人们认可。不少高校也意识到实践教学在实现职教培养目标中的作用，但由于经验不足等各种原因，实践教学实施过程中或多或少地存在一些问题。分析调查结果发现，高职实践教学还存在以下一些问题。

1. 物流实践课程较少

对国外高校物流实践教学的调研可以发现，各高校都根据自身办学特色开设各具特色的运输、物流和供应链管理方面的实践性专业课程。就课程体系的设置方面而言，国外物流专业实践课程的设置一般是基于配送和运输等物流核心要素开展的。典型课程包括物流战略、配送系统设计、运输与仓储的规划管理、配送信息系统及应用软件的开发与使用，强调全球化或地区的运输、配送及案例式教学。学校的物流专业设置均结合学校本身特点各有侧重。

从我国高校开设物流专业的课程设置来看，各校在选择课程时也各有侧重，但在实践教学上较缺乏的是战略类课程、拓展类研究类课程。我国物流专业设置主要集中于物流管理专业，在我国，管理类专业较之于理工科的学习压力要小，实践性较差。

2. 物流实践手段落后

国外的物流业发展成熟，其相关理论知识和各种物流设施、实验室等已经健全，给物流教育提供了良好的软硬件条件，创造了良好的物流教育环境。

国外教育机构物流教学所采取的方式除了常规的教师授课之外，还经常举办特邀讲座，邀请物流人士来学校给学生作报告，并且定期组织研讨会，通常每周都有；安排一定的课时组织学生去企业参观实习，实际观摩物流过程，了解和操作物流设备和设施，真正地接触物流过程。它们还设计各种团队合作项目，要求学生共同完成一个物流任务实现物流目标，在这个过程中使学生充分发挥主观能动性，自主创新，将所学知识应用到实践操作当中去，丰富他们的实践经验等。这些教学方式有助于培养和提高学生的科研能力和专业水平，是国外高校教学所普遍采用的，它们一般都是专业必修课，设有学分要求。

国内目前各高校在实践教学研究、体系方面很薄弱；在教学方法和手段上更新慢，教学中以理论学习为主，缺少案例分析与讨论；物流实验室或物流实训室的建设滞后，物流知识的传授主要局限在课堂上，缺乏现代教学手段的运用。国内还沿用着传统的课堂上填鸭式教学，班级授课制使教学效率提高但是忽视了学生的个性差异，没有充分调动学生的积极性，发挥其在学习中的主体作用。此外，部分高校未采用多媒体辅助教学，物流知识的讲解较为抽象，案例教学、模拟教学等较少应用。

3. 物流实践教学师资薄弱

德国职业学校理论课教师最低学历为大学本科（有的学校教师中有博士学位的占50%）；至少有两年从事本专业实际工作的经验；必须经过两次国家考试，合格后到学校任教还需两年试用期；每周在课堂教课 25 小时左右，知识更新时间不少于 4 小时；两年试用合格后，政府终身雇用。

德国的物流教学非常重视学生的动手能力。德国巴符州州立合作教育大学乐哈克分校，除了普通专业课程教师，还有专门的实践课程教师。而且，这些教师需要专门的资历，就是需要在物流企业有五年以上的正式工作经历，才能担任实验实践专门课程教师。

韩国的应用型大学在聘请教师时，常常把实践经验看做一项重要的条件；德国颁布的《实训教师资格条例》详细规定了师资的教育资格、知识证明和职业证书方面的要求。许多国家的应用型大学都在加大兼职教师的比例，他们从企事业单位招聘既有专业技术特长又有余力的工程技术人员或是高级主管来校担任专业课程的教学工作。

中国物流专业教师结构较庞杂，学历层次较国外低，物流实践经验较欠缺。2006 年8 月教育部高等学校物流类专业教学指导委员会出台的《高等学校物流类专业基本情况调查报告》显示，218 所开设物流专业的本科院校中，理工类为 90 所，约占 41.3%；综合类和财经类分别为 50 所和 51 所，各约占 23%；师范类和农林类共占 27 所，约占 12.7%。教师的专业构成为：物流专业占 16%，管理类为 32%，工程类为 26%，经济类为 13%，其余专业约占 13%。500 多所高职高专物流教师的结构更如万花筒，多为各相关学科转为物流专业教师。

目前，高职院校要求建设"双师型"教师队伍，要求老师既是教师又是技师，既能进行理论教学又能承担实践教学的重任，然而高职院校的教师大部分都是从普通高校毕业以后直接进入学校承担教学任务。现在大多数高校的物流专业的师资力量都比较薄弱，物流专业教师几乎都是半路出家，学校的发展要求教师达到"双师型"的标准，在这一要求下，很多教师是在承担教学工作的同时，又忙于考各类技能证书，但是这种突击行为不能从根本上解决问题，教师队伍的整体素质还是没有得到实质性的提高。由于教学工作和科研任务的压力，很多高职院校教师无暇顾及自身的提高，教育观念和教育理论知识没有得到及时更新，对自己专业领域的新知识、新工艺、新技能也了解甚少，他们自己的知识储备也不是很丰富，很多教师缺乏实践经验，不能给予学生很好的职业指导，培养出来的学生，在物流技术操作和管理的能力上多少会受到影响。

4. 校企合作教育发展滞后

在美国，大学与企业合作，由企业提供资金和项目，学校提供研究人员进行开发研究，学生可以获得实习和参与科研的机会。例如，美国伊利诺伊大学厄巴纳-香槟分校与全国各地 100 家公司建立合作关系，建立了"合作教育项目"。参加该项目的学生是一年级本科生，他们的学制是五年，其中必须在某一合作公司工作一年，这其中约有 67% 的参加者被工作过的公司留用。

中国高校校企合作办学的广度、深度不够。目前，与学校建有合作关系的企业偏少，职业范围不能覆盖学校所有应用型本科专业，更不能满足大众化背景下学生的多样化实践学习需求。合作关系大多停留在企业接纳学生实习实训，学校为企业提供毕业生的层面。校企合作办学的许多功能没得到发挥。

中国高校校企合作关系松散。合作各方根据自身需要形成松散的非固定的合作关系，是目前高校与企业合作的主要形式。由于合作双方承担义务的意识较弱，合作形式偶然性多，合作关系难以巩固。

中国高校校企合作缺少长期合作基础。校企合作应建立在合作双方互惠互利的基础之上，一些近几年"专升本"的大学科研力量不强，经济实力弱，难以给企业带来实惠，缺少发展合作关系的技术和物质基础。

第三节　国内外物流专业实践教学

一、国外物流专业实践教学

（一）加拿大高校物流专业实践教学

物流专业有很强的理论性，但同时也具有很强的实践性和操作性。因此，如何培养学生的专业意识，使其尽快进入角色，增强对物流设备的感性认识，便是物流教学中需要考虑的问题。

汉伯学院比较有特色的做法是在其教学计划里设置了实地考察（site visit）的课程。这个课程安排在第六学期，每周三个小时。课程分为两种形式，其一是请企业家进入学校课堂做讲座，教师会事先给学生布置一份作业，主要内容是根据所听的报告完成一篇短文；其二是学生直接到物流公司、生产企业和大型配送中心参观，参观完成后收听讲座，主讲人会安排时间回答学生的提问。教师一般会事先通过电子邮件等方式通知学生讲座的有关情况，提醒有哪些敏感性的问题不能问。例如，去加拿大沃尔玛的大型配送中心参观时，教师就明确提出不能问有关劳动力雇用的问题，并事先把要完成的作业布置好，使学生参观和提问时有针对性，不会走马观花。在汉伯学院进修期间，学生基本上全程跟随参观多伦多比较典型的大物流公司和生产企业，如沃尔玛的大型配送中心、Honda 生产线等。此外，学生还要参加生产实践培训。

（二）美国高校物流专业实践教学

美国物流供应链管理的发展，揭示了现代物流工作是基于供应链展开的，对供应链的管理和控制能力直接决定了企业物流工作的效率，进而影响企业的经营和发展。因此，供应链管理也成为了现代物流人才必备的专业技能之一，物流管理专业基本都开设了"供应链管理"课程。下面的实验是美国大学普遍开展的供应链管理实训课程。

1. 牛鞭效应实验

（1）实验目的和任务：理解库存管理的基本概念，体验牛鞭效应产生的原现象并分析产生原因。

（2）实验环境：在物流实验室网络平台上进行，学生分别扮演原材料采购商、供应商、制造商、分销商、零售商，模拟单一产品、多级供应链的运作情况。

（3）内容：当需求从终端向上游逐级传递时，需求的波动将逐级放大。

2. 多级库存管理实验

（1）实验目的和任务：体验信息共享对多级库存管理的影响，学习信息共享情况下的库存控制方法；与牛鞭效应的实验作比较。

（2）实验环境：在物流实验室网络平台上进行，学生扮演供应链上的某个节点，各节点间信息共享。

（3）内容：信息共享环境下的决策。

3. 配送管理实验

（1）实验目的和任务：理解运输与配送过程的基本概念，理解并运用货物配载、车辆调度、路径规划等的问题及算法，运输与配送的成本构成与计算。

（2）实验环境：在物流实验室网络平台上进行，学生扮演物流部门配送经理，对每期配送线路进行规划。

（3）内容：配送路径规划，模拟一家连锁超市，拥有一个仓储中心和若干门店。

4. 物流网络博弈实验

（1）实验目的和任务：理解供应链分销管理和网络博弈的基本知识，利用运筹学优化资源配置和决策分析。

（2）实验环境：在物流实验室网络平台上进行，学生扮演零售商，各自独立管理自己的库存。

（3）内容：一个供应商（服务器扮演）与多个零售商（学生扮演），零售商向供应商订货，供应商并不能完全满足零售商的订货要求，存在博弈。

二、国内物流专业实践教学

（一）物流专业师资本科实践教学

广东技术师范学院是一所定位于应用型本科的独立学院，培养目标介于研究型大学与高职高专之间，既要求学生具有一定的理论基础，又要求学生基本掌握本专业技能，学校是理论教学基地，企业是实践培训场所，校企结合、工学交替。

学生与企业"零距离"，是高等教育与职业教育融合之切入点。目前，国内外有关产、学、研方面的研究成果颇多，以下是广东技术师范学院物流管理专业校企合作人才培养模式的探索，经过两年的实践取得了一定的成效。

1. 项目内容

1）采用"引进来"办法，把企业建在校园内

广东技术师范学院位于广州市白云区风景秀丽的帽峰山南麓，虽然依山傍水、环境优雅，但因离市区较远、交通不便，许多快递公司不愿上门派送物件，校内师生及周边单位与个人的快递服务无法得到充分满足，市场需求大。

考虑各种因素，学院选择了我国知名物流企业——广州宅急送快运有限公司进行合作，并于 2009 年 9 月签订了校企合作协议，由学校安排专营场地，公司配备相关经营设施与设备并派专人培训指导，在校内建立了"宅急送物流实训基地"，作为该公司设在学校的一个营业网点，并引入市场机制，由在校物流专业学生完全按照宅急送公司要求，实行企业化运作，自主经营，利润分享，部分专业教师参与指导，为全院师生、周边单位及个人提供随时随"递"服务。

2）实行"走出去"办法，把课堂搬到生产（营业）现场

按照合作协议，宅急送公司将设在广州市的诸多营业网点作为校外实习基地，尤其是位于白云区的分拣转运中心，规模大、现代化程度高、物流信息密集、数据量大，学生集体（校物流协会或班级）只要提前约定，均可前往实习基地顶岗实习。

3）深化合作，实现"双赢"

具体措施包括：①共同开展物流职业培训，组织专题讲座，聘请兼职教师到课堂任教，指导学生毕业设计论文；②接受公司邀请，选派专业教师参与企业调研诊断，协助企业解决生产经营中的问题；③合作编写教材，推动课程建设，开展教研教改活动；④推荐优秀毕业生到企业工作。

2. 项目意义

1）完善培养模式

应用型本科教育必须形成既有高等教育基础，又有职业教育特征的人才培养模式，而现有的师资结构和校内实验室、实训基地仅能在模拟状态下进行实践教学，不能满足这个要求。实际工作岗位的真实性、复杂性和综合性经历及体验，亦即真正"职业人"的顶岗锻炼是必不可少的重要环节。将课堂理论教学与实际操作紧密地联系起来，突破传统的一

块黑板、一支粉笔、一本教材的教学模式。

2）改善办学条件

应用型本科教育的职业性、技能性特征必然要求学校将实践教学摆在重要位置。然而，物流专业的广泛性、复杂性、系统性揭示了学校教学资源短缺及办学条件的严重不足，学生只能在实验室、实训室进行仿真与模拟操作，实践内容的广度、深度、真实度均受影响。利用业界成功企业资源，为学生进行见习实习、专业实习、毕业实习提供平台，让实习与职业培训相结合、让实习与专业岗位相结合、让实习与真实场景相结合，提高教育教学质量，弥补教学条件之不足。

3）提升就业水平

高校毕业生就业难已成为不争事实，究其原因，主要是学校教育与职业岗位要求严重脱节，有技术技能方面的，更多的是学生心理方面的，期望与现实落差太大，难以实现对接。实行校企合作，除了提高学生的职业技能外，还有利于培养学生职业意识、敬业精神，实现"预就业"，提高就业的竞争力。

4）满足师生需求

广东技术师范学院天河学院有在校学生 12 000 余人，近千名教职员工由于学校离市区较远，虽有校车通往市中心，但仍然显得不便。满足师生员工的快递需求，既是一种服务，也是一个商机。

3. 项目实施

具体实施如下：①签订校企合作协议；②完全由学生起草组织章程，正式成立"广州宅急送快运有限公司物流实训基地"，设置组织机构，指派或选举各部门负责人，建立规章制度；③按照宅急送公司对经营网点的统一要求，布置营业场所；④分期分批培训学生"员工"，尤其是骨干成员；⑤分成 7 个营业小组（工作班），每天 12：00~18：00 营业（寒暑假期除外）宅急送公司每日派车收运物件，当日钱货两清，月底对账核算；⑥遇到重要日期，如学期末、毕业生离返校等，增设营业网点，提供上门收货服务；⑦定期开会总结，学期末评选优秀"员工"，颁发荣誉证书和奖金（源于提成利润）；⑧广州宅急送公司专门安排一名副总经理负责此项目的实施，遇节假日学生集体约定，可到指定的其他网点顶岗实习，并有公司指导老师评阅签字的实习报告；⑨专业教师到公司调研，同时聘请公司有关人员到学校作专题报告。

通过学院营业点的运作，学生联网了解整个快递物流的背景与全貌，对物流系统的深刻理解有很大的帮助。学生以"准员工"身份进行顶岗实习工作，熟悉企业环境，了解成功企业职工的职业精神与工作状态，进一步了解企业优秀员工应具备的素质，感受企业文化熏陶，养成良好的职业道德和职业态度，这些是课堂教育难以实现的。

（二）物流专业普通本科实践教学

山东大学将协同创新应用到教学中，提出了教师间的协同、学生间的协同、师生间的协同、师生及企业协同多赢的教学模式。

1. 教师间的协同，提升教学内容的丰富性与连贯性

教师间的协同是通过建立教师团队来实现的。以山东大学为例，教师团队的建立依托于管理学院，在自愿的原则下由相关任课教师组成。教学团队以管理学院为对话交流平台，以人才培养方案的制订为主线，以满足市场对人才的需求为目标来确定教学内容、教学方法、教学流程和教学体系，调节课程的衔接顺序，丰富教学的内容。

1）新老教师间的协同，融合教学思想

在物流类专业的"物流管理""仓储管理""采购管理""供应链管理""物流系统分析与设计"这样一些核心课程中，采用 AB 角的形式。每一门课程都由两名任课教师承担——年长的和年轻的教师，这样充分体现"传、帮、带"的思想，在教学过程中，新老教师的协同使教学思想不断融合创新。

2）不同学科教师间的协同，丰富教学内容

物流类专业课程的设置中，有部分课程是其他专业的教师来讲授的，如"管理学""运营管理""管理沟通""管理信息系统"，而其中有些课程内容是交叉的，因此授课前，需要不同学科教师间进行合作沟通，为教学内容做整体设计，这样既能丰富教学的内容，又可以避免不必要的冗余，增大了学生的信息量。

2. 学生团队之间的协同，提高学生的沟通合作意识

高校扩招使大多数课堂教学班级都由两个或两个以上的自然班级组成，学生与教师直接沟通的机会减少，学生与学生之间在课堂上的讨论和交流也难以实现。要解决这些问题，就必须充分利用现有的教学资源，充分借助团队的力量，更好地发挥每个同学的积极性和创造性，实现团体中各个同学之间的协同。把学生分成课堂教学的团队，一方面通过互相沟通配合，使团队内成员意识到合作的重要性，另一方面通过激励使团队之间互相竞争，意识到竞争的必要性。

团队的建立可以提升合作意识，同样在课堂上讲解理论课或案例的时候，采用头脑风暴的教学方法，也可以充分调动同学的积极性。例如，通过物流供应链方面的案例让大家以小组的形式采用头脑风暴的方式进行讨论，10 分钟后学生给出的想法的确出人意料，有些甚至是专家没有想到的，当然也包括在实际中不能执行的但是理论上可以操作的。不管结果如何，但至少让学生有了更多的想法，而且很多是突破常规的。物流类专业的核心课程基本上是较新的课程，很多理论知识在不断地发展完善，因此应在课堂上鼓励大家发表不同的想法。

3. 学生和教师的协同，提高学生的思考应用能力

物流类专业核心课程都是实践性、应用性很强的课程，它们涉及面广且注重企业内部及企业间业务流程的整合，因此教师很难从整体上系统、生动地把物流管理、供应链管理、仓储管理等讲全讲透。因此，团队和教师协同合作的实验教学和游戏教学在这门课程授课的过程中是不可缺少的。

1）实验教学提高学生的应用能力

物流类专业课程尤其是"仓储管理""运输管理""配送管理"等课程的讲解非常枯燥。为配合讲课，山东大学专门购买了供应链仿真模拟软件，该套模拟软件可以全方位仿真模拟仓储、运输、堆场集装箱、国际货代的业务流程。每一个业务流程是由一个团队来完成的，业务流程的角色分配给每个学生，学生通过软件操作完成各自任务。软件应用使学生在角色扮演的同时能清晰角色的任务，明确各个活动的业务流程顺序，为学生毕业后尽快适应岗位要求打下了基础。

软件的应用一方面提高了学生的应用能力，另一方面对教师也提出了新的要求。首先，教师应该具备一定的计算机知识；其次，教师要熟悉实际企业的仓储、运输、国际货代、堆场集装箱这一系列活动的业务流程，这样才能真正引领学生逐渐熟悉这套系统。而这正是通过学生团队和教师之间教和学的协同来实现的。

此外，有时教师是按照主题来进行讲授的，那么可以把一些现场观摩或者国内外一流企业物流管理的实况录像按照主题放到网络平台中，让学生利用实验环节中的学时来观看，讨论发表自己的看法。而且一个班的分组团队合作不必拘泥于上课时间，实验环节的学习进度完全可以按照自己的学习规律展开。实践证明，基于学生和教师的协同，网络平台在物流类专业课程教学方面具有很强的优越性。

2）游戏教学提高学生的思考能力

恰当的游戏教学是一种参与式的教学模式，能很好地调动学生的参与积极性和提高学生的实际动手能力。游戏教学是在教师创设的情景和模拟的环境下，利用一些模拟设备，将参与的学生按照团队分成若干个竞争企业，通过学生模拟一系列的企业管理经营活动，使学生提高运用所学知识解决实际问题的能力。游戏教学使学生在模拟角色、参与体验的过程中，提高了思考力、判断力、观察力，这和管理专业的创业沙盘对抗赛比较相似，也是山东大学近期引领学生实践的一个项目。

4. 学生和教师及企业间协同，提高学生的综合能力

山东大学是一所应用型大学，培养的是应用型的人才，实践教学环节有以下三种：一是聘请企业家，通过企业家和学生进行交流，使学生了解企业的需求，更好地调整自己的发展方向。二是参加物流供应链方面的各类竞赛，以竞赛促进学生提高竞争意识，把理论知识转变成实际应用，提高学生的竞技能力，如参加全国大学生 ERP 沙盘对抗赛、全国大学生物流大赛设计等。三是和社会机构建立良好的合作关系，加大实训实习基地的建设，产学结合，让学生在实际岗位中得到锻炼；通过教师和企业横向课题的合作使学生有机会了解企业，同时在科研上得到锻炼；进入企业实习后，由企业的技术负责人员对学生进行技术指导，缩短产学距离，实现与学生就业的无缝对接。

（三）物流专业高职实践教学

襄樊职业技术学院根据襄阳市实际情况将物流类专业建设与物流产业的发展规划有机结合，加强校企合作、产学结合、工学结合，不断提升专业建设水平，增强服务产业

能力。

实施"订单式工学交替"人才培养模式，使学生技能训练与企业岗位要求相协调。"订单式工学交替"人才培养模式，是指襄樊职业技术学院物流专业合作建设委员会，在对襄阳物流行业企业发展趋势及人才需求进行充分调研的基础上，与襄阳市 3A 级汽车物流企业——襄阳风神物流公司合作，在平等互利的基础上签订合作培养协议，通过师资、技术和办学条件的合作，学生在企业相关技术岗位和学校轮番实施技能训练与理论教学，通过工学交替，学校和企业双向介入，将在校的理论学习、基本技能训练与在企业实际工作经历的学习有机结合起来，为企业定向培养高端技能型专门人才的一种产学合作培养模式。

物流管理专业带头人、骨干教师与风神物流公司管理专家、业务骨干一起共同研究制订物流管理专业（汽车物流方向）人才培养方案，并制订与之配套的工学交替的教学计划（内容涉及培养目标、课程体系、教学学时、教材、教学内容、教学方法、学分分配等）考核评估制度等。

根据教学规律，结合企业生产特点，校企共同实施人才培养。一是理论教学与实践实训教学交替进行。把每学期教学时间分成两部分，第一部分为学校理论教学和课内实训，第二部分为企业见习（或"厂中校"教学）和轮岗实训。其中，第一学期学生在校接受人文工具课程和部分专业基础课程的教学，培养学生通识能力和部分专业基本技能；第二学期企业见习两周（汽车构造及零部件）；第三学期安排五周"厂中校"教学（风神物流生产方式）和企业轮岗实训（5S 现场管理、仓储和运输管理、配送管理），着重培养学生的仓储配送管理专业技能；第四学期安排三周企业轮岗实训（保税物流、报关与报检、国际货运代理），着重培养学生国际物流业务与管理技能；第五学期安排五周到企业轮岗实训（物流营销、物流客户关系管理、物流技术管理），着重培养学生物流市场营销与技术管理技能；第六学期企业顶岗实习，着重培养学生物流管理知识与技能的综合应用能力。二是理实一体化课程教学实行学中做、做中学，工学交融。通过"工学交替"，实现教学环境企业化、教学内容职业化、能力培养专业化，学生的企业意识、工作意识、责任意识在真实环境中得到不断增强，物流专业技能的熟练程度显著提高。

（四）物流专业中职实践教学

唐山市职业教育中心于 2006 年开设了两年制的物流管理专业，为实现实践能力强、具有良好职业道德的高技能人才这一目标，唐山市职业教育中心开始发展工学结合的道路。

（1）积极发挥物流管理专业指导委员会的作用。吸纳企业高层管理人员和技术骨干参与专业建设，对专业教学计划、专业职业岗位群、学生的能力素质要求、课程设置、实践教学等问题进行论证，提出建设性意见及整改措施，以推进专业建设。

（2）建立校外实习实训基地，同企业建立长期稳定的联系，依据"请进来，走出去"的原则实现学校教育与企业用人标准的对接。目前，唐山职业技术学院已与唐山鹏润国美有限公司、唐山北方物流有限公司、唐山华润超市等多家企业签订了实习基地协议。根据实习基地的有关规定，企业不同岗位的人员走进课堂、指导实践，教师和学生定期或不定期到实习基地参观、顶岗实习：①鼓励教师到企业进行调研、顶岗锻炼，参与企业的科技与培训工作，以提升教师的实践能力和素质。②请企业人员到校内兼职授课或做讲座。③物流专业实践教学的内容可概括为"认识实习+课程实训+综合实训+顶岗实习"。实践教学在进度安排上体现了工学交替，课程实训与综合实训相结合体现了教学做一体化，以顶岗实习为特征的毕业实习使学生在最后一个学期亲临物流企业管理第一线进行全面的技能训练，顶岗实习后企业可择优录用。

第四节　企业教育实践教学

一、国外企业教育

（一）西门子公司的企业教育

西门子电气公司是德国最大的私人企业，也是世界第五大跨国公司。西门子之所以发展成为世界电气界的明星，离不开西门子对人才培训的重视。公司对员工进行系统的职业培训始于 1891 年，至今有 100 多年的历史。西门子在 1922 年就拨专款设立了用于培训工人的"学校基金"，在慕尼黑还设有培训技术人才的韦纳·冯·西门子学院（现为西门子管理学院）。

西门子公司职工培训的特点是实行"双轨制"，即企业里的实践培训与职业学校的理论学习相结合，培训时注重能力培养，以提高其适应性、独立性和创造性。西门子公司总部设有一个管理干部培训中心和 13 个基层管理培训中心。整个公司在国内外拥有 600 多个培训中心，700 多名专业教师和近 3 000 名兼职教师，开设了 50 余种专业。在公司的全体员工中，每年参加各种定期和不定期培训学习的多达 15 万人。为此，公司每年投资 6 亿~7 亿马克用于培训及购置最先进的培训实验设备。在培养管理人才方面，公司针对三种能力（专业技术能力、激发和调动个人及团体力量的人事能力、将内部和外部利益协调统一为企业整体利益的能力）进行培训。

西门子公司的培训内容包罗万象，课程针对各个部门和员工的实际需要。为适应技术进步和管理方式的变化，课程内容每年都有 20% 以上的调整，大部分培训项目都是根据公司当前生产、经营和应用技术的需要设置的，很大一部分是在工作岗位上完成的。

此外，几年内还有数十名熟练工人被送到技术学院和有关工程学校学习，有 50 万名青年工人在 5 000 多个技术学校接受技术技能的训练。现在，西门子公司在德国同行中技术力量最为雄厚，公司主任以上的领导人都具有工程师以上的头衔。经理领导层中工程技术人员占 40% 以上，熟练工人占全体职工的半数以上。

（二）家乐福的企业教育

家乐福在员工管理的整个过程中，尤其重视教育训练。家乐福每年都会不惜重金，对员工进行各种培训，以增加自己的核心竞争力。家乐福全球约 43 万名员工，企业从资金、人员及培训内容等众多因素考虑，专门设立了企业大学，并根据不同的培训对象，设计相应的培训方式和内容，使其培育员工具备高效性。家乐福对员工培训的意义及目的就是促进员工个人成长和职业生涯发展，员工接受训练并训练他人，以提高员工工作的积极性和主动性；同时可以为企业的优秀管理人才储备奠定基础，通过员工的培训强化全体员工的专业知识技能和工作态度，为顾客提供最优质的服务做良好的铺垫。

1. 培训方式

在家乐福，有三种培训方式，即上岗培训、在岗培训、待岗培训。

1）上岗培训

新员工在进入家乐福之前，都要进行上岗培训，每个人在进入一个新单位新环境之前，不同工作经历、价值观念、文化背景等都会影响其以后在家乐福的工作表现及发展，因此新员工到家乐福报到后，通常家乐福会安排对其进行上岗培训教育，帮助员工积极适应新环境。这种培训组织性和规范性强、物质条件好、有时间保障，员工通过一段时间迅速掌握岗位要求必备的技能。上岗培训通常采取课堂教学进行，由于它不适合于技术性强、对操作经验要求高的岗位，所以家乐福会同时重视推行在岗培训。

2）在岗培训

在岗培训是家乐福十分重视推行的，在岗培训通常采用小范围的方式，每次培训人数都不多，通常都是一个或两个，最多不超过十个。且在岗培训的优点是简单易行，成本也较低，不需要另外添加设备和场所，而是利用家乐福现有的人力、物力来培训，学员在接受授课培训之后，就到现场进行实地操作。例如，现场验货，即时讲解商品分类方式，各类商品的品质标准，验货方式及程序；商品陈列则讲解不同商品的排面设计和摆放方式，怎样陈列才能充分体现出商品的优点且吸引顾客，以突出商品的量感及视觉效果，等等。所有的培训项目是逐个进行的。

3）待岗培训

家乐福除了上岗和在岗培训外还有待岗培训，这种培训方式是指员工离开原岗位，列入编外，由人力资源部会同有关部门进行培训，家乐福对培训后部分不能跟上步伐的员工，不是直接淘汰，而是先列入待岗培训。家乐福认为，人人都应有平等的机会，作为自己的员工，公司有责任对他们进行培训，提供学习，他们认为"没有留不住的人才，只有擅于不留人的领导"。在家乐福，待岗培训培训期限一般为三个月，延长期不得超过三个月。

2. ETP 培训

ETP 全称为 executive training program，意为管理人员的培训规划。该项目作为家乐福中国人力资源战略的一个重要组成部分，在 2004 年被引入，对新招募的大学生及内部潜在管理人员进行全面系统的培训，使他们有一个良好的职业发展，为家乐福"量身定做"所需人才，同时也为在中国拓展和储备本地化的专业人才做准备。

一般来说，ETP 培训项目是由分店的店长负责，在本地完成的，培训师均为家乐福资深处长担任。在为期 18 周三个阶段的全脱产带薪培训中，家乐福将对 ETP 学员进行零售业知识培训、专业化培训、岗前培训等一系列培训。学员培训后经过严格的测评，由家乐福总部颁发毕业证书，直接走上家乐福高层管理岗位。

1）ETP 培训对象

家乐福 ETP 培训的对象 80%是来自高校的优秀应届毕业生，20%将从家乐福现有员工中选拔，平均文化水平达到大专以上。

2）ETP 培训内容

ETP 培训内容是家乐福结合自身 50 多年的管理经验制定的一套培养专业零售企业高级管理人才的培训系统，培训遵循手脑并用的原则，一半时间学习、一半时间实际操作。培训分三个阶段进行，其培训内容主要包括：①基本零售业知识；②专业化培训；③课长培训。

在 ETP 培训中，家乐福将运用课堂培训、岗位培训、面谈观察、竞争对手调查四种方法，对学员进行全面的、系统化的培训。据一些 ETP 学员介绍，其培训的内容也是一些常规的东西，但是由于在学校所学的是一种纯粹的理论知识，和实践脱节，所以理解深度有限，而通过 ETP 这种理论和实践相结合的培训之后，培训效果非常突出。

家乐福通过 ETP 培训，使员工融合到企业中并投身到实际工作中，理论与实践相结合，一方面，帮助员工更好地胜任本职工作，另一方面，家乐福在培训期间对新员工进行更加全面深入的了解。

二、国内企业教育

通过调查，我们基本了解了各物流相关企业的企业教育发展水平和企业教育管理状况。在调查的所有企业中，海尔集团的规模较大、员工众多，且其培训课程具有典型性和代表性，企业教育取得了一定的成果。因此我们选择海尔集团作为国内企业教育的主要调研案例。

海尔集团自始至终坚持"以人为本"提高人员素质的培训思路，建立一个能够充分激发员工活力的人才培训机制，最大限度地激发每个人的活力，充分开发利用人才资源，从而使企业保持高速稳定发展。

（一）海尔的价值观培训

海尔培训工作的原则是"干什么学什么，缺什么补什么，急用先学，立竿见影"。在此前提下，"什么是对的？什么是错的？什么该干？什么不该干？"这是每个员工在工作中必须首先明确的内容，也是企业文化的内容。关于企业文化的培训，除了通过海尔的新闻机构《海尔人》进行大力宣传以及上下灌输、上级的表率作用，重要的是由员工互动培训。

（二）海尔的技能培训

技能培训是海尔培训工作的重点。海尔在进行技能培训时，重点是通过案例、到现场进行的"即时培训"模式来进行的。具体地说，就是抓住实际工作中随时出现的案例，当日利用下班后的时间立即在现场进行案例剖析。针对案例中反映出的问题或模式，统一人员的动作、观念、技能，然后利用现场看板的形式在区域内进行培训学习，并提炼在集团内部的报纸《海尔人》上进行公开发表、讨论，形成共识。员工能从案例中学到分析问题、解决问题的思路及观念，提高员工的技能，这种培训方式已在集团内全面实施。对管理人员则以日常工作中发生的鲜活案例进行剖析培训，并且将培训的管理考核单变为培训单，利用每月8日的例会、每日的日清会、专业例会等各种形式进行培训。

（三）海尔的个人生涯培训

海尔集团根据每个员工的职业生涯设计，为每个人制订了个性化的培训计划，搭建了个性化发展的空间，提供了充分的培训机会，并实行培训与上岗资格相结合。海尔给员工做了三种职业生涯设计，分别针对管理人员、专业人员和工人。每一种都有一个升迁的方向，只要是符合升迁条件的，即可升入后备人才库，参下一轮的竞争，跟随而至的就是相应的个性化培训。

（1）"海豚式升迁"，是海尔培训的一大特色。将海豚"下潜越深，跳得越高"这种做法拟成新的员工培养理念。先将员工安排到市场去，从事最基层的工作，积累市场系统的经验。如果积累的经验和能力足够胜任岗位，则可升迁，反之，则免职。即使高级管理人员已具备其他各方面的经验，但综合协调的能力较低，也要被派到相关部门的最基层锻炼。这样的特色培训对于一个干部来说压力可能较大，但也培养锻炼了干部的综合能力。

（2）"届满要轮流"，是海尔培训技能人才的一大措施。一个人长久地干同一种工作，久而久之形成了固定化的思维方式及知识结构，对于海尔这样以"创新"为核心的企业来说是难以想象的。目前，海尔已制定了明确的制度，规定了每个岗位最长的工作年限。

（3）实战方式，也是海尔培训的一大特点。例如，有些管理人员在20世纪80年代中期在企业发展急需人才的时候入厂。因为时间不允许，没有学习机会，但还有潜力，只是缺少了一些知识，需要补课。为此，企业安排他们去补质量管理和生产管理的课，到一线去锻炼（检验处长、分厂厂长岗位），边干边学，拓宽知识面，积累工作经验。

（四）海尔的培训环境

在内部，建立内部培训教师师资网络，对所有可以授课的人员进行教师资格认定，持证上岗。同时，建立内部培训管理员网络，以市场链SST（strategy set transformation，即战略目标集转化法）流程建立起市场链索酬索赔机制及培训工作考核机制，每月对培训工作进行考评，并与部门负责人及培训管理人员的工资挂钩，通过激励调动培训网络的灵活性和能动性。

在外部，建立可随时调用的师资队伍。目前，海尔以青岛海洋大学海尔经贸学院的师资队伍为基本依托，同时与瑞士国际管理学院（International Institute for Management Development，IMD）、上海中欧管理学院、清华大学、北京大学、中国科技大学、法国企顾司管理顾问公司、德国莱茵公司、美国MTI管理咨询公司等国内外20余家大专院校、咨询机构及国际知名企业的近百名专家教授建立外部培训网络，利用国际知名企业丰富的案例进行内部员工培训。在引入了国内外先进的教学和管理经验的同时，利用这些网络将海尔先进的管理经验编写成案例库,成为 MBA 教学的案例,也成为海尔内部员工培训的案例,达到了资源共享的目的。

为培养出国际水平的管理人才,海尔还专门筹资建立了用于内部员工培训的基地——海尔大学。海尔大学目前拥有各类教室 12 间,可同时容纳 500 人学习使用,有多媒体语音室、可供远程培训的计算机室、国际学术交流室等。为进一步加大集团培训的力度,海尔国际培训中心一期工程 2000 年已投入使用,该中心可同时容纳 600 人的脱产培训,并且完全按照现代化的教学标准来建设,并拟与国际知名的教育管理机构合作,举办系统的综合素质培训及国际学术交流,办成一座名副其实的海尔国际化人才培训基地。

第五节 物流专业实践教学比较结果分析及建议

一、物流专业实践教学比较结果分析

中国传统的教育模式,从小学直到大学都强调知识的完整性和系统性,拼命向学生灌输知识,唯恐他们将来毕业后不够用。但这种教育理念实际上是重视了授学生以鱼而忽视了授之以渔,学生在学校学得再多毕业后还是会很快遇到没有学过的问题。国外高校的教育理念明显不同,他们强调的是培养学生自我学习、终身学习的能力,适应新环境的能力,与人交往合作的能力,这些能力的培养都是不可能通过讲授一门课来达到的,必须由学生自己在实践中体会。

我国物流专业教育大多数仍然采用传统的教育体系,注重学生理论教育,忽略实践环节教育,或者实践环节没有得到足够的重视。近年来,物流职业教育在形式上已经发生较大的改变,各高校更加注重实践教学或实训,在课时分布、教学方式等方面都有很大提高,但是与理论教育相比,实践教学仍显不足。

20 世纪 90 年代末期至今,高校在持续扩招的同时却未能对物流专业教师队伍给予足够重视,多数高校缺编严重,师生比例过低,物流专业教师队伍无法满足教学、科研、人才培养的需要。因此,各高校从国内各种重点、本科学校招收各种研究生、本科生来校教书,然而,这种教师缺乏相应社会工作经验,没有体验过物流实践操作过程,在教学过程中大多数还是从课本到课本,难以满足现代物流专业教学的真正需求。物流专业实务性强的特点,决定了它不仅需要技术含量较高的实验室作为硬件设施,而且对实践教学环节的要求也很高。目前的物流专业大多缺乏设施设备,又很难在物流教育方面投入更多的财力、物力。同时由于东西部经济发展不平衡,各地区对教育经费投入也不尽相同,我国各院校在物流实习、实训的条件参差不齐。物流专业教育体系应该重操作、重技能、重实践,因此,对物流教材也要求重实践、重操作、重技能,力求形成一套完整的教材体系。从整体上看,我国物流教育教材离物流教育总体要求还存在着较大的差距。目前,我国物流教材种类繁多、五花八门,基本上能够满足现阶段我国物流教育的需要,但这只是在物流理论教育方面。而在物流实践教学方面,随着物流实践教学不断得到重视,物流实训教材也有了一定的增长,但尚缺乏具有较高影响力的、精品的国家级实训教材。我国物流专业主要

有两个方向，分别是物流管理和物流工程，两者在专业定位上有所不同，培养人才的侧重点也有所不同。企业需求的物流人才主要有三大类，即操作性物流人才、规划设计类物流人才、管理型物流人才。作为物流职业院校主要培养哪个方向、哪个类型的物流人才，在专业设立之初就应有一个明确的定位。只有专业定位明确，才能有针对性地去设计教学、安排实践，形成自身的特色，培养合格的、符合社会需要的物流人才。

二、物流专业实践教学建议

根据我国高校实践教学中存在的问题，借鉴国外的成功经验，我们可以采取多项措施强化实践教学。

1. 加强与企业的合作

国外高校与企业的联系非常紧密，校、系的学术委员会都有企业代表，直接参与教学计划的制订，保证在学生毕业时其所学技能正是社会发展所急需的，尽量避免学非所用。目前国内高校教学和社会需求之间脱节的现象还比较普遍，我们需要从体制入手，加强与企业的合作，建设实践基地，在这个过程中及时了解社会需求的变化，及时调整培养计划和教学内容。

校企合作之所以发展空间广阔，在于双方目标的契合。其过程是通过双方的合作，在有限的资源下实现企业的收益，接收动手能力强、业务扎实、可塑性强的员工，学校也在合作的过程中强化学生实际操作技能的锻炼。该模式实现了学校与用人单位之间的"嵌入式"高度密切的合作，从根本上解决了人才与市场需求之间脱钩的问题。企业为学校提供实践教学的场所、设备、有岗位实践工作经验的指导人员；学校为企业提供具有一定理论基础和职业能力的员工。

2. 实践教学手段的多样化

在实践教学过程中，应该注重学生能力的培养，强调学生综合性、整体性的素质教育，强调培养分析问题、解决问题，特别是实际应用知识技术的能力和创新意识。因此，在教学中，淡化传统的以教师讲授为主的教学方式，探索多种教学手段教学。首先，采用多媒体教学。教师要根据课程内容制作丰富多彩的多媒体课件，通过课堂演示与讲解，使学生尽快掌握物流专业知识。其次，推广案例教学。要培养学生的动手操作能力和解决实际问题的能力，这就需要教师运用案例教学手段，以现实生活中的具体事例解释实际操作过程中遇到的疑难问题。启发学生的思维，激发学生的学习兴趣。最后，进行现代生产仿真实验。针对某些课程在课堂教学和实训基地无法实际操作的困难，尽量组织学生在仿真实验室上课，直观地进行仿真模拟实验。

3. 职业院校实践教学要强调科研开发

我国的职业院校要积极借鉴德国职业院校实践教学的运作经验，在加强应用型人才培养的同时，积极从事科研开发工作，推进科技成果向现实生产力转化，建立和健全科技成果转化、推广的中介服务机构，积极创造条件，制定相关政策，允许并鼓励教师与科研人员和企业联合开发新产品、新技术，让职业院校真正成为中国新型工业化的动力源和加速器。

4. 建设师资队伍，提高实践教学的质量

教师作为实践教学的主体之一，其质量也影响着实践教学的效果。目前，高职院校"双师型"教师队伍建设已经取得了一定的成绩，初步建立了一支专兼结合的"双师型"师资队伍，但是高职教师的培养渠道尚不畅通，现有师资水平还有待提高，这在一定程度上制约了实践教学的良好开展，影响了人才培养的质量。

学生实践能力培养体系的成功实施需要一支强有力的师资队伍。指导老师既要有专业理论水平，又要有较强的实践技能，即具备"双师型"素质。目前，在高校中，这样的师资并不多见，所以应尽快提高专业教师实践教学的能力和技巧，可通过以下途径来建设实践教学和指导的师资：其一，可以选派教师到物流企业或非物流企业的物流部门挂职锻炼，提高教师的实践能力和经验；其二，通过承接企业的横向课题，解决企业中实际物流问题来提高教师实践水平；其三，聘请企业界物流管理人才担任实践指导老师，弥补现有师资的不足；其四，改变现有专业教师的考核体系，鼓励教师深入企业，参与物流管理决策，发现研究热点问题，提高教师的教学和科研水平。

5. 完善多元化的实训设施建设

由于物流管理专业的特点，学生到企业实践很难完成所有业务岗位的实习，特别是涉及工作周期较长的岗位，学生轮岗实习的机会不多。因此，建立相配套的校内实训室或校内实训基地，可以及时弥补企业实习的不足。物流实验室建设应以流程性活动为模拟或学习的核心。依据各教育机构的不同层次、不同方向、不同条件，选择恰当的物流系统及硬件设备。例如，"ERP 沙盘模拟实训"课程是以企业生产经营为背景，模拟生产经营过程中的各个环节，具有高仿真的特点，学生在模拟生产经营的操作过程中，充分体验物流管理在企业经营中的微妙作用，融理论与实践于一体，集角色扮演与岗位体验于一身，使学生在参与、体验中完成从知识到技能的转化。除了获取专业技能，学生还了解了企业生产管理、人力资源管理、信息管理、财务管理等相关知识。除此之外，还可以把企业引入学校，采用企业出设备、学院出场地的新兴模式，合作建立校内生产性实训基地，学生不出学校，就可以有和在企业一样的真实操作环境，以半工半读、轮岗等多种形式，实现在基地的实践，开创校企合作的新模式。

加强校外"实习基地"建设。为真正培养出具备一定操作技能的实用型人才，保证达到既定的培养目标，建立就业基础，高校应该与物流企业共同构造物流实习基地。建立分布与货运基地、仓储配送企业、商贸企业、制造企业的实习基地，让学生在学习期间有机会到相关物流企业顶岗实践，通过实习基地的学习和实践将理论和实践密切结合，全面提高学生的综合能力。

参 考 文 献

陈宁. 2013. 《物流技术装备》课程教学改革探析[J]. 物流技术,（4）：278-282

邓传红，王亚男. 2012. 论《国际物流》课程教学资源库的构建[J]. 物流技术,（11）：467-474

范珍. 2012. 基于"物流业务流程"的"货物储存与配送"课程改革与实践[J]. 教育与职业,（21）：109-110

关高峰，李诗珍. 2014. 物流管理应用型本科专业实践教学体系构建研究[J]. 物流技术,（4）：378-380

贺金霞. 2012. 物流英语教学中任务型教学法的应用[J]. 物流技术,（7）：441-443

黄蕾. 2013. 基于情景教学角度提升学生物流英语应用能力研究[J]. 物流技术,（7）：475-477

纪芝信. 2002. 职业技术教育学[M]. 福州：福建教育出版社

蹇明，刘万啸. 2015. 物流类本科研究型实践教学体系构建[J]. 物流技术,（1）：299-302

蒋晓云. 2014. 物流英语互动式教学探讨[J]. 教育与职业,（20）：144-145

琚春华，彭建良. 2012. 基于移动学习的教学与实践相融合的教学模式研究——以电子商务与物流专业为例[J]. 中国高教研究,（9）：107-110

琚春华，杨杰，汤旭翔. 2014. 高校电子商务与物流专业移动学习实践教学模式研究[J]. 高等工程教育研究,（1）：175-180

李家斌. 2014. 物流管理专业实践教学研究综述[J]. 物流技术,（1）：390-392

刘春生，徐长发. 2002. 职业教育学[M]. 北京：教育科学出版社

刘芳，朱伟. 2014. 改进高职院校物流管理专业教学方式的探讨[J]. 教育与职业,（8）：112-113

刘洪娟，王丰，姜大立. 2013. 《库存管理》课程教学改革的探索与实践[J]. 物流技术,（12）：446-456

刘钧炎，焦亮. 2013. 高职院校物流专业实践教学方法研究[J]. 物流技术,（1）：273-275

刘伟成. 2015. 物流工程专业课程案例教学资源库建设研究[J]. 物流技术,（3）：303-305

鲁力群，赵静. 2013. 《物流技术装备》课程教学改革探析[J]. 物流技术,（4）：278-282

毛小萌. 2012. 行动导向型教学方法在"配送作业的组织与实施"课程教学中的应用[J]. 教育与职业,（26）：151-152

孟军齐，姜洪. 2014. 物流管理专业校企协同创新实践教学模式的探索与实践——以深圳职业技术学院为例[J]. 物流技术,（2）：387-389

秦虹. 2001. 中等职业教育教学方法现存的主要问题[J]. 天津市教科院学报,（2）：54-55

苏玲利，朱文涛. 2013. "定岗双元"模式下物流管理专业实践教学质量评价要素构建研究[J]. 物流技术,（10）：285-288

孙慧. 2013. 基于数字化教学资源的高职教学模式改革与创新[J]. 中国成人教育,（23）：131-133

谭影. 2012. 行为导向法在物流专业课程中的应用方法研究[J]. 物流技术,（12）：475-480

唐秀英. 2015. 《设施规划与物流分析》课程改革研究——以云南农业大学为例[J]. 物流技术,（4）：294-307

王成林，吴阿龙. 2014. 物流专业人才培养探索——基于互联网思维的物流专业教育资源库建设模式研究[J]. 物流技术,（20）：27-31

王传涛，陈宝江，陈华. 2014. 基于校企合作的物流工程专业教学模式探讨[J]. 物流技术,（3）：467-493

王军锋. 2012. 构建高职院校物流管理专业实践教学体系研究[J]. 职教论坛,（6）：72-76

王琳，韩永生. 2013. 物流系统仿真课程的多元化教学研究[J]. 物流技术,（10）：283-288

王淑云. 2009. 《现代物流》双语教学实践探索[J]. 物流技术,（9）：165-166

王伟. 2014. 基于应用能力角度推进高校物流专业英语教学模式优化研究[J]. 物流技术,（33）：494-496

熊小婷，张佺举. 2015. 3D 模拟实训系统在物流实践教学体系中的应用研究[J]. 物流技术，（8）：303-305

殷延海. 2014. 情景模拟法在物流管理实验教学中的应用探索[J]. 实验室研究与探索，（11）：226-229

袁荃. 2013. 物流英语互动式教学探讨[J]. 物流技术，（3）：494-496

翟希东. 2012. 基于职业能力培养的物流管理专业课程体系构建[J]. 职业技术教育，（35）：36-39

张俊娥. 2013. 试析应用型高校管理类专业实践教学体系——以物流管理专业为例[J]. 黑龙江高教研究，（2）：166-169

张丽庆. 2015. ERP 实践教学改革提升物流管理专业创业教育水平[J]. 物流技术，（2）：217-219

职会亮，马超，施宏伟. 2011. 基于情景教学的创新实践教学平台研究与实验过程设计[J]. 现代教育技术，（10）：112-116

钟伟，姚洪权，金凤花. 2015. 课程汇报式教学方法在物流运输管理课程教学中的实施[J]. 物流技术，（5）：288-290

周蓉. 2014. 高职物流管理一体化教学方式探讨[J]. 物流技术，（12）：470-472

朱惠君. 2011. 共享型高职物流专业教学资源库建设的研究[J]. 中国成人教育，（3）：105-106

庄倩玮. 2013. 物流管理专业《项目管理》课程教学探讨[J]. 物流技术，（1）：270-272

Cheong F, Cheong C. 2012. Re-purposing google maps visualisation for teaching logistics systems[J]. Journal of Information Technology Education，11：159-177

Gu Z Q，Zhu Q W. 2014. Study of "logistics" course reform for applied talents training[J]. Springer Science，10：229-230

Hurt U，Otto T，Kaare K K，et al. 2014. New approach to knowledge transfer environment development[J]. Science Direct，69：38-39

Li G C，Zhao P M. 2014. Discussion on teaching reform based on logistics management course[R]. International Conference on Global Economy Finance and Humanities Research：122-124

Liang Y B，Huang C C. 2012. The application of item teaching method in the storage management[J]. Scientific Research，（1）：252-254

Liu J, Yu S, Deng Y. 2014. The practical research of circumstance teaching in the major of logistics management at high vocational college[R]. 2014 IEEE Workshop on Advanced Research and Technology in Industry Applications：437-440

Liu S J，Niu C G. 2014. Study on construction of practical teaching system for logistics transportation major in higher vocational colleges[R]. Internation Conference on Education：103-106

Meng F L. 2014. Research on project teaching method of logistics teaching[R]. International Conference on Global Economy Finance and Humanities Research：119-121

Minakova S. 2014. Modelling of the teaching process in logistics systems by using of nested petrinets[J].Applied Economic，10：61-62

Romanovs A，Soshko O，Merkuryev Y. 2010. Information technology in logistics：teaching experience, infrastructure and technologies[J]. Mathematics Teacher，56（1）：1494-1501

Sweeney D，Camplell J，Mundy R. 2010. Teaching supply chain and logistics management through commercial software[J]. The International Journal of Logistics Management，（2）：293-308

Tang L S，Wang X Z. 2010. Logistics courses network multimedia teaching method[J]. Ecosystems and Technologies，10：448-451

Tang Q，Jiang P L，Sun W，et al. 2008. Reform in experiment teaching of medical laboratory animal science[J]. Norwest Medical Education，16（3）：523-525

Tvrdon L，Lenort R. 2008. Simulation of capacity expansion for production process of electromotors[J]. Agh University of Science and Technology Press，（1）：175-184

Wong C Y，Grant D B，Allan B. 2014. Logistics and supply chain education and jobs：a study of UK markets[J].

The International Journal of Logistics Management，3：537-552

Xiao F L，Li J. 2009. Experiment tool for the teaching of logistics based on the virtual supply chain[J]. International Workshop on Education Technology and Computer Science，（1）：62-65

Yan B，Wang L. 2009. To explore teaching mode of logistics system simulation[J]. Computer Society，10：317-318

Yu L J，Mao W Q. 2011. Study on the model of logistics management of ERP teaching[J]. Advanced Materials Research，271：1778-1781

Zhan Y，Peng W，Xiao F，et al. 2011. Exploring the application of problem-based learning in logistics teaching module[J]. Applied Mechanics and Materials，（121~126）：2759-2763

Zheng P，He X J. 2011. Logistics comprehensive experiment design and software development—based on WEB[J]. Scientific Research，2：608-613

附录 1　调 研 对 象

本书调研对象涉及 48 所国内外不同层次的学校，其中 9 所国外院校、1 所国内师资本院校、5 所普通本科院校、4 所高职院校、29 所中职院校；国内外企业共 14 家，其中 4 家国外企业、10 家国外企业。

附表 1　调研企业

国外企业	联邦快递
	UPS-联合包裹服务公司
	西门子公司
	家乐福
国内企业	TNT 中国
	嘉里大通物流有限公司
	一汽大众
	德邦物流股份有限公司
	中远集团
	中国海运集团有限公司
	海尔集团
	一汽大众
	广州蓝月亮实业有限公司
	哈尔滨中央红小月亮连锁有限公司

附表 2　调研院校

国外学校	德国马格德堡大学
	德国汉堡大学
	美国迈阿密大学
	麻省理工学院
	加拿大乔治亚学院
	加拿大汉伯学院
	澳大利亚维多利亚大学
	澳大利亚塔斯马尼亚大学
	荷兰鹿特丹商学院

续表

	师资本科院校	广东技术师范学院
	普通本科院校	广州工商学院
		北京物资学院
		天津职业大学
		广西师范大学
		山东大学
	高职院校	黑龙江农业工程职业学院
		成都职业技术学院
		山东大学
		北京财贸职业学院
国内学校	中职院校	北京市交通学校
		北京市商业学校
		唐山市职业教育中心
		山西省贸易学校
		通化市职业教育中心
		黑龙江省商务学校
		上海市逸夫职业技术学校
		上海市交通学校
		浙江科技工程学校
		安徽省物资学校
		福州交通职业中专学校
		广州市商贸职业学校
		青岛外事服务学校
		武汉市财贸学校
		中山市中等专业学校
		北京现代职业学校
		石家庄铁路运输学校
		河北经济管理学校
		辽宁省农业经济学校
		吉林市财经学校
		哈尔滨市第一职业高级中学
		上海海运学校
		徐州财经学校
		湖州交通学校
		福建工业学校
		潍坊商业学校
		烟台信息工程学校
		河南省经济贸易学校
		长沙市财经职业中专学校

附录 2　调研问卷 I（物流职教学生学习需求调研）

亲爱的同学：

你们好！

我们是教育部、财政部职业院校教师素质提高计划本科专业职教师资培养资源开发"物流管理专业"项目组。为了更好地开展本项目，了解物流职教学生学习动机、学习能力、学习方式方法需求，同时也想了解大家的学习愿望和需求，请贵校同学根据自己的实际情况和实际感受认真填写这份问卷。

问卷不用填写姓名，填写结果我们会严格保密，谢谢大家的合作！

学校＿＿＿＿＿＿＿＿＿＿＿＿＿＿＿＿

专业＿＿＿＿＿＿＿＿＿＿＿＿　　　性别＿＿＿＿＿＿＿＿

填写指导：请在每个括号内填上你认为合适的答案，没有注明多项选择的只能选择一个答案。

学习动机、能力

1. 你对所学专业发展情况是否了解？（　　　）

A. 很了解　　　　　B. 了解一点　　　　C. 完全没兴趣　　　　D. 越来越喜欢

2. 你选择这个专业的动机是（　　　）。

A. 个人兴趣　　　　　　　　　　　B. 家长选择

C. 随便应付上学资格　　　　　　　D. 找工作容易

E. 其他＿＿＿＿＿＿＿＿＿＿＿＿（若选其他，请写明动机）

3. 你学习专业课是为了（　　　）。

A. 应付考试　　　　　　　　　　　B. 提高专业能力，提高技能

C. 积累知识　　　　　　　　　　　D. 兴趣爱好

4. 你对课堂所学内容能掌握多少？（　　　）

A. 很少　　　　　B. 一半左右　　　　C. 大部分　　　　D. 几乎全部

5. 你认为自己现在是否具备自主学习的能力？（　　　）

A. 具备　　　　　　　　　　　　　B. 不是很强，有待提高

C. 完全依赖老师　　　　　　　　　D. 不学习

6. 你在学习当中遇到问题如何解决？（　　　）

A. 向老师请教   B. 与同学讨论

C. 参考网络，独立思考   D. 置之不理

7. 你认为能在大学课堂里学习到多少知识？（　　　）

A. 学到很多   B. 学到一点   C. 没有自学效果好   D. 纯属浪费时间

8. 你的老师在哪些方面对你影响最多？（　　　）（多选题）

A. 获得专业知识   B. 提高独立思考能力

C. 人格培养   D. 对未来发展方向的定位

9. 你认为教师在学习中的首要作用是（　　　）。

A. 督促者，监督学生不能偷懒   B. 引导者，帮助我们抓住课程的核心

C. 指导我们改善学习方法

学习方式方法

10. 你最喜欢哪种课堂学习方式？（　　　）

A. 老师讲学生听   B. 老师和学生一起讨论

C. 学生间自由讨论   D. 学生分组合作探究

E. 自学   F. 其他_____（若选其他，请写明动机）

11. 你希望老师如何安排教学内容？（　　　）

A. 读书，传授基本知识   B. 传授技能，技巧

C. 结合企业实际   D. 学生自我实践相结合

12. 你认为老师所授内容对你提高所需专业知识是否有用？（　　　）

A. 非常有用   B. 多数有用   C. 部分有用   D. 完全无用

13. 你认为上课方式是否有待改变？（　　　）

A. 很好，不需要改变   B. 部分需要改变

C. 急需改善与提高

14. 大多数专业课老师要求你们经常上网学习吗？（　　　）

A. 经常要求   B. 偶尔要求   C. 不要求

15. 如果你经常上网，通常在网上做些什么？（　　　）（多选题）

A. 主动搜集与学习相关的信息或资料   B. 完成老师布置的作业

C. 阅读新闻和娱乐消息   D. 就自己遇到的问题通过网络寻求帮助

E. 聊天   F. 玩游戏   G. 其他_____（若选其他，请写明动机）

16. 你认为现阶段的授课安排如何？（　　　）（多选题）

A. 教学内容陈旧死板   B. 理论与社会实际存在差距

C. 教师队伍整体素质不高   D. 学校制度有漏洞

E. 硬件配套设施跟不上   F. 师生的观念没有与时俱进

17. 你从哪些渠道获得物流人才所需掌握的技能？（　　　）

A. 学校课堂   B. 企业实习   C. 网络媒体   D. 无法获得

18. 你是否急需获得物流技能的培训？（　　　）

A. 是的　　　　　　　　B. 无所谓　　　　　C. 不要求

19. 你通过现阶段学习是否已经掌握物流专业技能？（　　　）

A. 是的　　　　　　　　　　　　　　　B. 一点点，仍需实践的机会

C. 完全没有实践机会

学习环境

20. 你认为现阶段学校需要增加哪些教学资源？（　　　）（多选题）

A. 多媒体　　　　　　　　　　　　　B. 实训设备

C. 物流专业仿真软件　　　　　　　　D. 数字化素材

21. 你认为什么样的课堂最能吸引你？（　　　）

A. 教师讲的多、知识容量大的课堂　　　B. 纪律要求严格的课堂

C. 幽默的、氛围轻松愉快的课堂　　　　D. 师生互动、学生讨论多的课堂

22. 你所在院校教学安排做到以下哪几点？（　　　）（多选题）

A. 理论教学与实践活动结合

B. 必修课与选修课合理搭配

C. 个性发展与人文素质双管齐下

D. 开设课程都涵盖专业内容并反映了社会对本专业需求

E. 课程前后衔接有一定逻辑性

F. 课时安排合理，总体培养方案合理

G. 有效地调动了你的积极性

开放题

1. 你认为物流专业的学生在学校学习期间应该具备哪些方面的技能？

2. 你认为最能提高物流专业技能的学习方式是什么？

3. 如果课堂上没有获得你所需要的知识，你一般通过哪些渠道获得？

附录 3　调研问卷 II（学校调研）

亲爱的老师:

　　您好!

　　我们是教育部、财政部职业院校教师素质提高计划本科专业职教师资培养资源开发"物流管理专业"项目组。为了更好地开展本项目,了解物流专业教学过程中教学法相关内容的现状及实施情况,我们依次设计了这份调查问卷的相关问题。请贵校老师根据自己的实际情况和感受认真地填写这份问卷。

　　本问卷为匿名形式,不涉及您对学校的相关评价,请您根据题目要求,实事求是地做出回答,填写结果我们会严格保密,谢谢您的合作与支持!

　　学校_____　　　　　　性别_____

　　填写指导:请在每个括号内填上您认为合适的答案,没有注明多项选择的选择一个答案即可。选择题后面的开放题请您按着实际情况填写,尽量写得详细一些,谢谢您的合作。

一、选择题

1. 您的教龄是（　　　）。

A. 5 年及以下　　　　　B. 6~10 年　　　　　　C. 11~15 年

D. 16~20 年　　　　　　E. 20 年以上

2. 您的学历是（　　　）。

A. 中专及以下　　　B. 大专　　　　　　C. 本科　　　　　　D. 硕士研究生

E. 博士研究生及以上

3. 在物流专业的授课过程中,您通常选择哪些教学方式?（　　　）（多选题）

A. 讲述　　　　　　B. 讲解　　　　　　C. 讲演　　　　　　D. 示范

E. 摹仿　　　　　　F. 其他_____（请标明）

通过运用上述的教学方式,您认为学生对课堂内容的掌握程度如何?（　　　）

A. 掌握的很少　　　B. 掌握一半左右　　C. 掌握大部分　　D. 几乎全部掌握

4. 现阶段常用的教学方式,是否能恰当地满足您的教学要求?（　　　）

A. 不能满足,还有欠缺　　　　　　　　B. 能满足

如果不能满足,那么欠缺和限制的方面有哪些?（　　　）（多选题）

A. 不能很好地完成教学内容，教学内容中的一部分不能很好地展示出来

B. 对教学内容中的开放的活跃的内容部分无法很好地开展

C. 学生的创造性和学习的主动性不高

D. 其他_____（请标明）

5. 如果有新式的教学方式传播或者普及，您是否愿意进行尝试？（   ）

A. 愿意尝试   B. 不愿意尝试

如果您不愿意尝试，那么困扰您的最大因素是什么？（   ）

A. 学校的物流设施不完善，环境不成熟

B. 由于自身的知识储备和能力方面还有欠缺，不能很好地实施

C. 教学资金投入不够，物流教学不够重视

D. 学生已经习惯了之前的教学方式，如果改变，不能保证学生的学习效果如何，课堂的教学内容是否能有序地开展下去

E. 其他_____（请标明）

6. 现阶段您所教授的课程包括下列哪些（   ），您认为哪类课程对您的学生用处较大？（   ）（多选题）

A. 经济类   B. 市场类   C. 管理类   D. 战略类

E. 财会类   F. 政治类   G. 法律类   H. 技能类

I. 人际类   J. 外语类

7. 目前您所使用的教学方法包括下列哪些？（   ）（多选题）

A. 头脑风暴教学法 B. 角色扮演教学法 C. 模拟教学法 D. 案例教学法

E. 项目教学法   F. 考察教学法   G. 实训教学法 H. 传统讲授法

通过以上方法，您认为授课的效果如何？（   ）

A. 学生几乎听不懂   B. 学生听得懂但是不会独立解题

C. 学生大部分可以掌握   D. 不知道，没做过相关统计

8. 针对目前我校的教学方法，您认为有什么不足之处？（   ）

A. 教学方法过于死板，不能满足现代教学的要求

B. 针对不同的课程内容，教学方法不能灵活转变

C. 缺乏具有特色的，符合本校学生的特色教学方法

D. 教师的自身原因不利于教学方法的改进与发展

E. 虽然借鉴了新的教学方法，但是不能把它转变成符合我校自身特色的教学方法

F. 其他_____（请标明）

9. 如果有值得借鉴的新方法推广实践，您会积极响应吗？（   ）

A. 会   C. 有较好的平台就试一试

B. 不会   D. 实践平台无保证还是放弃

10. 目前贵校所使用的实践教学类型主要有哪些？（   ）（多选题）

A. 社会调查   B. 课题研究   C. 企业见习

D. 校外兼职   E. 课程实训

11. 您所使用的实践教学资源有哪些（   ），您认为哪些的帮助最大？（   ）（多

选题）

  A. 教材   B. 图书馆   C. 多媒体教室

  D. 互联网   E. 物流实验室   F. 物流实践工厂

12. 您认为贵校实践课程的课时安排（   ）。

  A. 应适当增加   B. 还可以，比较合理

  C. 应适当减少

13. 针对实践课程情况，您认为哪些因素会影响实践教学质量？（   ）（多选题）

  A. 学校投入力度不够   B. 现阶段的师资力量薄弱

  C. 教学实践环节安排的不合理   D. 缺乏合理的实训效果评价体系

14. 请您评价一下目前我校的实践教学是否合理？（   ）

  A. 合理   B. 不合理

  如果不合理您认为不合理的方面有哪些？（   ）

  A. 硬件设施欠缺

  B. 课程设置中理论教学占的比重大

  C. 理论不能与实际很好地结合

  D. 实践教学内容少

  E. 缺乏确保教学体系按预定方式运行的综合评价体系

15. 您所运用的教学资源包括下列哪些？（   ）

  A. 教材   B. 图书馆   C. 多媒体教室

  D. 互联网   E. 物流实验室

16. 物流教学过程中是否借助于以上教学资源？（   ）

  A. 非常频繁   B. 经常   C. 一般

  D. 偶尔   E. 几乎没有

  如果运用了，您认为是否可以更好地促进物流教学？（   ）

  A. 非常有用   B. 比较有用   C. 一般

  D. 比较无用   E. 完全无用

二、开放题

1. 您学校所在地区是哪里，该地区整体的物流教育水平如何？

——————————————————————————————————

2. 在教学过程中，您是否尝试应用过其他的教学方式？如果应用过，请您将具体课程的实施案例写下来。

——————————————————————————————————

3. 您认为目前我校的教学方式是否需要改进？如果需要，您认为具体改进的方向应该是什么？请提出具体的建议。

——————————————————————————————————

4. 针对不同的学生状态，不同的授课内容，您是否因地制宜地尝试过或创新过新的教

学方法？如果有，您认为效果如何？以后还是否愿意继续尝试与创新？

5. 如果目前学校的教学方法要进行改革，请您站在自身的角度，结合您的实际教学经验提出相应的建议。

6. 您是否愿意对新式的教学方法进行尝试？如果不愿意，那么影响的因素有哪些？

7. 您所在学校有什么特色的实训课程？

8. 贵校的物流专业中哪些课程实施了实践教学？具体的实践教学环节包括哪些？

9. 请您对贵校的实践教学提出些建议，可以是实践教学的环节方面也可以是实践教学的方向问题。

附录4 调研问卷Ⅲ（企业调研）

您好，我们是教育部、财政部职业院校教师素质提高计划本科专业职教师资培养资源开发"物流管理专业"项目组。为了更好地开展本项目，培养出物流行业优秀人才，同时使中职学生快速地融入企业、满足社会的需求。请大家根据自己的实际情况和实际感受认真填写这份问卷。

问卷不用填写姓名，填写结果我们会严格保密，谢谢大家的合作！

一、选择题（填写指导：请在每个括号内填上你认为合适的答案，没有注明多项选择的只能选择一个答案）

1. 您的身份是____。
A. 企业物流培训讲师　　　　　　　　B. 企业接受过物流培训的员工
2. 您认为目前公司对培训的重视程度____。
A. 非常重视　　　B. 比较重视　　　C. 一般　　　　　D. 不够重视
3. 您认为自己对企业培训的需求____。
A. 非常迫切　　　　　　　　　　　　B. 有一些培训需求，不是那么紧迫
C. 无所谓，可有可无　　　　　　　　D. 没有培训需求
4. 企业的培训对象____。
A. 只对新人培训　　　　　　　　　　B. 所有员工周期性培训
C. 只有购入新设备或生产新产品时培训
5. 您认为哪种培训方式比较适合企业____。
A. 公司内部培训　　　　　　　　　　B. 接受外部培训机构培训
C. 接受专业培训　　　　　　　　　　D. 进入高校学习进修
6. 您认为最有效的教学方法是____。（多选题）
A. 讲授法　　　　B. 经验交流　　　C. 案例探讨法　　D. 角色扮演
E. 自学法　　　　F. 师带法　　　　G. 实地参观　　　H. 商战模拟
7. 企业最紧缺的物流人才是____。
A. 综合性物流管理人才　　　　　　　B. 物流信息管理人才
C. 物流规划咨询人才　　　　　　　　D. 国际物流业务管理人才
E. 运输调度人才　　　　　　　　　　F. 供应链管理、设计人才

其他＿＿＿＿＿＿＿＿＿＿＿＿＿＿＿＿＿＿＿＿（请注明）

8. 企业所开设的物流课程包括＿＿＿。（多选题）

A. 运输管理　　　　B. 仓储管理　　　C. 配送管理　　　　D. 销售管理

E. 采购管理　　　　F. 装配和包装管理　G. 客户查询、管理

其他＿＿＿＿＿＿＿＿＿＿＿＿＿＿＿＿＿＿＿＿（请注明）

9. 企业安排的培训讲师一般是＿＿＿。

A. 实战派知名企业高管　　　　　　　B. 学院派知名学者教授

C. 职业培训讲师　　　　　　　　　　D. 咨询公司高级顾问

E. 从事相关工作的优秀员工

10. 公司培训实践涉及以下哪几个层次＿＿＿。您认为公司应加强哪一层面的培训＿＿＿。（多选题）

A. 中高层管理人员　B. 中层管理人员　C. 基层管理人员

D. 专业人员　　　　E. 业务操作人员　F. 新招聘人员

11. 您所学习的/教的技能包括下列哪些＿＿＿，您认为哪些技能对您或您的员工的用处最大＿＿＿。（多选题）

A. 基础技能　　　　B. 专业技能　　　C. 管理技能

D. 商务技能　　　　E. 高层管理技能

12. 经过培训后企业绩效/个人绩效的情况＿＿＿。

A. 提高　　　　　　B. 不变　　　　　C. 下降

13. 您所接受的教学手段/你所使用的教学手段包括哪些＿＿＿，您认为哪种教学手段的效果最好＿＿＿。（多选题）

A. 专家讲授　　　　B. 互动交流　　　C. 体验式训练

D. 多媒体网络演示　E. 模拟操作

14. 您所在培训期间的学习的氛围是＿＿＿。

A. 活跃、有互动　　　　　　　　　　B. 沉闷、没有互动

15. 您所在公司的培训安排在什么地点＿＿＿。

A. 公司内部　　　　B. 宾馆酒店　　　C. 会议中心

D. 度假村　　　　　E. 大学校园

16. 关于公司培训，您认为最需要改进的是＿＿＿。（多选题）

A. 培训组织　　　　B. 培训内容　　　C. 培训时间　　　　D. 培训形式

E. 培训讲师选择　　F. 培训成本控制

二、开放题

1. 企业所需要的物流人才应具备哪些素质与技能？

＿＿＿＿＿＿＿＿＿＿＿＿＿＿＿＿＿＿＿＿＿＿＿＿＿＿＿＿＿＿

2. 企业在进行物流人才培养时，是否是分阶段的持续进行？不同的阶段都采用什么样的方式进行？

_____

3. 通过何种方式培养员工的团队精神？如何协调团队成员之间、不同团队之间的关系？

_____

4. 在员工的培养中都有哪些多样化的活动来提高员工的积极性？

_____

5. 在物流人才培养的教学过程中是否采用了先进的技术？

_____

6. 如何对员工进行创新思维能力与独立的研究能力的培养？

_____

7. 企业在培养物流人才时是否分不同模块、不同方式进行？如何进行的？

_____

8. 采用何种方式促进员工主动学习的意愿，营造全员学习的氛围？

_____

9. 对经营管理人才队伍、专业技术人才队伍和高技能人才队伍的培养过程，是否存在特殊的培训方式？

_____

10. 据您了解，公司最需要哪方面的培训？

_____

11. 您认为公司应该如何改进现行培训工作（如培训内容、重点、规模、时间安排、频率、费用、方式等）？

_____